04
백송 총서

자이나 수행론

인도 종교의 수행과 명상의 근원

김미숙 ashoka@hanmail.net
Kim, Mi Suk

전남대학교 법과대학 법학과를 졸업하고 동국대학교 인도철학과에서 석사와 박사 과정을 졸업하고 철학 박사 학위를 받았다. 동국대학교 연구 초빙 교수를 역임했고 동국대학교, 연세대학교, 국립강릉대학교에서 자이나 사상, 인도 철학, 명상 철학, 불교 문화 등을 강의하였다.
현재 동국대학교 불교학과 겸임 교수이다.
저서로는 『자이나 사상』, 『인도 불교와 자이나교』, 『불교 문화』 1·2, 『인도 불교사』, 공저로는 『요가와 문화』, 『고려대장경 해제』, 『불교사의 이해』 등이 있다.

백송 총서 04
자이나 수행론 – 인도 종교의 수행과 명상의 근원

2014년 1월 08일 초판 1쇄 인쇄
2014년 1월 15일 초판 1쇄 발행

지은이 김미숙
펴낸이 이규만
편 집 상현숙
디자인 아르떼203

펴낸곳 불교시대사
출판등록 제1-1188호(1991년 3월 20일)
주소 서울시 종로구 인사동 7길 12 백상빌딩 1305호
전화 02-730-2500
팩스 02-723-5961
이메일 kyoon1003@hanmail.net

ISBN 978-89-8002-138-3 94270

이 책의 수익금 중 1%는 유니세프를 통해 나눔의 기금으로 쓰입니다.

04
백송
총서

자이나 수행론

인도 종교의 수행과 명상의 근원

김미숙

불교시대사
1% 나눔의 기쁨

머 리 말

자이나교는 극단적인 고행을 하는 종교로 잘 알려져 있다. 일반 사람들의 눈으로 보자면 이해하기 어려울 정도로 엄격한 자이나교의 수행법들은 때로는 단순한 비판을 넘어 비난의 표적이 되기도 한다. 특히 불교에서는 가우타마 붓다가 고행을 포기하고서 중도 수행을 표방한 이래로 자이나 수행자들의 고행법은 그릇된 수행을 대표하는 사례로서 불교 경전에 자주 등장하곤 한다. 하지만 엄밀히 말하자면, 불교의 수행법이든, 자이나교의 고행법이든 모두 하나의 슈라마나 전통에서 나온 수행법이고, 불교에서 말하는 중도 수행법조차도 인도 종교의 분류로는 슈라마나의 고행주의 전통을 따르고 있다고 본다.

그런데 인도의 다양한 고행주의 전통들 중에서도 자이나교의 수행법이 가장 극단적이라는 세간의 평을 받게 된 이유는 무엇일까? 그 첫째는 무엇보다도 불살생(不殺生, ahiṃsā)이라는 교의(敎義)를 매우 철저히 지킨다는 점에서 찾아야 할 것이다. 예컨대 자이나 교도들은 어떤 제한 없이 모든 채식을 허용하는 일반적인 채식주의를 넘어서 거의 단식에 가까운 엄격한 채식주의 식생활을 고수하고 있다. 사실, 고기를 먹는 사람의 입장에서는 채식 식단을 고수하는 것만으로도 특이한 고집을 피운다고 여길 것이다. 하물며 나체로 다니거나 입 가리개를 항상 착용하며 털채를 들고 다니는 자이나 수행자들의 겉모

습만을 보고 말하자면 지나치게 극단적인 고행을 한다는 세평이 부당한 것만은 아닐 것이다.

그렇지만 자이나 수행자들의 고행은 불살생주의라는 엄정한 철학적인 논거와 사상적 토대 위에 고안된 실천 방법들이다. 그들의 수행법이 독특하고 기이하기는 하지만, 피상적인 외면의 기벽(奇癖)을 넘어서 생명에 대한 존중이라는 인류의 보편적인 이상과 가치가 반영되어 있다는 점을 간과해서는 안 될 것이다.

자이나교 수행법은 공생(共生)의 이념에 기초를 두고 있다. 지난 세기부터 금세기에 이르기까지 각 학문 분야와 통합적 연계 연구가 심화되고 있는 환경 윤리학의 기초도 그러한 공생의 이념 위에 세워져 있다. 또한 현대의 환경 생태론자들은 자이나교의 채식주의와 생명 존중 사상에도 비상한 관심을 기울이고 있다. 그들은 자이나교에서 독특한 존재론과 세계관을 토대로 하여, 고대부터 현대에 이르기까지 일관하여 범생명주의(汎生命主義)를 실천하고 있다는 사실에 대해 주목할 필요가 있다고 역설한다.

이러한 평가는 자이나 철학이 인간 중심주의 또는 인간 우월주의에 토대를 둔 것이 아니라 세계 내에 존재하는 갖가지 다양한 존재들의 공존과 해탈을 이상적인 목표로 삼고 있다는 사실과 밀접한 관련성을 갖고 있다.

불살생의 이념은 시대와 장소를 초월하여 모든 존재에게 적용시켜도 합리적인 보편성을 잃지 않는 원리이다. 따라서 필자는 불살생주의에 기반을 둔 자이나교의 세계관과 가치관은 현대 환경 윤리와 생명주의 운동에도 적잖은 기여를 할 것이라고 기대하고 있다. 왜냐하면 자이나교에서는 불살생 원리를 인격적 수행 원리로 여기는 데 그치지 않고 사회 생활의 모든 영역에 적용시키는 것을 원칙으로 하고 있기 때문이다. 그러한 맥락에서 자이나교를 일컬어 '불살생교'라고도 한다. 하지만 자이나 교의에서 불살생 원리는 궁극적인 해탈을 성취하기 위한 하나의 실천적 조목(條目)일 뿐이다. 그럼에도 불구하고 불살생주의가 자이나교의 수행법을 관통하는 최고의 이념으로 자리하게 된 연유는 무엇인가? 필자는 그것을 해명하는 데에 중점을 두었고 이 책의 제일 목적으로 삼았다.

구체적으로는 불살생 원리의 기원과 역사적 배경을 밝힌 다음에, 생명에 대한 정의와 범위를 고찰하였다. 그리고 불살생 원리가 반영된 구체적인 수행법들을 조사하고, 재가자보다는 출가자에게 훨씬 더 엄격하게 적용되는 경전적인 근거를 분석하는 데 주력하였다.

또한 자이나교의 불살생론에 대한 연구를 통해서 자이나 수행법에 대한 체계적인 이론 정립을 시도하였다. 예컨대 갖가지 수행 세칙에 반영되어 있는 불살생주의라는 이념과 원리를 분석한 뒤에 수행론과 불살생주의 사이에 어떠한 관련성이 성립되는지 양자의 관계를 분석하고, 자이나교에서 목표로 삼는 이상적인 '바른 수행'이 무엇인지를 밝혀 보고자 하였다.

지금까지 자이나학에 대한 연구는 철학적인 이론과 형이상학적인 연구에만 치우쳐 있다는 평가를 받아 왔다. 인도 안팎의 자이나 학자들뿐만 아니라 국외 학자들의 관련 연구 성과도 그러한 평을 벗어나지 못한 것이 사실이었다.

금세기는 수행의 시대라고 불릴 만큼 갖가지 수행과 요가, 명상법들이 성행하고 있으며, 이 열풍이 앞으로도 쉽게 사그라지지는 않을 것 같다.

이 책을 읽는 이들이 자이나 수행법의 요체를 바르게 이해하고, 인도인의 삶과 수행 문화의 원류를 접하는 계기가 되기를 바라는 마음이 간절하다.

웅기(雄紀, Vīra Nirvāṇa Saṃvat) 2539년 마하비라 열반절
서기 2013년 11월 3일

김미숙 합장

차 례

표와 그림

약 호

Ac.	『아차랑가 수트라』(*Ācārańga Sūtra*)
An.	『안타크릿다샤』(*Antakṛddaśā*)
ChUp.	『찬도기야 우파니샤드』(*Chāndogya Upaniṣad*)
DN.	『디가니카야』(*Dīghanikāya*)
DS.	『다샤바이칼리카 수트라』(*Daśavaikālika Sūtra*)
IS.	『이시바시야임 숫타임』(*Isibhāsiyāiṃ Suttāiṃ*)
KS.	『칼파 수트라』(*Kalpa Sūtra*)
PuSi.	『푸루샤르타싯디유파야』(*Puruṣārthasiddyupāya*)
RV.	『리그베다』(*Ṛgveda*)
Sk.	『수트라크리타』(*Sūtrakṛta*)
Sn.	『숫타니파타』(*Suttanipāta*)
St.	『스타낭가 수트라』(*Sthānāṅga Sūtra*)
TS.	『탓트와르타 수트라』(*Tattvārtha Sūtra*)
US.	『웃타라디야야나 수트라』(*Uttarādhyayana Sūtra*)
Ya.	『야샤스틸라카』(*Yaśastilaka*)
〔 〕	중괄호는 필자 또는 편저자의 보충 내용.
skt.	산스크리트.
f.	여성형 단어.

서론

자이나 교단의 대표적인 2대 분파인 공의파(空衣派, Digambara)와 백의파(白衣派, Śvetāmbara) 간의 교의상 합치점을 표준적인 자이나 교의라고 한다. 이 책에서는 예외적인 경우를 제외하고는 그에 따라 논술하는 것을 원칙으로 하였다. 다만 비교의 가능성과 필요성이 있는 범주 내에서 인도의 다른 사상들, 예컨대 아지비카교(Ājīvikism)라든지 불교, 브라마나교(Brāhmaṇism)와 힌두교의 여러 교파의 사상들과 대비하여 논의를 전개하였다.

불교에서는 경전을 경·율·논, 삼장(三藏)으로 구분하고 그 중에 교단 생활과 수행 생활에 대한 규율을 율장으로 정립해 놓은 것과 달리, 자이나교에서는 그와 같은 구분이 명료하지 않다. 따라서 이 책에서는 자이나 경전들 곳곳에 산재해 있는 수행론과 불살생론이 포함된 규정들을 발췌하여 해당 내용을 분석하는 방식을 취하였다.

자이나 경전에 대한 일반적인 분석은 〔표 1〕과 같이 정리할 수 있다. 물론 자이나 경전에 대한 분류는 학자나 학파에 따라 차이가 나지만 다수파인 백의파의 전승을 따라 설명하는 것이 일반적이다.

이러한 경전들 중에서도 이 책의 전개에는 특히 수행과 관련된 세칙들을 언급하고 있는 최초기(最初期)의 경전들을 중심으로 논구하였으며, 필요에 따라 후대의 문헌들도 참조하였다.

자이나교의 최초의 경전 편찬은 마하비라(Mahāvīra)의 열반(涅槃) 후 160여 년이 지난 뒤인 기원전 360년경에 스툴라바드라(Stūlabhadra, 기원전 407~308년)의 주도 아래 파탈리푸트라

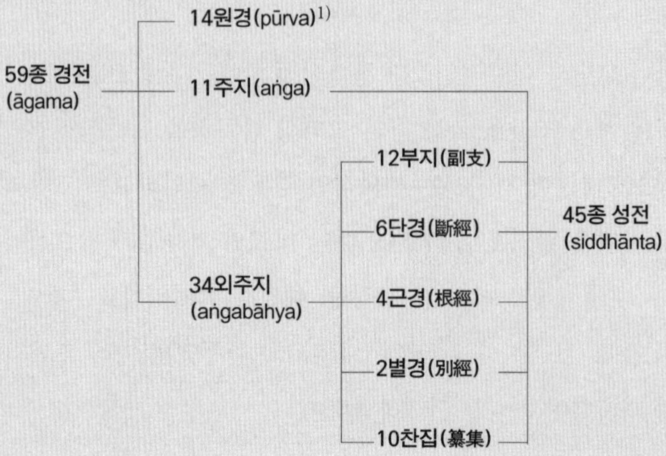

〔표 1〕 자이나 경전의 갈래

(Pāṭaliputra)[2]에서 이루어졌다. 그때 편찬된 것이 11주지이다.

세부적으로는 14원경의 전승 여부를 비롯하여 연대와 경전의 목록 등에 대해서 공의파와 백의파 사이에 다소간 이설(異說)이 있지만, 일반적으로 45종 성전이 자이나 경전의 핵심적 기초를 이룬다고 보고 있다.

이 책에서 주로 참조한 문헌들은 다음과 같다.

『웃타라디야야나 수트라』

제1 근경인 US.(*Uttarādhyayana Sūtra* ; *Uttarajjhāyā Sutta*)는 전체 36장으로 구성되어 있다. 그 내용은 주로 고행에 대한 비유담이나 전

설, 기본적 교설 등으로 이루어져 있다. US.는 특히 마하비라가 열반에 들기 전에 마지막으로 설했던 가르침을 담고 있는 문헌으로 잘 알려져 있다.

'웃타라디야야나'(uttarādhyayana)는 '웃타라'(uttara)와 '아디야야나'(adhyayana)가 합쳐진 말이며 '나중에 읽는 것', 즉 '후독'(後讀)이라는 뜻이다. 따라서 『웃타라디야야나 수트라』는 『후독경』이라고 번역된다. '후독경'이라는 이름이 붙은 이유는 전통적으로 제1 주지인 『아차랑가 수트라』의 다음 순서로 암송되었기 때문이다.

『다샤바이칼리카 수트라』

제2 근경인 DS.(*Daśavaikālika Sūtra* ; *Dasaveyāliya Sutta*)에는 수행자의 일상 생활상의 규율을 비롯하여 교단 내의 규칙이 담겨 있다.

아리야 샤이얌바바(Ārya Śayyaṃbhava)[3]가 기원전 453~452년에 편찬한 것으로 알려져 있는 DS.는 공의파와 백의파 모두 자이나 성전 중에서 최고층(最古層)의 문헌으로 공인하고 있다. 그뿐만 아니라 자이나 교단에서는 『다샤바이칼리카 수트라』 안에 14원경의 요체가 재편집되어 있다고 인정하고 있다.

전통적으로 교단에 입문한 이가 맨 처음 읽고 배우는 가장 기본적인 성전이 바로 『다샤바이칼리카 수트라』이다.

『아차랑가 수트라』

『아차랑가 수트라』(*Ācārāṅga Sūtra* ; *Āyāraṅga Sutta*)는 『아야로』(*Āyāro*), 『아차라』(*Ācāra*) 등 여러 가지 언어의 판본이 있으며, 『행

위경』(行爲經)이라고 번역된다.

Ac.는 수행법에 대한 최고층의 교설이 담겨 있는 제1 주지 성전으로서, 기원전 557년경에 편집되었다고 보는 설이 있을 정도로 그 고대성을 인정받고 있다.

일반적으로 Ac.의 주요 부분은 마하비라의 열반 후 약 50년 이내에 성립되었다고 보고 있다. Ac.는 고대 자이나 수행자의 생활뿐만 아니라 특히 마우리야 왕조 이전의 고대 인도 사회의 생활상을 알 수 있게 해 주는 문헌으로도 그 가치를 인정받고 있다.

『수트라크리타』

제2 주지인 Sk.(*Sūtrakṛta* ; *Sūyagaḍa*)의 주요 내용은 다른 학파들의 이론을 비판하여 자이나 교리를 세우는 것이다.

현재까지 발견된 고문헌 자료들 중에서 Ac.와 Sk.의 편찬 언어는 아르다마가디(ardhamāgadhī)의 최고형(最古形)으로 이루어져 있다고 알려져 있다. 이러한 편찬 연대를 근거로 하여 Sk.와 유사한 내용을 담고 있는 US.보다도 훨씬 더 오래전에 Sk.가 성립되었으리라고 추정하고 있다.

『스타낭가 수트라』

스타나(sthāna)는 '이유, 활동, 특성' 등을 뜻한다. 그렇지만 『스타낭가 수트라』(*Sthānāṅga Sūtra* ; *Ṭhāṇāṃga*)의 내용을 고려하여 번역하자면 『분석경』(分析經)이라는 이름이 보다 더 적합할 것이다.

제3 주지인 St.에는 자이나 철학의 전반적인 내용이 1부터 10까지의 수(數)를 기준으로 하여 범주별로 명쾌하게 정리되어 있다. St.는 그러한 내용상의 특성뿐만 아니라 마하비라 당대의 다양한 사상적 조류를 비롯하여 14원경의 편린들을 담고 있다는 점에서도 많은 주목을 받고 있다.

『안타크릿다샤』

제8 주지인 『안타크릿다샤』(*Antakṛddaśā* ; *Antakṛta-daśāṅga* ; *Aṃtagaḍa-dasāo*)는 총 8장으로 나누어져 있다. 각 장의 주요 내용은 8종의 기본 업을 제어, 지멸(止滅)하고 궁극적으로 해탈을 얻었던 전설과 사례를 통해서 교훈을 주고자 하는 성격을 띤다. 동시에 승리자(jina)들이 해탈의 길에서 실천했던 수행 방법들을 소개하고 있다.

경의 이름이 유래된 '안타가다다사'(antagaḍadasā)라는 말이 '행복한 최후'인 것도 그러한 내용을 반영하고 있다.

『이시바시야임 숫타임』

IS.(*Isibhāsiyāiṃ Suttāiṃ*)의 최초의 편찬 연대는 정확히 알려져 있지 않다. 하지만 그 내용은 기원전 10세기에서 기원전 6세기경에 해당한다고 보고 있다. 이 문헌은 59종의 자이나 경전에는 포함시키지 않는 것이 일반적이지만, 슈라마나 수행법의 기원을 알 수 있는 근거를 제공할 뿐만 아니라, 자이나교의 뿌리를 담고 있는 문헌으로 평가받고 있다.

『야샤스틸라카』

Ya.(*Yaśastilaka*)는 서기 959년에 소마데바(Somadeva)가 저술한 문헌이다. 야쇼다라(Yaśodhara)의 실제 이야기를 토대로 전개되는 내용에는 그 시대의 자이나교의 수행론뿐만 아니라 브라마나교에 대한 날카로운 비판이 담겨 있다.

이 문헌의 지리적인 배경은 현재 안드라 프라데쉬(Andhra Pradesh) 주의 수도인 하이데라바드(Hyderabad)의 서쪽 지역에 위치한 다르와르(Dharwar)에 해당한다.

『푸루샤르타싯디유파야』

PuSi.(*Puruṣārthasiddhyupāya*)는 공의파에 속했던 아므리타찬드라(Amṛtacandra)가 서기 10~11세기경에 저술한 문헌이다.

아므리타찬드라가 PuSi.를 저술한 목적은 자이나교의 삼보(三寶)에 기초하여 불살생 원리의 중요성을 천명하는 데 있었다.

자이나 철학을 연구하는 데 가장 큰 난점으로는 경전 언어의 다양성을 첫손으로 꼽기 마련이다. 일반적으로 자이나 경전에 대한 연구와 다양한 학술적 활동은 가장 먼저 해당 지역 언어로 이루어지며, 그 다음 단계로 출판할 경우에는 해당 지방 언어를 사용하거나 구자라티(gujarati), 또는 힌디(hindi)로 번역된 다음에 출간된다. 그리고 그런 다음에 다시 산스크리트와 영어 등으로 번역되는 과정을 거치는 것이 지금까지의 통례라 할 수 있다. 따라서 흔히 힌두 철학이나 불교 철학 분야에서 산스크리트 본이라면 일단 원전 또는 1차 서적으로 여기는 것과는 사뭇 다른 양상을 보여 주는 것이 자이나 연구 분야의 특징이기도 하다.

그리고 또 다른 특징은 학자(paṇḍita)층의 연구를 출가한 자이나 수행자들이 주도하고 있다는 점이다. 무니(muni)와 우파디야야(upādhyāya), 아차리야(ācārya) 등으로 불리는 수행자들의 강연과 연구는 1차적으로 해당 지역 언어로 이루어지기 때문에, 일반 연구자들이 접근하기 어렵고 후속 연구가 더뎌지는 결과를 초래한다.

이 책에서 언급하는 자이나 용어들의 원어는 그 대부분이 프라크리트(prākṛt)와 아르다마가디, 산스크리트이며, 경우에 따라서 힌디와 팔리(pāli) 등을 함께 쓰고 있다. 다만, 현대 자이나 학자들이 그러하듯이, 본문 중의 기본적인 용어는 가능한 한 산스크리트로 통일시켰고 각각의 경우에 별도로 구분하여 표시하지 않았다. 이 점은 참고문헌의 목록을 통해서 보완될 수 있는 사항이라고 생각한다.[4)]

그리고 이 책 가운데 번역된 자이나 전문 용어들은 지금까지 우리말 번역 용어가 거의 없었기에 전적으로 필자가 새롭게 번역을 시도하였다. 따라서 그 적합성에 대한 책임은 모두 필자에게 있다는 것을 밝혀 둔다. 또 당연한 말이지만, 번역된 단어의 우리말 쓰임새는 온전히 자이나교에서의 용례에 국한된 것이며, 그 외에 불교나 힌두교에서의 용법은 고려하지 않았다.

제1장
불살생의 개념과 기원

1. 불살생의 의의

아힝사(ahiṃsā)는 'a(부정 접두어) + hiṃsā'로 이루어진 말이다. 사전에서는 아힝사란 '어떤 것도 해치지 않는 것, 무해(無害)'라고 정의한다. 이 말은 '보장, 안전성'을 뜻하기도 하며, "아힝사는 대부분의 힌두 종파들, 특히 불교와 자이나교에서 기본적인 미덕 중의 하나이며, 또한 다르마의 아내로 인격화된다."라고 설명하고 있다. 그리고 아힝사라는 단어가 나오는 문헌으로는 『찬도기야 우파니샤드』, 『마누 법전』, 『니룩타』(*Nirukta*) 등의 문헌 이름만을 열거하고 있다.[1)]

또한 힝사(hiṃsā)는 '한(han)'에서 비롯된 말로서 '상해(傷害), 생명이나 재산에 대한 손해, 상처, 위해(危害), 악의를 품는 것과 같은 정신적인 면과 욕설과 같은 언어적인 면, 폭력적인 행동과 같은 신체적인 면 등에서 그릇된 것'을 뜻하며, 힝사는 악덕(adharma)의 아내, 또는 탐욕(Lobha)과 복수(復讐, Niṣkṛti) 사이에 태어난 딸로 인격화되기도 한다.[2)] 여기서 아힝사와 힝사가 각각 미덕(dharma)과 악덕(adharma)의 아내로 인격화되었다는 용례는 자이나 실재론상의 운동(運動, dharma)과 정지(停止, adharma)를 지시하지 않으며, '정의(正義), 법, 윤리, 미덕, 도덕' 등을 뜻하는 일반적인 다르마(dharma)의 용례를 따른 것이다.

모니어 윌리엄스의 사전에서 '힝사' 항목에는 마음·말·몸, 즉 3행(行, yoga)의 모든 면을 아우르는 상해의 의미를 포함하고 있는 반면에, '아힝사' 항목에서는 그와 같은 해석상의 범위와 무관한 일차적인 어의만을 열거하고 있다.

무쿨 라즈 메타는 '아힝사'가 '불상해(不傷害), 비폭력(非暴力), 불해(不害)'를 뜻한다고 매우 간단하게 풀이한 뒤 그에 따른 예문으로 PuSi. 44.를 들고 있다.[3)]

PuSi. 44.에서는 "애착과 다른 감정들의 존재는 힝사이고, 그러한 것이 없는 것은 아힝사이며, 이것이 자이나 경전의 요점이다."라고 하는데, 힝사와 아힝사의 구별에서 감정, 특히 예탁(穢濁, kaṣāya)의 유무가 매우 중요한 판단 요소로 작용한다는 것을 알 수 있다.[4)]

(1) 번역의 용례

불살생 · 불살해 · 불상해 · 비폭력 · 불해 · 무해(無害) 등으로 다양하게 번역되는 아힝사는 실제로 적용되는 힝사의 대상과 그 문맥에 따라 적절히 선택해야 한다. 아힝사의 번역 용례들은 그 의미에 따라 다음과 같이 구분해 볼 수 있다.

3행	아힝사의 의미	힝사의 영역
마음〔心〕 말〔語〕	불상해 · 비폭력 · 불해 · 무해	정신적 상해 (bhāva hiṃsā)
몸〔身〕	불살생 · 불상해	실체적 살생 (dravya hiṃsā)

〔표 2〕 3행과 아힝사의 의미

위의 표에서 보듯이 마음과 말의 경우에 적용되는 아힝사에 대한 번역어로 '불살생'이라는 번역 용어는 문맥상 다소 부자연스럽다. 그 경우에는 '불상해 또는 무해'라는 번역 용어가 보다 더 적절할 것이다. 특히 정치 사회적인 측면에서 다루어지는 아힝사의 경우에는 그 함의(含意)를 고려할 때 불살생보다는 '비폭력'이라는 용어가 더 적합한 예가 많다. 왜냐하면 우리말 용법에서는 '불살생'을 대개 실체적인 대상에 한정하여 사용하고 있으며 무형(無形)의 대상인 마음이나 말의 경우에는 '살생'이라는 말로 표현하지 않는 것이 일반적인 용법에 합치하기 때문이다.

일부에서는 아힝사에 대해서 일괄적으로 '비폭력'이라고 번역하여 사용하기도 하지만 그 또한 부당하게 본래의 의미를 축소시키는 결과를 낳는다. 힝사는 강압적인 힘 그 자체, 즉 폭력만을 지시하지 않는다. 왜냐하면 그보다 더 나아간 행동의 결과, 즉 해를 입힌 결과를 포함하는 것이 원어의 뜻에 훨씬 더 근접한 번역이 되기 때문이다.

이러한 견지에서 볼 때 아힝사 원리는 단순히 명사적 의미만을 지시하는 단어에 그치는 것이 아니라, 주체의 행위를 수반하는 술어적 의미를 강하게 내포하고 있다는 것을 알 수 있다. 다시 말해서 실천적 행위에 중점을 두고 있는 말이 아힝사이다.

딘샤(Dinshah) 또한 "아힝사란 단순히 수동적인 것만이 아니고, 일상생활상의 딜레마와 결정들에 대해 적극적인 방법으로 대처하는 것이다. 그래서 서양에서는 그것을 '역동적인 무해'라고 말한다."[5]라고 하면서 아힝사의 적극성과 역동성을 강조하고 있다.

실제로 아힝사는 결코 수동적이거나 부정적인 소극성만을 내포하지 않는다. 아힝사라는 말을 "죽이지 말라."라는 뜻의 '불살생'으로 환치시키는 것은 동사적 어원을 지닌 아힝사의 역동적인 의의와도 크게 괴리되지 않는 번역어라고 본다. 이와 같이 아힝사, 즉 불살생은 그 개념상 동사적인 역동성을 지닌 까닭에 필연적으로 유동적인 활동성과 관계성을 수반하며, 그 대상에 따라 다양한 용례와 해석들을 낳는다.

(2) 의미의 분석

일반적으로 불살생이라는 개념은 부정 접두어로 시작하기 때문에 금지 명령을 강조하는 말인 듯 여겨지기 십상이다.

싱클레어 스티븐슨은 "어떠한 생명이라도 침해하는 것은 자이나교도에게는 모든 죄들 중에서도 가장 극악한 것이며, 가장 심한 형벌을 받는 죄이다. 그렇지만 자이나교의 중심 사상은 생명을 구하는 데 있다기보다는 오히려 생명의 파괴를 자제하는 데 있다."라고 하면서 구속력이 가장 큰 도덕적 의무가 불살생이라고 하였다.[6)]

또한 자두나트 싱하를 비롯한 여러 학자들도 불살생 원리는 부정적인 의미, 즉 '억제와 금지' 측면에 그 중점이 놓여 있다고 해석한다. 그들은 자이나교의 불살생 원리란 다른 사람에게 적극적인 선을 베풀기보다는 악을 행하는 자신을 자제하는 데에 그 핵심이 있다고 보았다.[7)]

이와 같이 불살생의 부정적인 의미에 저울추를 두었던 또 다른 학자는 프라바트 미스라이다.

> 아힝사 또는 비폭력이라는 용어는 명백하게 부정적인 성격을

> 띠고 있다. 인도 윤리 사상가들, 즉 힌두 교도, 자이나 교도, 불교도 등도 역시 그러한 부정적인 성격을 수용한다. 원래 인도 계통이 아닌 이슬람 교도의 윤리에서도 이러한 성격을 수용하고 있다. 또한 이 모든 사상가들은 그 긍정적인 측면, 즉 사랑을 강조한다. 그러나 내 생각에는, 긍정적 성격으로서의 사랑은 관념적 개념이다. 우리들의 실제 세계에서, 아힝사의 부정적인 측면은 더 실재적이고 정말로 평가의 문제이다. 물론 궁극적으로 이러한 면은 구체화된 사랑 또는 사랑의 힘이라는 형태일 수도 있다.[8)]

이와 같이 명백하게 부정적인 의미를 가진 아힝사의 성격에 대해서 단언하면서도 미스라는 슬며시 아힝사에는 사랑이라는 긍정적인 의미도 있다는 여지를 두고 있다. 미스라의 예와 같이, 하지 말라는 금지를 강조하는 부정적 의미로 불살생 개념이 이루어지기는 하였으나, 그 내용상 순수하게 부정적인 의미뿐이라는 해석보다는 긍정적인 의미도 함께 부여하는 설이 다수의 입장이다. 특히 불살생의 긍정적인 미덕으로 첫손에 꼽히는 것은 '살아 있는 생명체들에 대한 동정'(jīvadayā)이다. 이는 모니어 윌리엄스의 산스크리트 사전에서 아힝사의 확장된 의미로서 열거된 '보장, 안전성'과 같은 의미이다.

소마데바는 Ya.에서 '힝사란 판단의 착오로 인해서 살아 있는 생명을 파괴하는 것이라고 정의하며, 아힝사는 그러한 생명들을 보호하는 것'이라고 하였다.[9)] 이와 같은 해석은 불살생의 긍정적인 측면을 적극적으로 강조하는 해석이라 할 수 있다.

연민(dayā)은 모든 살아 있는 존재들을 위한 적극적인 자비인 동시에 긍정적으로 아힝사를 재구성한 것이라고 해석한다. 하지만 불살생 그 자체는 '죽이지 말라'는 부정적 명령이라고 볼 수도 있다. 불살생으로 인해서 파생되는 효과는 매우 긍정적이기 때문에 불살생 그 자체도 긍정적인 의미를 갖는다고 해석할 수 있는 것이다. 그런 까닭에 불살생은 곧 온정(anukampā)이자 자애(karuṇā)와 다를 것이 없으며 모든 존재에게 유익한 어머니와 같다. 그러나 유의해야 할 점은 자이나 철학에서 불살생 그 자체는 결코 단순한 감정과 동일시할 수 없으며 더구나 동정심이나 자비심 단계에서 그치는 것도 아니라는 것이다.

2. 불살생의 기원에 대한 논의

현재 전하는 문헌에서 불살생이라는 단어가 나오는 최초의 것으로 『찬도기야 우파니샤드』를 꼽는 것이 일반적이다. ChUp.의 성립 연대에 대한 논란이 있지만 대다수의 학설은 마하비라와 가우타마 붓다(Gautama Buddha) 이전에 성립된 것으로 보고 있는 5종의 고(古)우파니샤드 속에 ChUp.를 포함시키고 있다.[10)]

불살생이 나오는 ChUp.의 구절은 다음과 같다.[11)]

> 3. 17. 4. : 그리고 고행 · 보시 · 정직 · 불살생 · 진실, 이런 것들이 사제들을 위한 선물들이다.[12)]

이 구절에 대하여 이재숙은 "고행, 시주, 예배, 불살생, 진리(참)를 말하는 것, 이런 것들은 그 사람의 헌금(獻金)이다."[13]라고 번역하며, 헌금의 주체와 대상을 모호하게 표현하고 있다. 물론 제사(祭祀, yajña)를 주제로 하는 제16편 〔1〕에서 "사람이 곧 제례이다."라고 말하는 것과 같은 맥락에서 구사된 표현으로 이해된다.[14] 그리고 ChUp. 3. 17. 4.의 '헌금'에 대해서 덧붙이고 있는 역주를 참조한다면, '아시야'(asya)에 대해서 주어적인 속격으로 해석하여 '제주(祭主)가 제례관을 비롯한 사제들에게 헌금하는 것'[15]으로 번역할 수 있을 것이다.

라다크리슈난을 비롯한 여러 학자들은 선물(dakṣiṇa)을 받는 주체로 사제를 드러내어 번역하고 있다.[16]

ChUp. 3. 17. 4.에서 '고행 · 보시 · 정직 · 불살생 · 진실' 등이 사제에게 바치는 선물이라고 하는 표현은 기존에 행해져 왔던 선물의 형태들과 대비하여 강조하는 구절이라고 본다. 즉 유형의 제물 또는 유혈(流血)의 희생물과는 확연히 차이가 나는, 무형인 동시에 무혈(無血)인 '고행 · 보시 · 정직 · 불살생 · 진실' 등이 또 다른 의미에서 참된 제물이 될 수 있다는 것이다. 따라서 유형, 유혈의 제물과 대비되는 고행 등의 덕목들은 무형의 정신적인 가치를 고양시키는 것이 그 핵심이라는 것을 주목해 볼 때, 이 점은 결과적으로 제사의 의미가 변화되고 있다는 것을 보여 주는 반증이 되기도 한다.

이와 같이 ChUp.에 드러난 불살생의 서술을 근거로 하여 베다 이래의 브라마나 전통 내에서 우파니샤드 시대에 이르러 형성된 것이 불살생 원리라고 주장하는 설도 있다. 그러한 입장에서는 우파니샤드 시대 이후에야 비로소 인도의 종교, 정치, 사회 전반에 걸쳐서 불

살생주의가 영향을 미치기 시작했다고 본다.[17)]

그러나 우파니샤드 시대에도 희생 제의는 브라마나교의 중심을 이루는 핵심적 교의로서 변함이 없었고, 제사를 위한 동물의 살상은 줄어들지 않았다. 마누 법전 시대라고 불리는 서기 2세기경에도 희생제는 정당화되었다. 따라서 우파니샤드 자체를 불살생이라는 개념이 처음으로 등장하는 선구적인 출전(出典)으로 보는 것은 무리가 없다고 해도 그와 같은 우파니샤드의 내용을 계기로 하여 사회적인 변혁이 이루어졌다는 것은 지나친 확대 해석이 아닐 수 없다.

다름데오 싱은 이렇게 말한다.

> 아힝사 이론은 본래 힌두교와 우파니샤드 이론에서 비롯되었지만 나중에는 자이나교와 불교에서 훨씬 더 광범위하게 강조되었다. 만약 아힝사가 없어진다면 힌두 종교도 사라지고 말 것이다.[18)]

그런데 싱이 말하듯이 브라마나 전통에서 비롯된 불살생 원리가 자이나교, 불교의 순서로 전개되면서 인도 사회에 영향을 끼쳤다고 보는 주장은, 자이나교의 시작을 마하비라 대로 보는 입장과 밀접한 연관성을 갖는다. 그러나 자이나 교학을 연구하는 학자들 가운데서 자이나교를 마하비라가 창시한 종교라고 보는 입장은 거의 찾아보기 힘들 것이다. 자이나 교단의 역사상 마하비라가 불살생 원리를 주창했다고 보지 않는 한 싱의 주장은 설득력을 얻지 못한다.

또한 자이나교와 불교의 교단 성립 자체가 브라마나들의 희생제적 규율에 대한 반동에서 비롯되었다고 보았던 다스굽타는 두 종교의

불살생의 동기는 동물 희생제에 대한 강한 혐오에서 비롯된 것이라고 지적하고 있다.[19)]

앗파스와미 차크라바르티는 브라마나와 슈라마나라는 두 조류가 다음과 같이 지역적으로도 구분된다고 보았다.

> 베다 문학을 통해서 우리는 두 가지의 사상적 조류가 나란히 발달해 왔다는 것을 알 수 있는데, 그 두 조류는 서로 상반된 입장을 취한다. 한편은 희생제(犧牲祭, yajña)를 통한 동물의 희생을 요구하는 입장이고, 다른 한쪽은 그것을 비난한다. 전자는 서쪽에 위치한 쿠루 판찰라(Kuru-Pañcāla)국의 브라마나들로 대표되며, 후자는 카쉬(Kāśī), 코살라(Kosala), 비데하(Videha), 마가다(Magadha) 등으로 구성된 동쪽 나라들의 크샤트리야들이 주도했다. 이 지역에서는 크샤트리야가 사회의 수장이었던 반면에 쿠루 판찰라국에서는 브라마나들이 지도자였다.[20)]

그렇지만 앗파스와미 차크라바르티는 두 조류의 기반이 지역적인 차이가 있다고 할 뿐, 후술하는 것처럼 불살생 자체의 기원은 베다에서 비롯되었다고 주장한다.

이처럼 불살생의 기원에 대한 다양한 학설들을 표로 정리해 보면 다음과 같다.

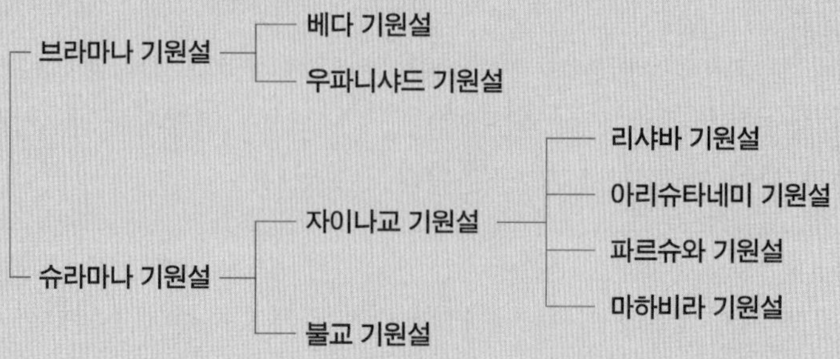

〔표 3〕 불살생의 기원에 대한 학설

위의 표에서 보듯이 불살생의 기원을 슈라마나 전통에서 찾는 입장에서도 여러 갈래의 대립을 보이고 있다. 특히 슈라마나 기원설 중에서도 자이나교 기원설은 교단의 역사와 불가분의 관계를 맺고 있기 때문에 쉽게 단정을 지어 말할 수 없는 난해한 문제라고 여겨진다. 마하비라 기원설과 불교 기원설의 선후 문제 또한 마하비라와 가우타마 붓다의 생존 연대에 대한 다기(多岐)한 학설 탓으로 정설이 없다고 할 수 있다.

자이나 교단에서 정한 마하비라의 생존 연대는 기원전 599~527년이며, 가우타마 붓다의 생존 연대는 기원전 563~483년이라고 본다.[21] 이러한 연대를 기준으로 보면, 마하비라 기원설은 불교 기원설보다는 선행하는 결과를 낳는다.

제23대 파르슈와(Pārśva) 조사의 연대에 대해서도 학설이 나뉘지만,[22] 기원전 877~777년 사이에 생존했다고 보는 것이 다수설의 입장이다.[23]

제22대 아리슈타네미(Ariṣṭanemi) 조사에 이르면, 생존 시기가 매우 모호하여 전설에 가까워진다. 자이나교의 전승에 따르자면, 마하바라타(Mahābhārata) 전쟁 당시에 교단을 이끌던 이가 아리슈타네미라고 하며, 크리슈나와 사촌 간으로 판다바(Pāṇḍava) 형제에 속했다.[24)]

〔그림 1〕 파르슈와, 인도 바라나시

쿠루크셰트라(Kurukṣetra) 전쟁, 즉 바라타 전쟁의 연대에 대해서는 학자에 따라서 기원전 3102년이라고 하거나 기원전 2449년 또는 기원전 1414년경으로 보는 등 천차만별이다.[25)] 게다가 자이나 교단의 전승에서는 아리슈타네미 조사와 그 다음 23대 조사 사이의 간격이 84,000년이라고도 하므로 그에 대한 역사적 신빙성을 확신하기란 쉽지 않다. 더 나아가서 불살생주의가 제1대 조사인 리샤바 때부터 비롯된 것이라는 학설은 자이나교의 교조(教條, dogma)일 뿐이라는 비판을 면하기 어려울 것이다.

그러나 불살생이라는 개념에 대한 자이나교 기원설과 불교 기원설은 슈라마나 기원설이라는 동일한 조류에 속해 있으며, 이는 브라마나 기원설과 대립되어 있다는 공통점이 있다. 그러므로 필자는 불살생이 브라마나 전통과 슈라마나 전통 중 어느 쪽에서 먼저 시발되었는지가 선결 문제라고 생각한다.

앞서 우파니샤드 기원설을 살펴보았지만, 브라마나 전통에서는 모든 것의 시초에 베다를 앞세우듯이 불살생의 기원에서도 예외가 아니다.

불살생이 베다에서 비롯되었다는 입장에서는 RV. 속에 '아힝사'라는 직접적인 표현은 없을지라도 내용적인 유추가 가능한 여러 단어들이 있으며, 그로부터 불살생의 이념이 비롯되었다고 보고 있다. 그러한 연관성이 인정되는 대표적인 단어로는 '아그니야'(aghnya)를 들 수 있다. 아그니야는 RV. 가운데 16곳에 나오며, '살해 용도에 적합하지 않은 것'을 뜻한다. 그리고 그 말은 '살해되지 않는 것', '정복되기 어려운 것'이라는 의미도 지닌다.[26] 그러나 필자는 이러한 어의상의 동질성만을 가지고서 '불살생 원리'를 유추하거나 그 기원으로 삼는 것은 지나친 확대 해석이라고 본다.

다음 인용문은 베다 기원설을 주장하는 대표적인 학자인 앗파스와미 차크라바르티의 설명이다.

> 우파니샤드의 자아 탐구(ātma-vidyā)는 동인도의 여러 나라들(카쉬, 코살라, 비데하, 마가다)에서 크샤트리야에 의해 계발(啓發)된 것으로 알려졌는데, 그러한 사상은 쿠루 판찰라(Kuru-Pañcāla)국에서 행해지던 종교적 희생제와 신들에 대한 숭배에 반대하여 성립되었다. 또한 우리는 바로 이 지역에서 보다 후대에 발흥하였던 자이나교와 불교에서도 이러한 특징들을 찾아볼 수 있다. 따라서 우리는 동인도 국가들에서 자이나교가 널리 퍼져 있었

다고 결론지을 수 있고, 결국 베다만큼이나 오래된 것이라 볼 수 있을 것이다. 그리고 어쨌든, 지금은 상실된 부분들이긴 하지만 베다에서 아힝사를 주창했고, 베다에 대한 해석상 견해 차이가 생겼을 때 두 학파로 나누어졌으며, 아힝사는 자이나 교도들에 의해 굳게 지켜졌다. 이것은 바수(Vasu) 왕 이야기에 묘사된 것이 『마하바라타』뿐 아니라 자이나 문학에서도 나오는 것과 같다.[27]

차크라바르티의 견해를 요약해 보자면 다음과 같이 갈래를 지을 수 있을 것이다.

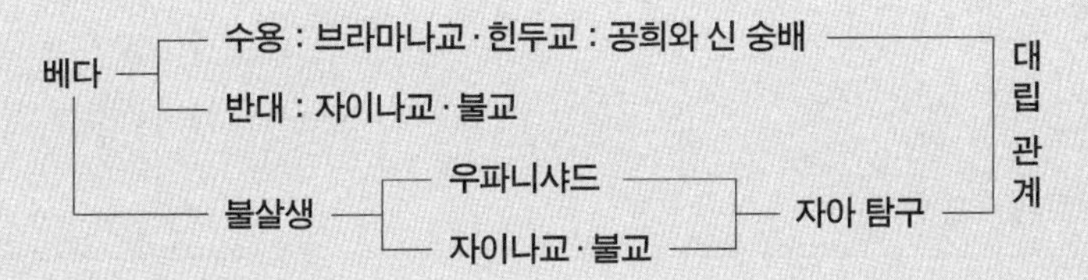

〔표 4〕 베다와 불살생의 기원

차크라바르티가 자아 탐구의 경향을 불살생과 밀접한 관련이 있다고 보았던 점은 상당히 주목할 만하다. 그의 주장은 자아 탐구적인 경향, 즉 내성적(內省的)인 자기 수행 경향이 고조될수록 공희(供犧), 특히 유혈 공희에 대한 반감이 높아져 갔다는 설과 동일한 취지로 이해된다. 이러한 경향은 제식주의(yajñavāda)에 대응하여 '영지주의'(靈知主義, jñānavāda)라고 불리는데, 이러한 사상적 변화가 불살생주의와 관련되어 있다고 보는 입장이다.

그러나 베다와 우파니샤드의 연계성을 인정한다는 전제를 수용한다고 할지라도 베다 자체에서 주창되었다는 불살생의 논거로서 '상실된 부분들'을 언급한다는 것은 논리적인 정합성을 포기하는 것으로밖에 보이지 않는다. 그러한 입장이라면 "모든 것은 베다에서 나왔다."라는 베다 지상주의적인 도그마와 조금도 다르지 않을 것이다. 그런데 우파니샤드 기원설을 주장하면서 동시에 베다와 우파니샤드 사이의 단절을 강조하는 입장도 있다. 즉 윤회(saṃsāra)·업(karma)·불살생(ahiṃsā) 등의 개념들은 우파니샤드의 성립 이전 베다 종교 시대에는 전혀 알려져 있지 않았던 개념들이기 때문에,[28] 베다와 우파니샤드 사이의 직선적인 진화를 인정할 수 없으며 양자 간에 '포괄적인 단절'을 인정할 수밖에 없다고 주장한다.[29]

또 다른 베다 기원설은 종교적 인생 단계(āśrama)와 관련을 지어 설명하는 입장이다.

> 아힝사는 고대인들이 모든 생명에 대해 외경심을 가졌던 심리학적 근원에서 비롯한 것이다. 서림행자(棲林行者, vānaprastha)들이 그것에 명확한 형태를 주었던 최초였다. 아힝사는 서림행자의 이상이었기 때문에, 그것이 동물의 희생과 대립한다는 이유로 베다적인 것이 아니라는 반대 주장은 전혀 합당하지 않다.[30]

베다적인 이상을 실현시키기 위해 정립된 인생의 단계라고 알려져 있는 아슈라마(āśrama) 중에서 제3 단계인 서림기(棲林期, vānaprastha-āśrama)에는 가정에서의 의무를 다한 뒤 베다 공부를 더 하거나, 속죄의 기도와 명상 수행에 전력한다. 이 단계의 핵심은 명상을 위해서 숲으로 은거하는 시기라는 데 있다. 서림행자들은 특히 삼림서(森林書, *Āraṇyaka*)에 따라서 수행을 하게 되므로, 이 단계의 수행자들을 '숲에서 사는 이'(āraṇyaka)라고 부른다.

그렇지만 이 주장에 동조하기는 어렵다. 베다 속에서 살상의 대표적인 예로서 비판받는 유혈 공희와 불살생의 원리 또는 이상을 모순 없이 수용하고 있다고 하기에는 무리가 따르기 때문이다. 삼림서 자체를 베다와 동떨어진 후대의 발전 단계로 인정한다면 문제가 달라질 수 있겠지만, 삼림서를 베다의 일부라고 보는 입장에서 베다의 이상 안에 불살생 원리를 수용하는 것은 모순이 크다고 본다. 왜냐하면 베다주의(vedicism), 즉 베다의 이상은 곧 제식을 통한 구원에 있으며, 그 제식의 기조가 희생 제의에 있다는 것은 부인할 수 없는 사실이기 때문이다.

물론 불살생의 기원을 슈라마나 전통에서 찾는 입장에서도, 발데오 우파디야야(Baldeo Upadhyaya)는 자이나교와 불교의 불살생 원리는 『바가바타 푸라나』(*Bhāgavata Purāṇa*)에서 그 연원을 찾아야 한다고 보고 있지만,[31] 브라마나 전통을 우선시키거나 베다를 최우선으로 배치한 다음에 슈라마나적 기원을 인정하는 예도 적지 않다. 하지만 『바가바타 푸라나』의 성립 연대를 서기 6세기경으로 낮춰 보는 설도 있다는 것을 고려한다면,[32] 우파디야야의 주장은 그 설득력을 잃고 만다.

이상과 같이 브라마나 기원설을 주장하는 데 대하여 슈라마나 기원설에 대해서는 먼저 슈라마나 자체의 기원에 대한 논란을 언급할 필요가 있다.

랄 마니 조쉬는 "슈라마나라는 말은『브리하다란야카 우파니샤드』에 처음으로 나오는데, 그 말은 브라마나 문헌에서는 결코 존경스런 말로 쓰이지 않는다."고 하면서 브라마나와 슈라마나가 상호 대치적인 입장이었다고 보았다.[33)]

그 반면에 바르가바(D. N. Bhargava)는 "슈라마나란 브라마나 지식을 갖추고 편력하는 스승들, 즉 범지자(梵志者, brahmavādi)와 범행자(梵行者, brahmacāri)의 집합"이라고 한다.[34)] 그러한 입장에 따르면 슈라마나가 특별히 '반베다적 성향을 가진 이들'이라고 규정할 근거는 희박하다. 다만, 고행자들의 전통과 슈라마나의 뿌리가 동일한 출발점을 갖는다는 입장에서는, 불살생 원리 또한 슈라마나의 기원만큼 오래되었다고 보고 있다.

그리고 "고행자(muni)들인 바타라샤나(vātaraṣana)의 아들들은 황색의 염의(染衣)를 입는다."[35)]라고 RV. 10. 136. 2.에서 언급하고 있는데, 여기에 나오는 '고행자'(muni) 또한 슈라마나와 동일한 수행을 했던 이들이라고 볼 수 있다.[36)]

그 경우 외에도 베다의 아리얀들은 슈라마나의 철인(哲人)들을 '시슈나데바'(siśnadeva)들이라고 불렀으며, 인드라 신에게 동물 희생제의를 방해하는 그들로부터 자신들을 보호해 달라고 청하는 내용도 RV.에 들어 있다. 여기서 '시슈나데바'라는 철인들도 불살생의 교의를 가르치면서 이곳저곳을 떠돌아다니는 '편력 수행자'(parivrājaka)를 지칭한다. 따라서 이들이 불살생 원리를 주창한 기원이라 보고 있다.[37)] 그런데 이러한 주장과는 다른 설이 있다. 불살생 원리가 슈라마나 전통에 속한다는 데에는 동의하지만 그 시기에 대해서 RV.보다는 후대의 사상이라고 보는 설이다.

그러한 주장의 예로는 비렌드라 쿠마르 굽타를 들 수 있다. 그는 리그·사마·야주르, 3베다에서는 불살생을 언급하지는 않지만 『아타르바 베다』에서 언급하고 있다고 주장하였다. 그는 『아타르바 베다』의 편찬 시기가 파르슈와 이전으로 여겨지기 때문에, 결국 불살생 원리는 파르슈와보다는 선행하지만 최초기의 베다 시대만큼 오래된 사상은 아니라고 본다.[38] 다만 『아타르바 베다』에서 비아리얀의 신앙과 수행들을 총망라한 가운데 불살생에 대해서 서술하고 있기 때문에 불살생이 베다의 사상이라기보다는 기존의 슈라마나 신앙을 언급한 것이고, 파르슈와 시대 이전에 성립해 있었던 원리임에는 분명하다고 밝힌다.

이와 같은 슈라마나 기원설은 다시 자이나교 기원설과 불교 기원설로 나뉜다. 그러나 자이나교 기원설과 불교 기원설 모두 불살생주의의 동기가 브라마나 전통의 유혈 공희에서 비롯되었다고 하는 점에서는 일치하고 있다.

3. 브라마나 전통의 공희와 불살생

불살생주의가 동물 희생 제의와 밀접한 관련성을 가지고 전개되었다는 점은 부인할 수 없는 사실이다. 그런데 불살생 원리가 인도 사회에 영향을 미치게 된 시기에 대해서는 뚜렷한 정설이 없다.

일설에서는, 기원전 1000년 이후부터 불살생의 이상이 인도인들의 인생을 지배하게 되었다고 한다.[39] 불살생의 기원설과 관련시켜서 말하자면, 브라마나 전통의 유혈 공희에 대한 반감이 불살생주의의 이론화를 촉발했던 것으로 추정할 수 있을 뿐이다. 그렇다면 브라마나 전통에서 행해졌던 공희의 실상은 어떠했는가? 일반적으로 베다의 희생 제의는 세 가지 요소, 즉 신(神), 물질적 제물, 희생 또는 포기로 이루어진다.

희생 제의에서 사제들은 만트라(mantra)를 암송하여 신을 부르며 찬양한다. 그러한 제의의 제물로는 동물의 살코기를 비롯하여 소마(soma), 우유, 우유 가공물, 곡물 등을 사용했다.

희생 제의에서의 '희생 또는 포기'란 제사를 위한 제물을 제공하여 자신의 소유권을 포기하는 것을 뜻한다. 특히 제주(祭主)의 제물을 희생하는 것은 제주의 정신적 측면을 의미한다.

이러한 공희 목적뿐 아니라 인도에서는 예로부터 다양한 이유로 동물들이 살해되었는데 그것은 생활 방식의 한 형태로 정당화되었다. 특히 RV.에서는 육식을 금하지 않으며 육식 문화를 짐작하게 하는 많은 내용을 담고 있는 것으로 보아서 베다 시대 때 육식은 금기의 대상이 아니었다는 사실은 분명하다. RV. 가운데 육식과 관련된 구절이 나오는 곳은 8. 43. 11., 10. 27. 2., 10. 86. 14., 10. 91. 14. 등이다. 또한 베다 문헌에 육식이 매우 빈번하게 나타나는 만큼, 그 문헌들에서는 아힝사, 즉 동물들을 죽이거나 상해 입히는 것에 대한 자제의 흔적이 보이지 않는다.[40]

베다 시대 이래로 동물의 살해가 정당화되었던 대표적인 예를 들자면, 신을 위한 공희의 목적이라든지, 내방한 손님에게 접대하기 위해서, 또는 신비주의적인 의식을 위해서라든지, 의료상의 목적 등이 있으며, 그 밖에도 인간의 두려움으로 인한 경우라든지, 공격적인 위협 등 갖가지 이유로 동물들이 살해되었다. 그 중에서도 대표적인 사례가 제사의 공희용이었고, 결혼식이나 손님을 접대할 목적으로도 한꺼번에 많은 수의 동물들, 예컨대 커다란 황소(mahokṣa)라든지 큰 염소(mahāja) 등이 수없이 살해되었다.

지금은 힌두 교파의 관습에 따라 살해 또는 식육(食肉)이 금지된 암소의 경우에도 아그니슈토마(agniṣṭoma), 아슈타카 슈랏다(aṣṭakā śrāddha) 등에서 살해되었고, 술라가바(sulagabha) 의식에서는 '거세하지 않은 황소'(ukṣan)가 공희용으로 쓰였다.[41] 그 밖에도 동물 공희가 수반되었던 베다 의례들로는 라자수야(rājasūya), 바자페야(vājapeya), 고사바(gosava), 아슈와메다(aśvamedha), 카리리(kārīrī), 푼다리카(puṇḍarīka) 등이라고 알려져 있다. 그러한 베다 의례의 공희 제물들 중에서 암소·말·양·염소·사람 등이 대표적인 5종 제물로 꼽힌다.

사람을 제물로 썼다는 문헌상의 기록은 『바자사네이 상히타』(*Vājasaneyī Saṃhitā*) 30.에 남아 있다. 그러한 문헌 자료를 통해서 사람을 제물로 바치는 푸루샤메다(puruṣamedha) 제의가 실제로 이루어졌다는 것을 짐작할 수 있다.[42] 그 밖에 사르바메다(sarvamedha)의 경우에도 제물의 목록에 사람이 포함되어 있다. 그 외 영양(mṛga)을 비롯한 여러 동물들이 특정 신과의 연관성을 이유로 선택되기도 하였다. 예컨대 푼다리카 의례에서 특별히 코끼리가 제물로 사용되었던 경우와 같다. 그렇지만 베다주의에 따르면, 공희를 위한 살해는 결코 '살해'에 해당하는 것이 아니며, 공희를 목적으로 살해된 동물은 보다 나은 존재 상태로 다시 태어날 것이라고 믿었다.

이와 같은 공희의 성립 배경을 설명하는 데에는 여러 가지 견해가 있다. 예컨대 희생 제의는 신과의 계약 개념에서 비롯된 것이라고 보거나, 인간이 신과의 화해를 바라는 목적에서 비롯되었다고 보는 설 등이다.[43)]

인도 전통에서의 제사 또한 신성한 신에 대한 인간의 복종을 표시하는 종교적 의례이며, 신과 인간 사이의 호혜적인 화해를 도모하는 데 그 목적이 있었다. 궁극적으로는 그것이 구원을 얻기 위한 수단으로 작용한다.

희생 제의는 브라마나 전통뿐만 아니라 대부분의 인도 종교에서도 공희가 이루어지는데, 종교적 의식에 따르는 희생 제의는 크게 이분할 수 있다. 바로 유혈(流血) 공희와 무혈(無血) 공희이다. 베다를 중심으로 성립된 브라마나교와 그 이후 전개된 힌두교의 일파에서는 유혈의 희생 제의가 행해진 반면에, 자이나교와 불교 교단에서 행했던 의례는 무혈의 공희와 다를 것이 없다.

자이나교에서는 "공희란 성스런 물에서 목욕을 하거나, 불을 피우거나 신에게 동물들을 바치거나 하는 것을 의미하는 것이 아니며, 오히려 자이나 수행자의 제어(saṃvara)에 의해서 자신의 청정을 지키는 것"[44)]이라고 한다.[45)] 요컨대 자이나교의 무혈 공희의 핵심은 그것이 본질적으로 내면적이어야 한다는 데 있다. 왜냐하면 외적으로 제물을 바치거나 목욕하는 것 등은 궁극적인 자기 구원에 아무 소용이 없다고 보기 때문이다.

그러나 브라마나 전통에서 유혈 공희를 바쳤던 가장 근본적인 이유는 신들이 고기(māṃsa)를 먹을 것이라고 생각했기 때문이다. 예컨대 RV. 8. 43. 2.에서 아그니 신은 '황소와 암소를 먹는 자'라고 하듯이,[46] 브라마나 전통에서의 공희는 동물을 제물로 바친다면 그것을 신들이 먹을 것이라는 전제 아래 이루어졌다. 그리고 공희를 마친 뒤 바쳐진 고기는 사제들의 몫으로 분배되었다.

그런데 유혈 공희를 당연하게 여기던 관습과 병행하여 점차로 베다 전통 아래서도 동물 살해에 대한 반감이 확장되어 갔는데, 그러한 변화에 가장 큰 영향을 주었던 것은 바로 자이나교와 불교의 불살생 교의였다는 것이 다수설의 입장이다. 다만, 브라마나 전통, 즉 힌두교파의 교단 내에서 거행된 의식의 주류가 유혈 공희에서 무혈 공희로 변천한 것에 대한 학설은 매우 다양하다.

일설에 따르면, 고대 인도에서는 비옥한 땅과 다양한 곡물 농사로 인한 풍부한 산물들이 육식 금지를 보상하기에 충분한 환경을 제공했기 때문이라고도 한다.

카말레스와르 밧타차리야는 최고층의 우파니샤드에서도 베다의 신과 제식주의에 대한 반발을 볼 수 있다고 주장한다. 특히 중기 우파니샤드인 『문다카 우파니샤드』 1. 2. 7.에 나오는 "희생제들은 흔들거리는 배들일 뿐이다."라는 구절을 예로 들어 설명한다.[47] 희생제는 사람들을 하늘로 실어다 주는 배로는 안정적인 것이 아니며 우파니샤드적 지식이 베다의 신들보다 더 우월하다는 입장이 드러나 있다는 것이다. 그렇다면 유혈 공희가 브라마나 전통 내에서 언제까지 주류로서 유지되었는가? 명백하게 그 시기를 단정하여 말하기란 쉽지 않다.

소마데바가 서기 959년에 저술한 Ya.에서 신랄하게 비판하는 브라마나의 희생 제의들이 그 당시에 성행하고 있었던 베다 의례들이라고는 입증할 수 없으며, 10세기에는 이미 베다의 희생 제의가 사라지고 없었다고 크리슈나 한디퀴는 해석하고 있다.[48] 또한 무혈 공희 또는 반(反)유혈 공희의 세력이 거세져 감에 따라 일부에서는 동물로 우상을 만들어서 희생 제물을 대신하는 예도 생겨났다고 한다.[49] 하지만 자이나교에서는 그와 같은 공희마저도 비판의 대상으로 삼고 있다.

이와 같이 브라마나 전통의 희생 제의는, 다른 종파에 대한 자이나교의 비판 중에서도 가장 수위를 차지하는 내용이다. 이러한 비판적 입장은 최초기(最初期)의 경전뿐만 아니라 후대의 자이나교의 스승들도 변함없이 견지하는 입장으로서, 자이나 교단에서는 베다의 공희를 가장 불합리한 의식으로 강하게 비판하는 전통을 이어오고 있다.

Ya. 제4장에서는 야쇼다라와 그녀의 어머니 찬드라마티(Candramati)가 동물 희생제를 주제로 하여 흥미 있는 논의를 전개하고 있다. 여기서 야쇼다라는 자이나 교도의 입장에 서 있고, 찬드라마티는 브라마나 교도의 입장에 서 있다.

예컨대 야쇼다라는 악몽을 꾼 뒤에 액땜을 하기 위한 종교적인 의식은 바람직하다고 인정하지만 그녀의 어머니가 말하는 방식, 즉 여신에게 동물을 바치는 공희는 결연히 반대하고 있다.[50]

야쇼다라는 동물의 공희를 통해서 하늘나라에 간다는 믿음에 대해서 이렇게 공격한다.

> 살생은 제단에서 이루어지든지 다른 곳에서 이루어지든지, 베다식으로 이루어지든지 교살이나 무기로 이루어지든 똑같다. 만약에 희생제에서 살해된 동물들이 하늘나라로 간다면, 왜 자기 친척은 희생 제물로 삼지 않습니까?[51)]

이처럼 소마데바는 야쇼다라의 입을 빌려서 브라마나 전통의 유혈 공희가 얼마나 불합리하고 모순적인지 비판하는 데 저서의 상당 부분을 할애하고 있다. 그가 주장하는 핵심은 간단하다.

"어떠한 생명도 죽이지 말라."[52)]

동시에 이것은 유명한 베다의 언명이기도 하다. 베다에서도 살생은 죄가 되는 행위이다. 하지만 브라마나 전통에서 예외적으로 인정하고 있는 살생들이 있다. 그 예는 다음과 같다.[53)]

> 첫째, 제사의 경우에 유혈의 공희가 허용된다.
>
> 둘째, 사회적 신분상의 의무(varṇa-dharma)에 따라 크샤트리야 신분인 왕은 적들을 죽일 수 있다.
>
> 셋째, 슈드라와 여성들에게 『법론』(法論, *Dharmaśāstra*)의 규칙에 따른 처벌을 가하기 위해서 신체적인 고문을 할 수 있다.
>
> 넷째, 『법론』에서는 사람들에게 정해진 몇몇 동물들의 고기를 섭취하라고 허용하고 있으며, 그러한 고기는 먼저 신과 여신들에게 바쳐졌다.

이상 네 가지를 제외한 살상의 경우에는 비난을 받을 만하며, 무가치한 것이라고 여겼던 것이 브라마나 전통의 기본 태도였다. 이처럼 유혈의 공희는 예외적인 인정을 받았으나, 그마저도 세월의 변천과 사상의 흐름에 따라 무혈의 공희로 변하게 되었던 것이다.[54]

동물 희생 대신에 쓰이는 무혈의 공물(供物)들은 사람에게 생기를 주고 생명의 유지에 도움을 주는 것들이 주종을 이루고 있다. 우유, 버터 기름(ghī), 꿀,[55] 물, 제주(祭酒), 곡물, 성스러운 나무들의 꽃과 열매, 잎사귀 등이 그러한 공물들이다.

그렇지만 공희에서의 살생 금지 또는 무혈 공희로의 변천이, 동시에 식용을 위한 살생도 포기되었다는 것을 의미하지는 않는다. 다시 말해서, 불살생 원리의 강조와 채식주의로 인해서 육식 또는 비채식주의가 완전히 없어진 것은 아니었다. 공희의 형태 변화가 곧 식탁의 변화로 이어진 것은 아니기 때문이다. 예컨대 마우리야 왕조 시대의 식당에서는 정기적으로 고기가 조리되었다는 금석문이 남아 있는데, 이를 통해서 공작새의 고기까지 요리되었다는 것을 알 수 있다.

> 예전에는, 신들의 사랑을 받았던 프리야다르쉬의 부엌에서 매일 수많은 생명들을 카레 요리용으로 살해했다.[56] 그러나 지금, 다르마와 관련된 이 기록이 쓰이는 현재는 오직 살아 있는 생명 셋만을 일상의 카레용으로 살해하고 있을 뿐이다. 즉 공작 두 마리와 사슴 한 마리뿐. 이 사슴마저도 매일 죽이는 것은 아니다. 이 세 목숨마저도 장차 미래에는 살해하지 않을 것이다.[57]

이것은 아쇼카 왕의 칙령 중 기르나르(Girnār)에 남아 있는 암각(岩刻) 칙령 No. 1의 내용 중 일부이다. 그렇지만 위에서도 보듯이 왕실의 식당에서 식용을 위해 동물들을 살해하는 것도 제한했던 아쇼카 시대에는 공희를 위한 동물 살해는 당연히 금지되었을 것이라는 것은 쉽게 짐작할 수 있다. 또한 아쇼카 왕의 불살생 또는 동물 보호 정책이 인도 사회 전반에 끼친 영향의 정도는 그 이후로 널리 퍼지게 된 무혈 공희와 채식주의의 실상으로도 알 수 있다.

그런데 드위젠드라 나라야나 자는 아쇼카 왕이 불교의 실용주의와 자원 보호론적 태도에 영향을 받았으며, 그의 칙령은 "동물들에 대해 자비로운 태도를 가지고 있었음을 보여 주는 근거"라고 보면서도 아쇼카 왕은 "본질적으로 육식을 금지하지도 않았고 아마 할 수도 없었을 것이다."라고 주장하였다. 더 나아가서 아쇼카 왕이 칙령을 통해서 "현재는 물론이고 앞으로도 영원히 동물 도살을 해서는 안 될 것이라고 밝히면서도 그 자신의 수라상에는 매일같이 공작 두 마리와 사슴 한 마리가 올라왔다는 것"은 매우 흥미로운 사실이라고 하면서 그는 "이것을 통해 우리는 그가 백성들에게 고한 내용에 너무 많은 의미를 부여할 필요가 없다는 것을 알 수 있다. 다만, 다른 것과 대조해 볼 만한 가치가 있을 뿐이다."라고 평가 절하하였다.[58)]

이와 같이 드위젠드라 나라야나 자는 아쇼카 왕의 정책으로 인한 인도인의 식습관의 변화를 부정하고 있다. 물론 그는 저서에서 인도 사회 역사상 고대로부터 현대에 이르기까지 지속적으로 육식이 이루어져 왔으며 암소도 예외가 아니라고 역설한다. 비록 그의 논점이 암소의 신성성을 강조하는 힌두 민족주의의 불합리성을 논증하는 데 있다고 하더라도, 아쇼카 칙령에 대한 해석에서도 보듯이 예외적인 규정과 소소한 실례를 확대 해석하고 있다는 느낌을 지울 수 없다.

우리가 놓치지 말아야 할 요점은 아쇼카 왕의 통치 이념들 중 하나가 불살생 원리를 전 영토로 확대 적용시키는 데 있었으며, 후대에 미친 그 영향력 또한 부인할 수 없다는 사실이다. 그와 동시에 보편적인 인도주의자로서 선구적인 업적을 남긴 것으로 평가되는 아쇼카 왕의 사상적인 배경에는 불교뿐만 아니라 자이나교의 정신이 함께 배어 있다는 것을 간과해서는 안 될 것이다.

4. 슈라마나 전통과 불살생 원리

고대 브라마나 전통에서 주종을 이루었던 유혈의 공희가 감소하고 무혈의 공희가 다수를 차지하게 된 데에는 슈라마나 전통의 불살생주의가 큰 영향을 끼쳤다는 것은 분명한 사실이다. 그러한 견해에서는 유혈의 공희를 기준으로 하여 브라마나 전통과 슈라마나 전통이 대립적으로 발전하는 양상을 띤다고 보고 있다.

그런데 카말레스와르 밧타차리야는 브라마나와 슈라마나 전통의 철학과 종교가 통합된 결과가 힌두 정통이 되었다는 입장을 취하고 있으며, 사실상 정통과 비정통 사이의 차이라는 것이 매우 협소할 뿐만 아니라 브라마나와 슈라마나 전통 사이의 차이도 그다지 크지 않다고 주장한다.[59] 하지만 그럼에도 불구하고 두 전통 사이의 가장 큰 차이점은 불살생론에 있다는 것은 누구도 부인할 수 없을 것이다.

지요티 프라사드 자인이 『마하바라타』[60]의 영웅인 크리슈나는 불살생주의를 강조했던 아리슈타네미에게 존경을 바치고, 브라마나 전통과 슈라마나 전통 사이의 화해를 시도했다고 말했던 것도 그와 같은 맥락이라고 여겨진다.[61]

베다적 전통 : 세속적 생활(pravṛtti)

브라마나 전통 : 공희 중심 제식주의 : 브라마나교, 힌두교.

↕

대립과 교호 작용 : 살생 대 불살생

↕

슈라마나 전통 : 고행 중심 명상주의 : 자이나교, 불교.

반베다적 전통 : 탈속의 길(nivṛtti-mārga)

〔표 5〕 인도의 종교적 전통

슈라마나 전통은 자이나교와 불교로 크게 대별할 수 있는데, 불살생의 기원에 대한 학설은 자이나교 내부에서도 여러 갈래로 나뉜다.

자이나 교단사에 따르자면, 그 역사의 시작은 당연히 제1대 리샤바 조사에서 비롯된다. 자이나 교도들은 교리뿐 아니라 일상적인 지식의 대부분을 전수시켜 주었던 시조가 바로 리샤바였다고 믿고 있다. 따라서 그런 입장에 따르자면, 불살생 원리의 기원도 당연히 자이나교의 조사들이 주창한 것이 될 것이며, 자이나교가 그 시원을 이룬다고 말해야만 할 것이다. 그렇지만 엄정한 학문적 논의에서는 전승과 신화의 경계에 대해서 논란이 분분하며, 명확한 단정을 내리기란 쉽지 않은 일이다. 다만, 구체적인 문헌의 입증과 함께 그 기원으로 가

장 빈번하게 거론되는 예는 제22대 아리슈타네미 조사와 관련된 것이다.[62)]

자이나교의 4종 근본 경전 중에서도 최고층(最古層)의 문헌으로 알려져 있는 US. 제22장에서는 아리슈타네미가 불살생주의라는 이상에 눈을 뜨게 된 계기를 얘기해 주고 있다.

US. 제22장에 따르면, 샤우리야푸라에서 태어난 아리슈타네미는 결혼할 즈음에, 자신의 결혼식에 쓰일 수많은 동물들이 감금되어 있는 것을 보고서 모든 것을 버리고 산속으로 들어가서 고행자가 되었다고 전한다.[63)] 그런데 불살생 원리가 아리슈타네미로부터 비롯되었다고 주장하는 입장에서는 이 설화에 나타난 아리슈타네미의 태도를 명백히 '동물에 대한 불살생주의'라고 해석하고, 그것을 근거로 하여 불살생의 시원으로 삼고 있다.

그리고 불살생의 기원에 대한 대부분의 학설들이 브라마나 전통의 유혈 공희와 관련된 반감이 그 동기로 작용했다고 주장하는 것과는 달리, 아리슈타네미의 설화에서는 식용을 위한 동물 살해에 대한 반감을 분명하게 보여 주고 있다는 점이 중요하다. 이를 근거로 하여 아리슈타네미의 일화는 식탁에서의 불살생, 즉 채식주의의 시원을 이룬다고 주장한다.

아리슈타네미의 일화는 An.에도 실려 있다. 그에 따르면, 아리슈타네미의 유일한 욕망은 모든 사람들이 살생하지 않고 중독 같은 습관들을 피하는 것이었으며 그의 마음은 불살생, 동정, 관용, 모든 존재의 평등성으로 가득했다고 전한다. 그러나 아리슈타네미 기원설에도 불구하고 가장 명료하게 불살생의 기원을 보여 주는 것은 바로 파르슈와 시대부터이다. 자이나 교단 밖에서도 두루 수용하고 있는 설이 파르슈와 기원설이며, 파르슈와의 존재와 생존 연대에 대해서도 비교적 이견 없이 일치하고 있다.

따라서 파르슈와의 사상적 계보를 이은 마하비라가 불살생 교의의 보편적이고 체계적인 기초를 닦았으며, 그러한 사상적 배경과 영향 아래서 가우타마 붓다가 불살생을 5계(pañca-śīla)의 하나로 채택한 것이라고 볼 수 있다.[64] 그리고 불교에서 5계 중 하나로 불살생을 수용했지만, 자이나교의 경우에 비추어 보자면, 그다지 강조되지는 않았던 것으로 보인다. 이에 대한 바르린게이의 해명은 주목할 만하다.

> 초기 불교가 아힝사라는 말을 『법구경』 시편에서만 단 한 번 언급한 것을 제외하고 전혀 언급하지 않는 것은 분명히 이상한 느낌이 든다. 그러나 자이나 교도와, 요가와 『바가바드기타』를 신봉하는 힌두 교도들로부터 그들 자신을 구별 짓기 위해서, 불교도들은 그 말의 사용을 자제하였다.[65]

그러고 나서 그는, "붓다는 아힝사라는 개념을 철학적으로 설명한 것 같지는 않다."라고 결론지었다.[66]

불교 경전 중 최초기의 문헌으로 알려져 있는 『법구경』에서 '아힝사'가 나오는 부분은 다음과 같다.

> 고타마의 제자들은 항상 잘 깨어 있어
> 낮이나 밤이나 불살생을 생각하나니.[67]

이 구절에 해당하는 다른 3종의 판본을 비교해 보면 다음과 같다.

〔1〕 "고타마의 제자들은 언제나 잘 깨어 있고, 그들의 마음은 밤낮으로 항상 연민으로 기뻐한다."[68]

〔2〕 "가우타마의 제자는 언제나 잘 깨어 있고, 밤낮으로 애정의 마음으로 기뻐한다."[69]

〔3〕 "붓다의 제자들은 언제나 방심하지 않는다. 그들은 밤낮으로 붓다, 다르마 상가(saṅgha), 카야(kāya), 아힝사, 명상에 끊임없이 집중한다."[70]

〔1〕에서 아힝사는 '연민'이며, 〔2〕에서는 '애정의 마음'이라고 하였고, 〔3〕에서는 다른 말로 풀어서 영역하지 않았다.

이러한 구절에서 짐작할 수 있듯이, 『법구경』에서는 아힝사를 일종의 마음의 상태로서 연민과 애정으로 보고 있다. 이러한 해석을 고려해 볼 때, 자이나 초기 경전에서는 아힝사가 매우 실천적인 원리로 이미 정립되어 있었던 것과 차이가 난다는 것을 알 수 있다.

초기 불교의 교리 분석에 따르자면, 가우타마 붓다는 고통(duḥkha)의 원리에 집중하는 경향이 두드러지며, 그에 따른 자애(karuṇā)의 강조로 귀결되는 특징을 갖는다고 말할 수 있다. 이것은 자이나교에서 고통의 근본 원인이 힝사와 긴밀하게 연결되어 있다고 보았고, 그것을 근거로 하여 아힝사를 강조하고 있다는 점과 비교해 볼 때, 다음과 같이 정리할 수 있다.

가우타마 붓다 ⟶	고통 주목 ⟹	자애 / 자비 강조
마하비라 ⟶	고통 주목 ⟹	불살생 강조

〔표 6〕 붓다와 마하비라의 고통에 대한 관점 비교

양자의 차이는 자애가 마음의 상태를 강조하는 반면에, 불살생(ahiṃsā)은 단순히 '상해 없는 상태'에 그치지 않고 살생 또는 상해를 입혀서는 안 된다는 실천적 행위 또는 동작과 긴밀한 연계성을 갖는다는 점이다. 그런데 초기 불교 경전에서 아힝사에 대한 직접적인 언급은 희소할지라도 희생 제의에 대한 비판은 곳곳에 나타나 있다.

먼저, 『숫타니파타』에서 가우타마 붓다는 공희가 탄생, 노쇠, 죽음을 초월할 수 있게 하는 것은 아니라고 말한다.[71)]

1045 : "스승이여! 이 세상에서 선인과 상인과 왕족과 브라만이 모두 신들에게 공희를 바쳤지만 제사에 게으르지 않았던 그들은 생(生)과 노쇠를 초월할 수 있었습니까? 나의 사람이여. 당신에게 물어 봅니다. 이것을 가르쳐 주십시오."

1046 : "푼나카여! 그들은 희망하고 찬양하고 열망해서 바칩니다. 이득으로 인연해서, 욕망을 달성하기를 바라고 있는 거요. 제물을 바치기에 힘쓰는 이, 세상의 생존에 대한 욕심을 버리지 않습니다. 그들은 생과 노쇠를 초월하지 못하였다고 나는 말합니다."[72)]

이와 같이 가우타마 붓다와 불교에서 공희를 반대하고 불살생을 5계로 채택한 것은 슈라마나 전통과 그 맥을 같이하는 것이며, 그것이 반(反)브라마나적이라는 점에 대해서는 반론이 없는 듯하다. 특히 공희에 대한 붓다의 입장이 담긴 대표적인 초기 경전은 DN.의 「쿠타단타(Kūṭadanta) 경」이다. 그 경에서 붓다는 브라마나 전통에서 행하던 유혈 공희보다는 무혈 공희만으로도 희생제를 치르기에 충분하다고 말하고 더 나아가서 더 큰 공덕을 낳는 진정한 희생이란 지율(持律)의 수행자에게 보시하는 것이라고 역설하고 있다.[73] 따라서 공희 또는 유혈 공희에 대한 붓다의 확고한 반대 입장은 의문의 여지가 없다 하더라도 마하비라와 붓다의 생존 연대 문제로 인한 양자의 선후 관계로 인해서 적잖은 논란이 따른다.

필자는 붓다의 생존 연대 자체가 마하비라보다 더 이르기 때문에 마하비라의 영향을 받은 것이 아니라고 주장하는 설에 대해서는 쉽게 수긍하기 어렵다고 본다.[74]

단적인 이유로서 예를 들자면, DN.의 「중집경」(衆集經, *Saṅgīti-Suttanta*)을 비롯한 불교의 초기 경전에 산발적으로 그러나 적잖이 등장하는 마하비라의 열반에 대한 일화는 붓다의 재세(在世) 당시에 이미 마하비라가 타계했다는 것을 명백히 제시해 주기 때문이다.[75]

그런데 불살생의 기원에 대하여 마하비라와 가우타마 붓다의 재세 당시 사회적 상황을 통해서 해명을 시도한 설이 있다.

나카무라 하지메(中村 元)는 불살생의 기원에 대해서 불교의 자비와 관련지어 논하기를, 마하비라와 붓다의 재세 당시에 불살생주의가 출현했다고 간주하며 상층 계급의 재산 증식과 상인 계급의 성장과 더불어 상업로의 안전 확보를 위해서 환영받았던 이념이라고 해석하였다. 그의 설명은 다음과 같다.

> 따라서 여기에서 생기는 문제는, 불교와 자이나교가 흥기했던 기원전 6세기 또는 5세기가 되어 어째서 갑자기 자비를 설하는 사상이 나타나게 되었을까 하는 것이다. 아마도 당시 마가다국을 중심으로 농업 생산이 증대하고 공업도 발전하여, 적어도 상층 계급에는 생활의 여유가 생겨서 반성의 기회를 얻을 수 있었다는 점을 먼저 꼽을 수 있다. 또한 생산의 증대는 상업의 발전을 필요로 하게 되는데 그것을 확보하기 위해서는 상업로의 안전이 제일의 요건이었다. 그래서 투쟁을 피하고 평화로운 생활을 추구하는 사상이 특히 당시의 왕권과 상업 자본의 환영을 받게 되었던 것으로 생각된다.[76]

하지만 필자는 나카무라 하지메의 이러한 주장은 가정과 추측을 넘어서지 않는 소견에 불과하다고 생각한다. 상업로의 안전을 위해서 평화 또는 자비, 불살생 사상이 환영받게 되었고 마침내 인도 전역에 걸쳐서 보편적 사상으로서의 지위를 차지하게 되었다는 그의 주장은, 그 이후의 정치적 격변과 그로 인한 투쟁들을 감안해 볼 때 그다지 설득력 있는 논거로서 받아들여지지 않기 때문이다.

밧타차리야는 이 문제와 관련하여 흥미로운 설을 제기하고 있다. 그는 마하비라와 가우타마 붓다의 재세 당시에 있었던 아자타샤트루 왕의 정복 전쟁이 두 사람의 사상뿐만 아니라 다른 사상가들 소위

6사(師) 외도에 속하는 이들에게도 깊은 영향을 주었다고 말한다.

그는 "마하비라의 외숙이었던 체타카는 그 침입(아자타샤트루의 침입)으로 말미암아 자살하였다."라고 하며, "아자타샤트루의 출정(出征)으로 인한 엄청난 유혈 참사와 대량 학살은 붓다와 마하비라에게 강한 충격을 주었다."고 한다. 또한 "유혈 참사와 대량 학살에 압도된, 푸라나와 파쿠다는 공덕과 악덕, 살생과 불살생 사이에 아무런 차이도 없다고 생각했다. 아지타는 우치(愚癡)와 지혜 사이에 아무런 구별도 없고, 둘 다 죽음으로 끝날 운명이라고 하였다. 산자야는 침묵하는 것이 낫다고 보았는데, …… 아지비카의 수장이었던 고살라는 인간의 행위란 세상사의 흐름에 아무런 변화를 가져오지 못한다고 굳게 믿었던 운명론자였다. …… 그는 미치고 말았으며 결국 절망으로 죽고 말았다."라고 한다.[77] 이와 같이 밧타차리야는 아자타샤트루의 출정으로 빚어진 유혈 참사가 불살생주의에 대한 심화라든지 운명론적 태도 등을 갖게 한 계기가 되었다고 말한다.

그러나 필자는 자이나교와 불교의 초기 문헌에서 지속적으로 제기하고 있는 희생 제의에 대한 반감을 고려한다면, 밧타차리야의 견해는 하나의 사건에 대해서 지나치게 큰 비중을 두고 해석한 것이 아닌가 생각한다. 왜냐하면 마하비라와 자이나 교의상 불살생주의는 보다 근원적인 의문, 즉 존재론과 긴밀한 관련성을 갖고 있다는 것은 분명한 사실이기 때문이다. 그리고 베다의 희생 제의가 점차 감소 또는 축소되어 갔던 현상은 우파니샤드의 전개와 더불어서 브라만과 아트만에 대한 집중적인 탐구로 인하여 철학적인 명상이 제사보다 중시되었다고 보는 근거가 될 수 있다.

우파니샤드의 지성적인 관점의 변화와 함께 자이나교와 불교에서 제일의적(第一義的)인 실천 교의로 삼았던 5서(pañca-vrata)와 5계로 선택했던 불살생의 이념이 지속적으로 전파되어 감에 따라 보편적 도덕 원리로 정립되었다고 본다. 물론 이렇게 해석할 때에도 자이나교와 불교 중 어느 쪽이 더 많은 영향을 주었고, 보다 선행적이었는가 하는 문제는 양 학파의 성립 기원과 관련된 논의가 선결 문제로 대두된다.

자이나교 또는 불교에서 보다 먼저 불살생을 주장했다는 논란은 별도의 논의로 접어 둔다고 해도, 인도 역사상 불살생 원리가 지배적인 사회적 사상으로 자리 잡게 된 계기는 아쇼카 왕의 회심(回心)에 있다는 것은 누구나 인정하는 점이다.

아쇼카 왕의 회심과 관련된 일화를 요약하면 다음과 같다.[78)]

> 아쇼카 왕은 기원전 261년경에 지금의 오릿사 주 부바네스와르 인근의 칼링가 지역을 얻었다. 살벌하고 피비린내 나는 전투 끝에 얻은 승리였다. 그때 사람들이 받은 고통을 마음에 새긴 아쇼카 왕은 점차 변하기 시작했으며, 살생을 혐오하는 마음이 깊어져 갔다. 그리고 마침내 기원전 259년경에는 왕실에서 거행되었던 동물 사냥을 폐지하기에 이르렀다.

그 이후로 불법에 의한 덕치(德治)를 정치적 이념으로 삼았던 아쇼카 왕은 '불교의 불살생 이념'을 정치적 사회적 정책에 적용시킨 최초의 국왕으로서 명성을 드높이게 되었다. 그러나 아쇼카 왕의 종교

정책 또는 아쇼카 왕의 신앙적 배경에 대해서는 논란이 없지 않다.

일설에 따르면, 아쇼카 왕은 후대의 대부분의 인도 왕들처럼 자신의 왕국에 있던 모든 종교 집단들을 후원하였으며, 그들을 공평한 태도로 대했기 때문에 특별히 반(反)브라마나교적인 태도를 가졌을 것이라고 볼 수는 없다고 한다. 그리고 비하르(Bihar)의 가야(Gayā)에 위치한 바라바르(Barābar) 언덕의 인공 석굴들을 아지비카 교단에 기증했다는 것만 보아도 그가 불교만을 외호(外護)했던 것은 아니라는 사실을 쉽게 짐작할 수 있다.[79)]

그리고 아쇼카 왕의 조부인 찬드라굽타 마우리야(Chandragupta Maurya, 기원전 4세기경)가 자이나 교도였던 것은 잘 알려져 있는 사실이며, 그 생애의 말년에는 자이나 수행자로 보내다가 자이나교의 정사(正死, sallekhanā) 의식으로 삶을 마쳤다.[80)]

또한 찬드라굽타 왕의 아들이자 아쇼카 왕의 부친인 빈두사라(Bindusāra) 왕도 그 부친의 신앙을 따라 자이나교에 입문했다고 알려져 있다.[81)] 그 뒤를 이은 아쇼카 왕은 기원전 240년부터 황색 옷을 입고 수행자가 되었다는 주장도 있다.[82)]

그러므로 이러한 종교적 배경 속에서 성장한 아쇼카 왕의 불교 귀의는 조부와 부친의 종교가 그랬듯이, 동일한 슈라마나 전통이라는 큰 테두리를 벗어나지 않는 선택이었다고 해석할 수 있다.

일찍이 에드워드 토머스는 그의 저서에서 다양한 전거들을 토대로 하여 아쇼카 왕이 불교에 귀의하여 불교를 널리 전파시킨 것으로 알려져 있으나 그의 신앙적 기반에는 자이나교가 깔려 있으며, 그가 불교 이전에 가졌던 신앙이 바로 자이나교였다는 것을 논술하였다.[83)]

토머스는 아쇼카 왕이 불교로 개종한 시기는 그의 생애 말년 또는 재위 말기였다고 주장하였다. 특히 그는 아쇼카 왕이 카슈미르 지역에 "지나 샤사나(jinaśāsana)", 즉 자이나 교의를 "최초로, 왕 스스로 소개했다."라는 점과 카슈미르 지역에서 불교가 유력한 종교로 등장한 시기가 아쇼카 왕의 다음 대인 잘로카(Jaloka) 대라는 것을 주목하고 있다.[84)]

토머스의 주장처럼 아쇼카 왕의 '초기 또는 말년을 제외한 대부분의 생애 동안'의 신앙이 자이나교였기 때문에 특히 불살생과 관련된 그의 정책에 영향을 준 것이 온전히 불교만의 것이었다고 말할 수는 없다. 더구나 '불살생' 원칙이 자이나교와 불교에서 각각 어떠한 위치를 차지하고 있었는지를 고려해 볼 때, 그의 정책에 끼친 자이나적 불살생주의의 영향은 그 누구도 부인할 수 없을 것이다.

제2장
불살생 원리의 철학적 기반

1. 영혼과 생명

베단타 철학의 중심 경전인 『베단타 수트라』(*Vedāntasūtra*)가 '브라만에 대한 탐구'로부터 시작한다고 하듯이,[1] 자이나 철학은 '영혼에 대한 탐구'로부터 시작한다고 말할 수 있다.[2] 그 이유 중 하나는 자이나교의 핵심적 사상인 불살생론의 요체가 바로 영혼의 탐구와 다를 것이 없다는 주장을 들 수 있을 것이다.

위의 구절에서도 볼 수 있듯이, 자이나 철학에서 '영혼'에 해당되는 용어로 아트만(ātman)이 쓰이기도 하지만 존재론 일반에서 쓰는 용어는 지바(jīva)이다. 이때 지바라는 용어는 존재에 대응하는 광의의 뜻을 지닌 말로 쓰이며, 일반적으로 '영혼, 생물, 생명, 정신, 창조물' 등을 두루 지칭한다. 그런데 영혼에 대한 침해와 손상을 굳이 '살생'이라고 표현하는 까닭은 영혼이 '생명'의 근원이자 핵심을 이룬다고 보기 때문이다. 따라서 영혼이 없는 것은 살생의 대상이 되지 않으며 비영혼(非靈魂, ajīva)이라는 범주에 포함된다.

영혼과 비영혼이라는 구분은 영혼에 중점을 둔 편의적인 실재의 분류일 따름이다. 구체적으로 비영혼에는 다섯 가지의 실재들, 즉 운동(dharma)·정지(adharma)·공간(ākāśa)·시간(kāla)·물질(pudgala)로 이루어져 있다. 이처럼 5종의 비영혼들 중의 하나가 물질일 뿐이므로, 자이나교는 영혼과 물질, 또는 정신과 물질을 대립적인 2대 실재로 파악하는 이원론적 실재론을 취하고 있는 것이 아니다. 자이나교는 6종의 실재를 근본으로 하는 다원적 실재론에 따라 그 세계관을 전개하고 있다.

이러한 실재론에 따라 살생의 대상은 곧 영혼이라고 할 수 있으나, 영혼을 지닌 생류(生類) 존재가 지니고 있는 생명의 요소는 생기(生氣, prāṇa)라고 하여 영혼(jīva)과 구분하고 있다. 따라서 엄밀히 말하자면, 살생을 통해서 침해당하는 것은 '생기'이며, 생기의 손상에 따라서 영혼이 상해를 입는다.

프라나(prāṇa)는 인도 철학적 전통에서 '호흡, 생명, 생명력, 기식(氣息)' 등을 뜻하는 가장 대표적인 용어로 쓰이고 있다.[3)] 브라마나 문헌에서도 프라나를 '생기(vital air)의 근원'으로 보고 있으나, 특이한 것은 프라나의 거소(居所)가 폐 속에 있다고 보는 점이다.[4)] 아마도 폐장(肺臟)이 중추적인 호흡 기관이므로 프라나, 즉 호흡의 거소로서 그다지 의문 없이 받아들여졌던 것으로 보인다. 그렇지만 자이나교에서는 영혼이 온몸에 충만해 있듯이 프라나 또한 온몸에 꽉 차 있으므로 어느 특정한 거소에 머물러 있는 것은 아니라고 본다.

St. 5. 144.~145.에서는 '프라나(prāṇa), 부타(bhūta), 지바(jīva), 삿트와(sattva)' 등을 동시에 열거하여 살생의 대상으로 언급하고 있다. 이처럼 프라나·부타·지바·삿트와 등은 엄밀한 의미상의 차별 없이 영혼과 생명을 지닌 존재적 특성을 반영하는 용례로 혼용되고 있다.[5)]

그러한 용어들 중 경전에서 불살생의 대상으로 가장 일반적으로 많이 쓰이고 있는 용어가 프라나이다. 프라나는 특히 영혼(jīva)의 생물학적 특성, 즉 '생명력 또는 생명적 요소'를 강조하는 용례이다. 필자는 이러한 용례를 취합하여 '생기'라고 번역하였다.

일반적으로 생명이란 '살아 있다고 말할 수 있는 실체를 지닌 어떤 것'을 지칭한다. 그러나 이러한 정의에서 우리는 또다시 '실체'를 무엇이라고 볼 것인가라는 '선결 문제의 미해결'이라는 오류에 봉착할 수밖에 없다.

일상적인 용례에 따르자면, 실체란 시각을 통해서 볼 수 있는 것을 가리킨다. 그렇지만 자이나교에서는 인간의 시각 능력을 기준으로 하여 실체에 대한 정의를 내리지는 않는다. 실체 또는 실체성 자체가 존재의 3특성 중의 하나로 정의되어 있으며, 어떤 존재가 성립한다면 그에 대해서 실체성을 인정하는 것은 당연하기 때문에 무엇이 존재하는가, 또는 무엇이 존재인가 하는 점이 더 앞선 문제가 된다는 것이 자이나교의 입장이다.

그렇다면 실체성을 지닌 존재들 중에서 어떠한 조건을 충족시킬 때 생명이 인정되는가? 어떠한 상태일 때 생명이 없는 경우로 간주되는가?

자이나교에서는 그 기준으로 삼고 있는 것이 바로 생기이다. 단 하나의 생기라도 있는 경우에는 '살아 있는 존재', 즉 '생명 있는 존재'라고 여겨진다. 반대로 생기가 없는 사물의 경우에는 비생명(非生命) 또는 무생물(無生物)이 되는 것이다. 그리고 생기가 단 하나라도 내포되어 있는 모든 존재는 불살생의 범위에 해당한다. 그런 까닭에 생기라는 말이 곧 '살아 있는 존재, 또는 생명력'과 동일한 말로 쓰이기도 한다.

불살생의 대상인 생기는 10가지 요소로 세분된다.

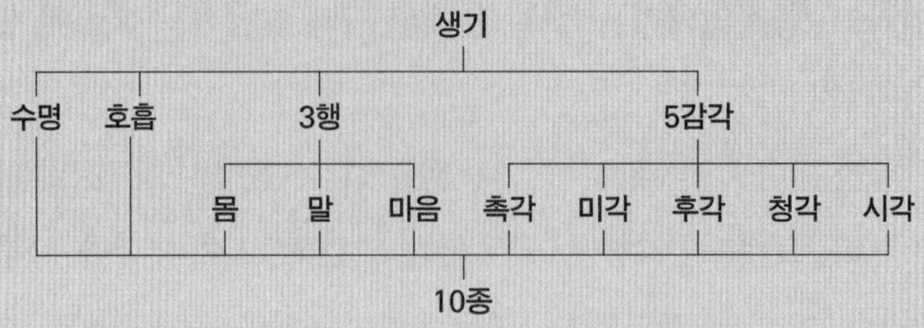

〔표 7〕 생기의 10종 요소

위의 표에서 10종의 요소로 표현된 각각의 생기는 해당 요소, 즉 5감각, 3행, 호흡, 수명 등의 힘의 원천이다. 이러한 관계는 다음과 같이 표현된다.

첫째, 감각 기관의 힘의 원천들(indraya-bala-prāṇa)에 의거해서 5감각이 성립된다.

둘째, 마음·말·몸의 힘의 원천들(mana-vacana-kāya-bala-prāṇa)에 의거하여 3행이 이루어진다.

셋째, 흡기(吸氣)와 호기(呼氣)의 원천들(svāsocchvāsa-prāṇa)에 의거하여 호흡이 이루어진다. 존재하는 모든 것은 호흡 생기에 의존하지 않고 존재할 수 없다.

넷째, 수명력(壽命力)의 원천들(āyu-bala-prāṇa)에 의거하여 존재의 수명이 결정된다. 수명 생기는 곧 존재의 연속성을 유지해 나가는 원천으로 작용하며 생명을 지속하는 근원이 된다.

영혼 속에 있는 생기들은 10요소로 나뉘지만 각각의 영혼, 즉 존재의 종류에 따라 구성하는 생기의 종류는 달라진다. 다시 말해서 모든 영혼이 동일하게 10종의 생기를 갖춘 것은 아니며, 감각의 수와 생기의 종류는 별개의 특성을 지닌다. 예컨대 9생기와 10생기를 가진 각각의 존재 사이의 차이는 9생기로 이루어진 존재가 결여한 1생기의 기능만큼 10생기의 존재는 그것이 가능하다는 데 있다. 그러므로 5감각 생기 중 일부, 예컨대 1감각 생기만을 지닌 존재일지라도 그에 대한 손상이나 침해로 살생이 성립한다는 것이 원칙이다. 이와 같은 자이나교의 관점에 따르면 일반적인 세간의 상식 또는 다른 학파의 정의에 따라 '무감각한 존재 또는 비생명'이라고 여겨지는 경우일지라도 어떤 생기를 지닌 존재 또는 생명으로 인정하는 결과를 낳게 된다. 이러한 생기의 정의 때문에 불살생서를 위한 수행 세칙의 적용 대상도 다른 종파와 다르게 더욱 세밀하고 넓은 적용 범위를 갖게 되었다고 본다.

일반적으로 살생(biocide)이란 '생명의 파괴, 생명의 살해'를 뜻하는 말이며 살아 있는 존재의 생명을 끊는 것을 통칭한다. 따라서 생명을 지닌 모든 생류 존재가 살생의 대상이 된다. 그렇지만 불살생 원리의 적용 대상을 구체적으로 어떤 범주까지 인정할 것인가 하는 문제는 별개의 논의 대상이다. 왜냐하면 각 철학파에 따라서 생류 존재로 인정하는 범위가 달라지며, 더 나아가서 불살생 원리를 적용시키는 범위 또한 철학적 윤리적 관점에 따라 상이하기 때문이다. 예컨대 불교의 경우에는 생명 있는 존재의 범위에 식물을 포함시키지 않기 때문에 식물에 대한 불살생이 성립되지 않는다고 말하는 경우를 들 수 있다.

2. 존재의 분류와 불살생론

자이나교에서 불살생론의 논의 대상으로서 꼽히는 첫째 범주는 존재(sat)이다.[6] 하지만 존재는 다음 표와 같이 두 범주로 다시 나누어지기 때문에, 보다 엄밀히 말하자면 그 중에서 윤회 상태에 있는 존재만을 논의 대상으로 삼는다.

존재(sat)
- 해탈 존재 : 재생의 순환에서 자유로운 상태 ⇒ 성취자
  (asaṃsārasamāpanna) (siddha)
- 윤회 존재 : 재생의 순환에 묶여 있는 상태 ⇒ 비성취자
  (saṃsārasamāpanna) (asiddha)

〔표 8〕 존재의 대분류

St. 4. 409.에서는 "모든 존재들에는 두 종류가 있는데 성취자와 비성취자이다."라고 하여,[7] 해탈 존재와 윤회 존재로 양분하고 있다. 이와 같은 구분은 자이나교의 존재론의 기초를 이룬다. 뿐만 아니라 불살생론과 수행론의 범위를 구획하는 기초가 되기도 한다. 즉 해탈하지 못한 상태에 있는 윤회 존재는 해탈하기 위해서 끊임없이 수행을 해야 하는 존재이며 그러한 수행론의 핵심은 '불살생주의'를 실천하는 데 있다는 논리적 상관 관계를 이루게 되는 것이다.

(1) 존재의 분류

성취자(siddha)와 비성취자(asiddha)로 구분된 존재는 다시 세 가

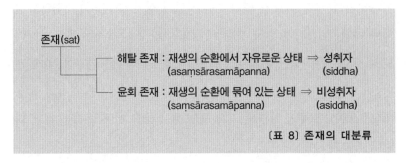

지 기준으로 세분화된다. 먼저, 존재의 크기에 따라 미세한 것과 거대한 것으로 나뉘며, 또는 성숙도에 따라서 완전히 성숙한 것과 미발달한 것으로 나뉜다. 그리고 무기의 영향을 받아서 상해를 당하는지를 기준으로 하여 무기에 의해서 생명 없는 존재로 변하는 것과 변하지 않는 것 등으로 다시 분류된다.

St. 2. 123.~137.에서는 존재들을 다시 지체(地體), 수체(水體), 화체(火體), 풍체(風體), 식물체(植物體) 등 5종으로 세분한다.[8)]

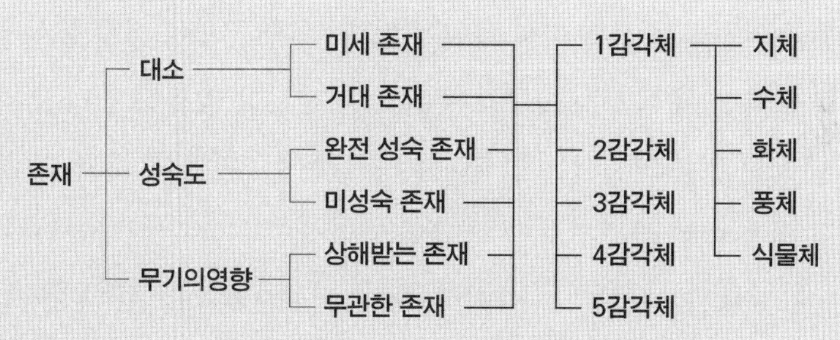

〔표 9〕 존재의 세분류

각 존재의 분류에 따른 불살생론은 다음과 같다.

첫째, 지체 존재를 상해하지 않기 위해서 함부로 부주의하게 땅을 파서는 안 된다. 왜냐하면 지체는 생기를 내재한 영혼이 있는 존재로 인정되기 때문에 지체 상태를 손상시키는 것만으로도 곧 살생을 범하는 것이다.

둘째, 수체 존재와 관련된 불살생의 실천은 전통적으로 매우 강조되어 왔다. 그 이유는 생명을 유지하는 데 물이 필수적인 만큼 물을 섭취할 때 많은 주의가 요구된다. 자이나교에서는 생수는 유심(有心,

sacitta)인 생체(生體)에 해당하고 여과시킨 물은 무심(無心, acitta)인 무생체(無生體)라고 본다. 따라서 유심수(有心水)에는 극미의 생명체가 들어 있다고 전제되므로 아무리 갈증이 나더라도 그냥 마시면 안 된다는 것이 원칙이다.

셋째, 화체 존재의 생명력을 인정하는 자이나 교도들은 불을 피우면 1감각체 존재에게 상해를 입힌다고 보았다. 따라서 불을 사용하는 것도 최대한 절제해야 한다. 수행자와 재가자 사이에는 그 준수 정도의 엄격성 면에서만 차이가 날 뿐 기본적으로 가능한 한 살생하지 않도록 유의한다는 점은 전혀 차이가 없다. 화체 존재에 대한 불살생의 예를 들자면, 수행자는 아무리 추워도 자기 몸을 따뜻하게 하기 위해서 난방용 불을 피워서는 안 된다는 규율을 들 수 있다. 이와 같이 화체 존재에 대한 상해조차 금지 규범으로 삼고 있는 자이나교와는 달리, 브라마나교에서는 불을 화신(火神, agni)으로 섬기고 그 신격(神格)에 대한 제사를 매우 중시하였다.

넷째, 풍체 존재는 호흡 작용과 불가분의 관계를 갖는다. 호흡할 때마다 공기 중의 풍체 존재가 손상을 입을 수 있다는 전제 아래 고안된 수행법이 입 가리개이다.

다섯째, 식물체의 존재성은 자이나교의 식단과 불가분의 관련성을 갖고 있다. 특히 식물체 자체의 존재성을 해치는 것뿐만 아니라 특정의 식물체를 해치면서 부가적으로 저지르게 되는 다른 살생까지도 금지하도록 요구하고 있다. 예컨대 감자 등의 뿌리 식물의 채취와 식품으로 이용하는 것이 금지되어 있는 이유는 뿌리 식물 자체뿐 아니라 지체 존재까지 상해를 입히기 때문이다.

(2) 감각과 존재 형태

세계 속의 존재들은 감각의 유무에 따라 다음과 같이 2범주로 구분된다.[9)]

존재
- 감각 기관을 가진 것(sa-indriya : sendriya)
- 감각 기관을 가지지 않는 것(an-indriya)

〔표 10〕 감각의 유무에 따른 분류

자이나 우주론에 따르면 존재들의 거처인 이 세계는 상계 · 중계 · 하계로 이루어져 있다고 본다. 그 중에서 중계의 존재들은 5종으로 구분할 수 있다.

5종의 존재들은 다음과 같이 감각의 수에 따라 구분된다.[10)]

감각 수	감각	생기 수	존재들
1	촉각	4	지체, 수체, 화체, 풍체, 식물체.
2	촉각, 미각	6	기생충, 거머리, 굴, 홍합, 달팽이, 꿀꿀이바구미, 벌레류, 연체 동물.
3	촉각, 미각, 후각	7	개미, 붉은 개미, 빈대, 오이 바구미, 목화 바구미, 이, 흰개미, 벼룩, 지네, 식물 기생충, 지네 등 미소한 곤충류.
4	촉각, 미각, 후각, 시각	8	파리, 말벌, 각다귀, 모기, 나비, 나방, 전갈.
5	촉각, 미각, 후각, 시각, 청각	9	도마뱀.
		10	인간, 암소, 물소, 코끼리, 말, 물고기, 새, 포유류, 사지 동물, 천신, 나락생.

〔표 11〕 감각과 생기에 따른 존재의 분류

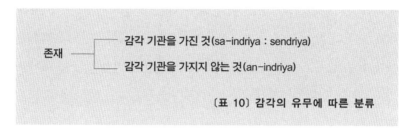

위와 같이 자이나교에서는 감각의 수에 따라서 존재를 분류하고 있을 뿐만 아니라 그 분류별로 생기의 수도 각기 다르다는 것을 알 수 있다. 중요한 것은, 존재의 분류에 따라서 감각의 수가 더 많은 상층부로 올라갈수록 살상으로 받게 되는 고통도 그만큼 커져 간다는 점이다.[11] 그리고 감각별 상위 존재에 대한 살생의 업도 그에 따라 비례하여 더 많이 늘어나기 마련이다. 그런데 이 같은 자이나교의 존재 분류는 분류 그 자체만으로도 주목할 만한 가치가 있다는 평가를 받고 있다. 그 중 일례를 들면 다음과 같다.

> 감각 기관에 따라 각각 다른 그룹으로 생물계를 분류하고 있는 것은 주목할 만한 중요한 점이다. 이 분류는 유기체 속에 있는 감각 기관들의 수에 기초하고 있다. 식물 세계 또한 생물계로 인정한다. 식물들은 1감각 기관, 즉 촉각만 지닌 생물로 본다. …… 이와 같은 동물에 대한 생물학적 분류는 자이나 철학 특유의 것이며 다른 인도 철학파 어디서도 찾아볼 수 없다. 그리고 식물계를 살아 있는 생물 기관으로 포함시키고 생물계의 일부로 인정한 것 또한 자이나 사상의 특징이라 할 수 있다.[12]

이러한 평가에 이어서 고대 자이나 사상가들은 "전문 용어로는 1감각을 지닌 극미체(極微體, sūkṣma ekendriya jīva)라고 하는 미생물, 다시 말해서 단지 촉각만을 지니고 있는 극미 생물들이 온 세계에 존재하고 있다고 추정했다. 그것은 땅·물·공기 등 속에 살아 있는데 그들의 거처에 따라서 지(地)·공(空)·수(水) 속에 살아 있는 미생물들이라고 분류된다. 이러한 미생물들은 일반적인 감각들에 의해 지각될 수 없지만, 그 기능과 활동에 의해 그들의 존재가 알려질 따름이다. 아힝사 이론은 이러한 미생물에 대한 불상해를 포함한다."라고 말하고 있다.[13)]

미생물이 현대 생물학의 연구 대상으로 자리 잡은 역사는 그리 길지 않은 근대의 일이다. 그러나 생기를 기준으로 하여 생물을 분류하고 존재의 정의를 내렸던 자이나 이론상 '미생물'일지라도 불살생의 예외가 되지는 않는다. 모든 존재는 동일한 생기를 요소로 하여 생존해 나아가며, 생기의 수의 차이는 있을지언정 그 가치는 전혀 다르지 않고 평등하기 때문이다.

그리고 감각에 따른 존재의 분류를 토대로 하여 강조되는 것은 감각 그 자체의 정복이다. 그와 같은 취지에서 St. 5. 177.에서는 감각을 정복하는 것이 승리자라고 밝히고 있다.

> 다섯 종류의 승리자들이 있는데, 청각의 승리자, 시각의 승리자, 후각의 승리자, 미각의 승리자, 촉각의 승리자이다.[14)]

자신의 감각들을 극복해야 하는 이유는 그것이 모두 살상의 근원으로 작용하기 때문이다.

자이나교에서는 다섯 감각들을 극복한 승리자에 대하여 각각 별도의 이름, 예컨대 청각의 승리자(śrotrendriyamuṇḍa), 시각의 승리자(cakṣurindriyamuṇḍa), 후각의 승리자(ghrāṇendriyamuṇḍa), 미각의 승리자(rasanendriyamuṇḍa), 촉각의 승리자(sparśanendriyamuṇḍa) 등으로 부르고 있다. 그러므로 자이나 수행론은 감각을 지닌 존재들에 대한 상해뿐만 아니라 자신의 감각을 절제함으로써 상해의 원인을 제어하는 것에도 많은 비중을 두고 있다는 것을 간과해서는 안 된다. 동시에 이 점은 다른 학파의 불살생론과 상이한 특징으로 꼽히기도 한다.

일반적으로 불살생 원리는 타인을 비롯한 다른 존재에 대한 살생을 금지하는 것이라고 알려져 있고, 실제로 그러한 이론을 바탕으로 수행론을 전개하고 있다. 그러나 자이나교의 수행론은 수행 주체를 포함한 존재 일반에 대한 분석을 전개한 뒤, 수행자 자신에 대한 살상까지도 불살생서의 대상으로 삼고 있다는 점이 매우 독특하다.

(3) 부류에 따른 존재

자이나교에서 가티(gati)는 '부류(部類), 종류(種類, genus)'의 의미로 쓰이고 있지만, '감(gam)'(가다, 오다, 떠나다, 움직이다, 접근하다, 얻다)이라는 말에서 파생된 가티(gati)는 본래 '동작, 활동, 운동' 등을 뜻하는 말이다.

가티는 일반적으로 인도 종교에서 '어떤 존재의 거처, 또는 각 존재가 업에 따라 다르게 태어나는 곳' 등을 가리키는 말로 쓰이고 있다. 불교에서는 이를 '취(趣), 도(道)' 등으로 한역(漢譯)한다. IS. 30. 9.에 대한 번역에서처럼 가티를 운명(運命)이라고 번역하거나,[15] 취소(趣所)라고 번역하는 예도 있다.[16]

자이나교에서는 일반적으로 St. 4. 608.에서 정의하듯이, 윤회하는 존재의 4부류에는 '나락생(奈落生), 방생(傍生) 〔동물 · 식물〕, 인간, 천신' 등이 있다고 한다.[17] 그런데 이와는 다르게 St. 5. 175.에서는 다섯 종의 부류를 열거하고 있다.

> 다섯 가지 부류는 나락생 부류, 방생 부류, 인간 부류, 천신 부류, 성취자 부류이다.[18]

또한 St. 5. 208.에서도 모든 존재들은 다섯 종류가 있다고 하면서 나락생 · 방생 · 인간 · 천신 · 성취자 등을 열거한다.[19] 그 중에서 성취자 부류는 해탈(mokṣa) 부류라고도 한다.

부류의 분류는 위의 인용 원문에서도 볼 수 있듯이 많은 경우에 '영혼(jīva)의 종류 또는 분류'라고 표현되기도 한다. 이 점은 자이나교의 존재론에서 부류를 오고가는 존재의 주체가 영혼이라고 보기 때문에 장소 또는 위치에 따른 영혼들의 분류가 곧 부류의 분류와 다를 것이 없다는 데서 비롯된 것이다.

존재의 부류는 다섯 가지로 나누기도 한다.[20]

첫째, 한 생에서 다른 생으로 옮아가는 경우이며, 이를 재생(再生)이라 한다(janmāntara gati).

둘째, 한 장소에서 다른 곳으로 가는 경우이다(deśāntara gati).

셋째, 어떤 특정한 존재로 남아 있는 경우이다(bhavopapāta gati). 나락생 · 방생 · 인간 · 천신의 4부류들은 각기 정해진 업에 따라서 업의 과보를 받는 순간부터 업의 지속 기간이 끝나는 마지막 순간까지 그 존재로서 살아간다.

넷째, 모든 업을 떨쳐 낸 뒤에 영혼이 위로 상승하는 경우이다(karmacchedana gati).

다섯째, 공간에서 움직이는 경우이다(vihāya gati).

이와 같이 1감각 존재부터 5감각 존재들까지 모든 존재들이 각자의 업에 따라 한 부류에서 다른 부류로 옮겨 다닌다. 그리고 어떤 부류에서 다른 부류로 옮겨 간다고 할 때, 새로운 곳은 '신부류'(新部類, gati), 그 이전의 존재 장소는 '구부류'(舊部類, āgati)라고 구분하기도 한다. 그런데 특이한 점은 St. 5. 214.에서 말하고 있듯이, 각 존재의 부류는 임종 때 몸에서 영혼이 빠져나가는 위치에 따라 그 운명이 예정된다고 믿는다.

> 임종 때 영혼의 미점(微點, pradeśa)이 나가는 다섯 가지 길이 있는데, 그것은 종아리, 넓적다리, 가슴, 머리, 온몸이다. 영혼이 종아리를 통해서 나가는 것은 나락생으로 운명이 예정된 것이며, 넓적다리를 통해서 나가는 것은 방생으로 운명이 예정된 것이며, 가슴을 통해서 나가는 것은 인간으로 운명이 예정된 것이고, 머리를 통해서 나가는 것은 천신으로 운명이 예정된 것이며, 온몸을 통해서 나가는 것은 성취자로 운명이 예정된 것이다.[21]

이와 같이 생전에 쌓은 업에 따라서 임종 때 영혼이 육신을 떠나는 위치가 결정된다고 보았던 것은 매우 독특하다. 이에 대한 주석에 따르면, "영혼이 몸의 어떤 한 부분으로 빠져나갈 때에는 매우 고통스럽지만, 온몸을 통해서 빠져나갈 때에는 고통스럽지 않다."라고 한다.[22] 결국 임종 때 겪는 고통마저도 자신의 업과 무관하지 않다는 시각이 자이나교의 바탕에 깔려 있다는 것을 알 수 있다.

(4) 인간 존재

자이나 교의에 따른 인간이란, 열 가지의 생기에 따라 생존을 영위해 가고 있는 존재라고 정의할 수 있다.

불교에서는 '사람으로 태어나기 어렵다.'라고 말하고 있는데, 자이나교에서도 인간 존재로 태어나는 것은 다른 존재에 비하여 더 좋은 일이라고 한다.[23] 왜냐하면 인간 존재만이 5서를 통한 적극적인 수행을 통해서 보다 빨리 해탈을 성취할 수 있기 때문이다.[24] 자이나교에서는 우주 순환론에 기초하여 현재 시대의 인간의 평균 수명은 100세로 한정된다고 하며, 그에 따라 다음 표와 같이 각 단계를 10단위로 나누고 있다.[25]

St. 4. 558.에서는 자타(自他)에 대한 연민의 유무를 기준으로 하여 인간을 네 종류로 분석한다.

> 사람은 네 종류가 있는데, 어떤 사람은 자신에게는 연민을 가지지만 다른 사람을 동정하지는 않고, 어떤 사람은 다른 사람에게는 연민을 가지지만 자신에게는 동정심을 베풀지 않고, 어떤 사람은 다른 사람들뿐만 아니라 자신에게도 연민을 가지고 있으며, 어떤 사람은 자신에게도 다른 사람들에게도 동정심을 갖지 않는다.[26]

단계	연령 구분	특징
발라다샤 bāladaśā	탄생~10세까지	발육 성장기
크리다다샤 krīḍādaśā	11~20세까지	유희 경향이 강한 시기
만다다샤 mandādaśā	21~30세까지	육체적인 쾌락에 빠지는 경향이 강한 시기이며 지적인 활동은 둔해지는 시기
발라다샤 balādaśā	31~40세까지	자신의 힘을 발휘하는 재능이 요구되는 시기
프라갸다샤 prajñādaśā	41~50세까지	자기 가족을 부양하고 경제 활동으로 분주한 시기
하위니다샤 hāyinīdaśā	51~60세까지	육체적인 힘과 능력이 점차 쇠퇴해가는 시기
프라판차다샤 prapaṃcādaśā	61~70세까지	기침과 가래가 늘어나는 시기
프라그바라다샤 pragbhārādaśā	71~80세까지	온몸에 주름살이 가득해지는 시기
운무키다샤 unmukhīdaśā	81~90세까지	노망이 나거나 죽음에 직면하는 시기
샤위니다샤 śāyinīdaśā	91~100세까지	마르고 쇠약해져서 침상에 누워서 지내는 시기

〔표 12〕 인생의 단계

이러한 기준에 따라 예를 들어 분류하면 다음과 같다.

첫째, 자신에게는 연민을 갖지만 다른 사람을 동정하지는 않는 사람에는 잔인하고 이기적인 사람과 승리행자(jinakalpī),[27] 독행자(獨行者, pratyekabuddha)[28] 등이 해당한다.

둘째, 다른 사람에게는 연민을 가지지만 자신에게는 동정심을 베풀지 않는 예로는 고행자(muni), 메타리야(metārya), 또는 지복(至福)의 상태를 얻은 티르탕카라의 경우가 해당한다.

셋째, 다른 사람들뿐만 아니라 자신에게도 연민을 가지고 있는 예로는 수행자(sādhu), 교단행자(敎團行者, sthavirakalpī) 등이 해당한다.

넷째, 자신에게도 다른 사람들에게도 동정심을 갖지 않는 경우로는 칼라사우카리카(kalasaukarika) 등이 있다.

위와 같이 자신과 타인에 대한 연민의 유무를 기준으로 하여 고행자(muni)와 수행자(sādhu)의 차이를 구분하고 있는 점은 매우 흥미로운 분석이라 생각된다. 다만, 후대에 이르러 5성위(聖位, parameṣṭhin)가 정립되고 모든 수행자의 단계가 수행자와 수행녀(sādhvī)로 통합되어 불림에 따라 엄밀하게 양자의 구분은 이루어지지 않고 혼용되는 예가 많아졌다.

자이나 교도들이 예경의 대상으로 삼는 5성위는 ① 성취자(siddha ; tīrthaṃkara), ② 아르하트(arhat), ③ 아차리야(ācārya), ④ 우파디야야(upādhyāya), ⑤ 수행자(sādhu)와 수행녀(sādhvī) 등이다.

그런데 일설에 따르면, 현대에도 공의파의 일반 수행자는 '무니'(muni)라고 불리는 예가 많다고 하며 백의파의 수행자에 대한 호칭과 구별하여 사용하기도 한다.

3. 물활론과 자이나교의 존재론

애니미즘(animism)은 "자연의 모든 사물에 생명이 있는 것으로 보고, 그것들도 인간처럼 모종의 느낌, 욕구, 생각 등이 있다고 여기는 종교적 태도 또는 정령 숭배 사상"을 말한다.[29)]

종교의 한 분류로 정의되는 애니미즘은 물활론 또는 정령론이라고도 한다. 물활론이란 자연의 모든 사물에 대해서 영혼 또는 생명력을 인정할 뿐만 아니라 더 나아가서 그 영혼이나 생명력을 숭배하는 신앙 형태를 가리킨다. 그런데 자이나교의 존재론과 관련하여 애니미즘이나 물활론과 연결을 지어 설명하는 예가 적지 않으며, 불살생이라는 실천 원리의 강조도 그러한 이유에서 논거를 찾는다. 자이나교의 불살생 원리가 물활론에 기초하고 있다는 것을 당연시하는 일례를 들자면 다음과 같다.

> 해탈에 대한 슈라마나의 이상은 아힝사, 비폭력(non-violence)과 밀접하게 관련되어 있다. 아힝사만큼 가치 있는 덕은 없다. 불교에서는 살아 있는 모든 존재에 대한 동정의 미덕, 즉 카루나(karuṇā)를 강조하는 반면에, 자이나교는 그 교의의 핵심으로서 아힝사를 논하고 있다. 고대의 스승들에 의해 설교된 아힝사의 종교는 오늘날까지도 현대적인 의미를 지니고 있다. 모든 존재들이 생명력을 지니고 있으므로 파괴되어서는 안 된다는 물활론적인 믿음에, 아힝사는 그 기초를 두고 있다. 살아 있는 요소적 몸을 지닌 것에 대한 어떠한 상해조차도 죄가 된다. 니르바나(nirvāṇa) 또는 모크샤(mokṣa)는 아힝사 없이 도달하기란 불가능한 이상이다. 이 중요한 개념은 현대 시대에 보다 새롭게 해석된다.[30)]

이러한 의견 외에도 나카무라 하지메는 자이나교에서 불살생주의를 강조하는 것은 고래(古來)의 애니미즘에 그 근거를 두고 있기 때문이라고 하며, 그에 비하여 불교의 불살생 계율은 자비 정신에 근거를 둔 것이기 때문에 보다 더 고매한 사상인 듯이 말하고 있다.[31] 하지만 보다 엄밀하게 선후 관계를 말하자면, 불교의 경우에도 자비 사상으로 인해서 불살생론이 나온 것이 아니라 불살생 원리를 지키고자 자비를 베풀게 된 것이라고 말하는 것이 옳을 것이다. 그리고 필자는 그러한 논의를 하기 이전에 자이나교의 신앙 형태에 대해서 애니미즘, 즉 정령론이라든지 물활론적인 신앙 양상을 띠고 있다고 보것은 자이나교에 대한 근본적인 오해라는 점을 지적하고자 한다.

원시적인 종교의 태동이 그렇듯이, 인도에서도 자연적인 힘을 숭배하고 그러한 자연력을 신격의 하나로 숭배했던 시기가 있었다. 바로 베다 시대이다. 그렇지만 그러한 시대에도 자이나교의 고대 성인(聖人)들은 비를 내리는 것은 신의 힘에 의한 것이 아니라 구름이 모여서 비를 내린다고 말했다. 자이나 성인들의 이러한 태도는 베다의 신화적 관점과 자주 비교되곤 한다.[32]

단적으로 말하자면, 자이나교에서의 지·수·화·풍에 대한 영혼의 인정은 물활론이나 정령론의 견해와는 구별할 필요가 있다. 필자는 자이나교의 영혼이란 존재의 단위 개념에 가깝다고 본다. 따라서 존재의 기초를 이루는 궁극적인 실재로서의 영혼은 숭배의 대상이 결코 아니며 실제로도 신앙의 대상이 아니다. 더 나아가서 영혼을 지닌 어떤 사물이나 존재 또한 영혼을 근거로 하여 숭배의 대상으로 삼지 않는다. 이 점은 일반적인 애니미즘이 필연적으로 다신교적 전통과 연계성을 갖고 있다는 점과는 매우 다른 귀결을 보여 준다. 재론할 것도 없이 자이나교는 근본적으로 무신론적 전통을 따르고 있기 때문이다.

4종 존재의 분류에서 천신과 나락생의 존재를 인정하고 있을지언정 그것은 존재의 체계상 인정된 것이며 별도의 형태를 가진 존재들의 다양성을 기초로 하고 있는 것이다. 그것이 종교적인 신앙 대상을 이루고 있는 것은 아니다. 그러므로 자이나교의 존재에 대한 분류와 분석은 애니미즘이라든지 범재신론(汎在神論) 또는 범신론의 범주에 포함시킬 수 없다. 왜냐하면 자이나교에 따른 존재론적 영혼이 곧 신이라거나 신성(神性)을 가진 것이라고 볼 수 없기 때문이다.

소마데바는 Ya.에서 자이나교와 배치되는 여러 가지 신앙 형태들을 '어리석은 관습들(mūḍha)'이라고 하며 다음과 같이 열거하고 있다.

> 태양 숭배, 일식과 월식 때 목욕하기, 상크란티(saṃkrānti) 날 돈 주기, 조석으로 목욕하기, 불 숭배, 성스런 건물들 숭배, 강과 바다에서 목욕하는 의식, 수목 숭배, 탑(stūpa) 숭배, 익힌 쌀로 공양 올리기, 절벽에서 떨어져 죽는 종교적 자살, 암소 꼬리에 절하기, 암소 오줌 마시기, 보석 숭배, 탈것 숭배, 무기 숭배, 지신(地神) 숭배, 야크샤 숭배, 산 숭배.[33]

이처럼 다양한 신앙의 대상들 중에서 두드러지는 것은 자연물에 대한 숭배이며 그러한 숭배 양상은 아직도 인도에서 성행하고 있는 힌두 신앙의 특징이기도 하다. 그렇지만 분명한 것은 물, 불, 나무, 태양, 땅, 또는 암소나 뱀 등의 동물에 대한 숭배는 자이나교보다 훨씬 더 애니미즘에 가깝다는 사실이다. 따라서 지·수·화·풍 각각의 원소와 식물과 동물에도 생명 있는 존재성을 인정하고, 그 자체의 생명력을 인정하며 그것에 해를 입히는 것은 업의 원인이 된다고 보았던 자이나교의 철학적 입지는 그러한 신앙 양상과는 전혀 다르다고 보아야 한다.

다만 자이나교의 존재론이 애니미즘과 근접한 특성을 지닌 까닭은 그만큼 자이나교의 고대성과 원시성을 반증하는 것이라고 보는 점은 별도의 논의가 필요하리라고 본다. 필자는 이 점에 대해서 자이나 교의의 고대성이나 원시성을 강조하기보다는 범생명주의적(汎生命主義的) 사상 체계의 가치를 재조명하는 것이 중요하다고 생각한다.

제3장

오서와 불살생의 관계

1. 서의 의의

서(誓)라고 번역되는 브라타(vrata)의 어원에 대해서는 약간의 논란이 있다.

먼저 브라타의 사전적 의미는 "의지, 명령, 법률, 법령, 규칙, 준수, 행위, 관습, 종교적 서원, 단식과 금욕 등의 성스런 수행"이다.[1)]

브라타는 브리(vṛ)에서 나온 말이다. 브리(vṛ)의 뜻은 '고르다, 선택하다'인데 그 의미는 '의지'를 토대로 한다. 그런데 일설에서는 '브리>브라타>브라티야(vṛ>vrata>vratya)'라는 전용(轉用) 관계가 성립한다고 주장한다.[2)] 그러한 입장에서는 브라티야와 브라타의 관련성에 주목하고 있으며 브라타가 자이나교의 핵심 용어로 자리 잡게 된 필연적 연관성을 RV.에서 찾고 있다. 그에 따르면 리샤바 조사가 RV.에서 브라티야라는 이름으로 불리고 있으며, 브라타라는 말은 RV.에서 단독으로 또는 다른 말과 결합한 형태로 총 200회 이상 나온다는 것이다.[3)]

브라티야는 본래 '같은 말을 사용하는 사람들의 무리'를 뜻하며 '어떤 집단에 속해 있는 이, 또는 어떤 집단으로 들어가는 이'를 가리킨다. 그러나 문헌 연구에 따르면, 브라티야들은 아리야 어를 사용했을지라도 베다 문화와 베다적 생활 방식을 따르지는 않았던 집단으로서 비베다적이며 전통적인 문화 규범을 따랐던 사람들이라고 알려져 있다. 브라티야는 vrātya라고도 쓰는데, 이때에는 '브라타'(vrāta, 集團)에서 그 유래를 찾기도 한다.[4)]

또한 브라티야는 아르한타(arhanta, 阿羅漢)들의 추종자들로서 '비

(非)브라마나 크샤트리야'라고 불렀으며 비베다적 신앙을 가진 그들은 자신들만의 성소(聖所)를 가지고 있었다.[5)]

이러한 점은 브라티야가 브라마나와 대립되는 입장을 취했던 것을 반증해 주며, 특히 브라마나가 제사(yajña)를 행하는 것과 달리, 브라티야는 그러한 제사로 인한 살생을 반대하는 입장을 취했다고 알려져 있다. 따라서 리샤바를 자이나교의 조사로 인정하느냐와 무관하게 RV.에 등장하는 브라티야로서의 리샤바가 불살생의 기원을 이룬다고 보는 설이 제기되기도 한다.[6)]

그와 같은 맥락에서 베다 시대에는 자이나교를 '브라티야교'라고 불렀다는 해석이 성립되는 것이다.[7)] 그러므로 브라티야라는 말이 브라타와 밀접한 관련성을 갖는다고 인정할 수는 있지만, 브라타의 적확한 의미를 규정하는 것은 쉽지 않은 일이다.

먼저, RV.에서 다양한 용례를 보여 주는 브라타의 의미 중에서 특히 '불변적으로 고정된 규정들'이라는 의미를 지닌 예가 많다. 이 경우에는 브라타가 곧 우주적 질서를 뜻하는 리타(ṛta)의 개념이 확장된 것이라고 해석하고 있다.[8)]

그 외 일반적인 용법에 따른 브라타의 의미를 정리하면 다음과 같다.

첫째, 의지의 수련이다.

둘째, 어떤 제한에 대한 자발적인 수용이다.

셋째, 종교적인 의례나 행위를 통해 불살생 원리를 수용하는 것이다.

넷째, 좋든지 싫든지 따라야만 하는 성스러운 약속 또는 성스러운 행위를 뜻한다.

다섯째, 마음, 말, 몸에 대한 절제이다.

여섯째, 특정한 행위 등 뭔가를 하겠다든지, 하지 않겠다든지, 스스로 내리는 확고한 결정이다. 또는 그러한 내용을 담은 진술이다.

일곱째, 신성한 진리의 실천, 독실한 실천 행위를 뜻한다.

여덟째, 종교적인 규율, 의례, 행동 등을 가리킨다.

아홉째, 단식, 금욕, 성지 순례 등 구체적인 종교 행위를 직접적으로 의미한다.[9)]

이상의 브라타에 대한 용례에서 유추되는 공통적인 특징은 '자발적이고 실천적인 규정'이라고 요약할 수 있다.

브라타의 규정 내용에 따라서 긍정적인 면과 부정적인 면, 둘로 분석한다. 하고자 하는 확고한 결정이 주된 내용일 경우에는 긍정적인 브라타라고 하며, 어떤 것을 하지 않는다는 확고한 결정일 경우에는 부정적인 브라타에 해당한다. 그렇지만 긍정적이든지 부정적이든지 브라타는 결코 악한 의도로 이루어질 수는 없으며, 강제적인 힘에 의해서 성립되는 법률 규정의 경우와도 크게 다르다. 언제나 선한 의도를 바탕으로 하여 자발적으로 서원(誓願)하는 경우에만 진정한 브라타가 성립될 수 있는 것이다.

출가자이든지 재가자이든지 자이나 교단에 입문하는 의례, 즉 입문식(dīkṣā)에서는 필수적으로 브라타를 하게 되는데, 그때 브라타를 수용하는 주체의 심리적 상태는 분노·좌절·교만 등으로 동요하거나 흥분되는 감정 상태와는 동떨어진 평정한 상태를 견지하게 된다.

브라타의 번역어로는 '서계(誓戒), 서원(誓願), 자제, 금계, 금칙(禁則), 맹서(盟誓) 또는 맹세, 계, 서(誓)' 등 여러 가지 예가 있으나, 필자는 자이나교의 브라타에 대한 번역어로서 '서'를 택하였다.[10)]

이와 같이 다양한 번역 용례를 통해서 알 수 있는 것은, 서의 세칙(細則) 내용이 어떠하든지 모두 어떤 욕망의 대상과 밀접한 관련을 갖고 있다는 점이다. 다시 말하자면 자이나교에서 서는 욕망의 근절을 목적으로 삼는다고 할 수 있다.

DS. 2. 5.에서 "욕망을 없애면 불행이 사라질 것이다."[11]라고 한 데서도 알 수 있듯이, 모든 불행의 원천이 욕망에서 비롯된다는 관점은 자이나교의 교리와 수행법을 하나로 꿰고 있는 실과도 같다. 따라서 욕망의 소멸을 통해서 해탈을 추구하는 수행자는 입문하는 동시에 서를 통해서 그 입지를 다지는 것이다.

서라는 형식의 서약이 고대 인도 종교의 입문식에서 당연시되었던 의례 중의 하나라는 것은 또 다른 슈라마나 교파인 아지비카 교단의 사례를 보면 보다 더 분명해진다.

아지비카 교단의 명칭은 그들의 독특한 입문식에서 비롯되었다. 그들은 입문식에서 받은 서를 '남은 일생 동안 변함없이 유지하는 이들'이라는 뜻에서 아지비카라고 불렸으며, '아지비카'(Ājīvika)라는 말도 '일생 동안'을 뜻하는 '아지바트'(ājīvat)에서 파생되었다고 보는 주장도 있다.[12]

아지비카 교도들은 입문식 때 일생토록 변함없이 브라타를 준수한다는 증거로 신체적인 낙인(烙印)을 찍기도 했다고 알려져 있다. 예컨대 아지비카 입문식의 의례에서 초심자는 불덩이를 쥐고 양손을 태울 정도였고, 입문식 때의 시련으로 인해서 아예 불구가 되거나 추한 모습의 기형을 갖는 이도 있었다고 전한다.[13] 따라서 교단의 입문자에게 금계(yāma)이든 서(vrata)이든, 그 형식과 내용을 막론하고 어떠한 서약을 통해서 입문 의례를 완성한 뒤에야 그 구성원이 되었던 것을 알 수 있으며, 그것은 결코 자이나 교단에 국한된 것만은 아니었다.

2. 파르슈와와 마하비라의 금계

(1) 파르슈와의 금계

자이나교의 제23대 조사 파르슈와는 4금계(yāma)를 중심으로 하여 슈라마나 교단을 이끌었다고 하며, 그의 가르침은 '4금계의 법'[14] 이라고 알려져 있다.

초기 불교 경전에는 '네 가지 금계를 준수하는 사람들'(cātuyāma susaṃvuto)이라는 구절이 나오는데, 그들은 '파르슈와가 정한 4금계를 지키고 따르는 사람들' 또는 '슈라마나 교단의 수행자들', '마하비라를 추종하는 이계자(離繫者, nirgrantha)들'을 가리키는 말 등으로 다양하게 해석되고 있다. 하지만 어떻게 해석하든지 간에, 가우타마 붓다를 비롯한 불교도에게는 '4금계'를 준수하는 것이 자이나 교도의 특징으로 간주되었던 것만은 분명한 사실이었다.

엄밀히 말하자면 파르슈와 교단과 마하비라의 교단은 구분되어야 한다는 주장도 있으며 실제로 양 교단을 부르는 명칭도 달랐다는 주장이 있다.

베니마다브 바루아에 따르면 파르슈와 교도들은 니간타 쿠마라 풋타(Nigaṇṭha Kumāra-putta)라고 불렸던 반면에, 마하비라의 제자들은 니간타 나타 풋타(Nigaṇṭha Nāta-putta)라고 불렸다고 한다. 또한 니간타는 '붉은 빛(lohitābhijāti)의 은둔자' 또는 '옷을 하나만 입은 이'(ekasāṭakā)라고 부르지만 아지비카 교도를 부를 때는 '흰옷 입은 편력자'(odātavasanā ; śvetāmbara)라고 불렀던 것을 지적하기도 한다.[15)]

그러나 일반적으로는 파르슈와 교단을 마하비라가 계승하였다고 인정하고 있기 때문에 양 교단 사이의 차이로는 4금계와 5서를 언급하는 데 그치고 있다. 이와 같은 입장의 논거로 삼고 있는 대표적인 문헌이 US. 제23장이다. 그 중에는 '파르슈와의 교도 케시와 마하비라의 제자 가우타마' 간의 대화가 담겨 있는데, 그들의 논제가 바로 4금계와 5서이다.

그런데 St.의 4금계의 절에서는 이렇게 말한다.

> 바라타와 아이라바타 지역에서는, 초대와 마지막 조사를 제외하고, 나머지 스물둘의 모든 아르한타 바가반타들은 4금계의 법, 즉 생명을 해치는 것, 거짓을 말하는 것, 훔치는 것, 외적인 것을 소유하는 것 등에 대해서 설교한다.[16)]

이와 같이 St.에서는 4금계의 법이 제23대 파르슈와에만 한정된 것이 아니고 제2대 조사 아지타(Ajita)부터 제23대 조사까지 동일하게 설교되었던 가르침이라고 한다. 그리고 이어지는 St. 4. 137.에서는 지역적으로 확장할 뿐 아니라 모든 조사들로 확대된 내용을 담고 있기도 하다.

> 모든 마하비데하[17] 지역에서 모든 아르한타 바가반타들은 4금계의 법, 즉 생명을 해치는 것, 거짓을 말하는 것, 훔치는 것, 외적인 것을 소유하는 것 등을 설교한다.[18]

St. 4. 136.~137.에서 말하는 네 가지 금계의 법을 다시 정리하면 다음과 같다.

> 첫째, 불살생(ahiṃsā)이다. 모든 생명의 파괴(prāṇātipāta)를 자제하는 것이다.
>
> 둘째, 진실어(sūnṛtā ; satya)이다. 모든 거짓말(mṛṣāvāda)을 자제하는 것이다.
>
> 셋째, 불투도(不偸盜 ; 不竊盜, asteya)이다. 모든 주어지지 않은 것, 또는 훔치는 것(adattādāna)을 자제하는 것이다.
>
> 넷째, 불소유(aparigraha)이다. 모든 외부적인 것의 소유(bāhya-ādāna) 를 자제하는 것이다.

이러한 4금계는 자이나 관련 문헌의 연대를 결정하는 단초를 제공하기도 하는데, 그 대표적인 예가 IS.이다. IS.의 첫 장에서는 금계 중의 넷째에 대해 설명하면서 불음행과 불소유를 함께 서술하고 있다. 이 점을 근거로 하여 발터 슈브링(Walther Schubring) 등은 IS.를 파르슈와 전통 아래 쓰인 최고층(最古層) 문헌으로 보아야 한다고 주장

하고 있다.[19)]

IS.의 성립 연대에 대해서는 학설상 이견이 있지만 어느 설에 따르더라도 기원전 3세기보다 늦지는 않으며, 파르슈와 전통에 따른 사상을 반영하고 있다는 데에는 이견이 없다.[20)] 그리고 다수설에 따르면 IS.는 자이나교와 관련된 문헌을 통틀어서 가장 오래된 것으로 보고 있다. 그 근거로는 IS.에 등장하는 인물들과 사상의 내용이 기원전 10세기부터 기원전 6세기경 사이에 해당한다는 사실을 들고 있다. 그러므로 IS. 1. 2.에 나타난 금계는 자이나 브라타로 정립된 최초의 형태이자 그 내용을 문헌상으로 규정한 최초라고 보아도 큰 무리가 없을 것이다.

IS. 1. 2.에서는 나라다(Nārada)의 가르침이라는 설명 아래 4종 자제를 설명하고 있다.

> 구도자는 자신의 행동으로 초래되는 살생이나, 그와 같은 살생이 생각, 말, 행동으로 인해 일어나는 경우에도 자제해야 한다. 그는 그처럼 극악한 행동에 빠지도록 다른 사람을 부추겨서도 안 된다. 이것이 참된 가르침 중에서 으뜸가는 것이다.
>
> 수행자는 은밀하게든지 공공연하게든지 간에 거짓을 말하거나 그렇게 하도록 다른 사람을 부추겨서도 안 된다. 그는 거짓을 설교해도 안 된다. 이것이 참된 가르침의 둘째 속성이다.
>
> 그는 은밀하게든지 공공연하게든지 주지 않는 것을 가져서도 안 되고, 그렇게 하도록 다른 사람을 끌어서도 안 된다. 이것이 참된 가르침의 셋째 속성이다.

그러한 신자는 생각, 말, 행동에서 성욕과 물건의 획득에 빠져서는 안 된다. 그는 스스로 이러한 악덕들에 빠져서도 안 되고, 다른 사람들을 부추기거나 그러한 과거의 행동을 용납해서도 안 된다. 이것이 참된 가르침의 넷째 속성이다.[21)]

IS.의 1장이 나라다의 가르침이라고 전하고는 있지만, 그 시대의 슈라마나 교단의 지도자였던 파르슈와가 규정해 둔 4금계를 IS.에서 거듭 확인하고 있는 것이라고 보고 있다. 특히 나라다에게 아르하트(arhat)라는 호칭이 부가되어 있다는 것을 통해서 나라다가 그 당시 사람들의 존경을 받았던 슈라마나 스승들 중 한 사람이었을 것이라고 추측한다.

IS. 1. 2.에서 보듯이 파르슈와의 4금계는 마하비라의 5서와 비교해 볼 때 숫자상으로 하나만 줄어 있을 뿐이며 그 내용을 보자면 불음행서가 누락되어 있다고 말할 수는 없다.

위의 내용을 다시 정리하면, 살생을 해서는 안 되고, 거짓을 말해서도 안 되고, 주지 않는 것을 가져서는 안 되고, 성욕과 물건의 획득에 빠져서도 안 된다는 것이 네 가지의 참된 가르침이라 한다. 이러한 진술대로라면 넷째 가르침인 '성욕과 물건의 획득에 대한 금계'는 마하비라의 5서 중에서 불음행서와 불소유서로 각각 구분되어 있으므로 그것은 정립되기 전인 '미분화 형태'를 표현하고 있다.

그런데 파르슈와의 4금계 중에서 첫째부터 셋째까지는 이설(異說)이 없이 동일하게 인정하고 있지만 넷째 금계에 대해서는 약간의 논란이 따른다. 위의 인용구에서도 보듯이, 파르슈와의 제4 금계가 단일한 형태를 취하고 있지 않기 때문에 해설에 따라서 불음행만을 꼽거나 불소유라고 주장한다. 예컨대 사두 산티데바는 "성적 금욕(maithuṇa-viramana)은 명확하게 제시되지는 않지만 제4 불소유서 안에 함축되어 있다."라고 말한다.[22)]

프라나바난다 자쉬도 파르슈와의 제4 불소유서 안에 금욕이 내포되어 있다는 입장을 취한다.[23)] 그러나 야코비는 파르슈와는 불음행을 4금계 속에 포함하지 않았으나 파르슈와의 추종자들, 즉 교도들이 은연중에 결합시켰던 것이라고 보았다. 또한 그는 파르슈와와 마하비라 사이에 시대적인 간격이 있기 때문에 그 사이에 슈라마나 교단 내에 성 도덕상의 문제가 야기되었을 것이라고도 추정한다. 그러한 배경 아래서 4금계에 대해서는 표면상으로 엄연히 위반은 아니라는 식의 태도를 경계하기 위해서 마하비라 대에 5서로 명문화시킨 것이라고 주장하였다.[24)] 그 외 몇몇 학자들은 불소유를 빼고, 불음행만을 채택하여 파르슈와의 4금계를 설명하고 있다.

불소유를 뺀 4금계의 내용은 다음과 같다.[25)]

> 첫째, '살아 있는 것들을 살해하는 것'(pāṇâtipāta)을 금한다.
> 둘째, '주지 않은 것을 갖는 것'(adinnâdāna)을 금한다.
> 셋째, '비범행'(非梵行, abrahmacariya)을 금한다.
> 넷째, '망어'(妄語, musāvāda)를 금한다.

그런데 파르슈와의 금계와 관련해서 다음과 같은 의견도 적지 않게 볼 수 있다.

어떤 자이나 교도는 파르슈와나타의 4서원들은 불살생, 거짓말 않기, 불투도, 불음행이라고 믿는다. 마하비라가 여기에 덧붙였던 것이, 바로 자신의 소유물로는 아무것도 지니지 않는다는 약속이었으며, 마하비라가 나체로 다녔던 것도 바로 이 서원을 지키기 위한 것이었다.[26)]

위의 인용문과 같이, 마하비라가 불소유를 5서로 편입시켰다고 보는 입장에서는 특히 불소유의 원칙에 근거하여 마하비라의 나체행의 동기를 설명하고자 한다. 그러나 파르슈와가 불소유를 강조했으며, 제4 금계로 규정한 것이라고 보는 입장에서는 성욕, 특히 여성을 상대로 하는 성욕을 일종의 소유의 금지라고 해석한다.

이러한 입장은 고대 인도에서 여성이 소유물의 일종이었다는 것을 상기시켜 준다. 여성은 자기 소유물의 일부이며 향유의 대상이므로, 소유물을 금지하는 항목에 '성욕, 즉 여성'을 포함시킨 것이라는 해석이 가능하다. 따라서 파르슈와의 제4 금계는 불소유이며, 파르슈와의 사후부터 마하비라가 등장할 시기까지 불소유의 대상이 점차 이분되는 과정을 거치게 된다. 즉 여성과 관련된 음행의 금지인 '금욕'과 물건의 소유만을 금지하는 '불소유'로 나누어진 결과, 마하비라의 5서가 정립되었다고 본다.

그리고 위에서 보듯이 IS.와 St.에서는 브라타라는 용어를 쓰지 않고 다르마라는 용어로써 4금계(yāma)를 포섭하고 있다. 그렇지만 그 의미는 브라타와 크게 다를 바 없다. 그 밖에도 마하비라가 파르슈와의 4금계를 확장시켜서 5서로 정립시켰다고 보는 데에 의문을 제기하는 설도 있다.[27] 그러한 입장의 논거로 제시되는 문헌 구절이 IS. 25. 2.이다. 그곳에서는 분명하게 '다섯 가지의 준수' 항목으로서 그 각각을 5서와 동일하게 제시하고 있기 때문이다.[28]

하나의 문헌 속에서도 그 내용에 따라 연대기적 편차가 발생하는 것은 고대 문헌의 편찬 및 전승 과정에서 빈번하게 나타나는 사실이라는 점을 고려한다고 할지라도 IS.의 내용 곳곳에 이미 다섯 가지 브라타의 내용이 모두 언급되어 있으며 '넷'뿐 아니라 '다섯 가지' 규정이 들어 있다는 것을 부인할 수는 없다.

그러므로 필자는 IS.가 명백히 마하비라 이전의 사상적 동향과 추이를 담고 있는 문헌이라고 인정한다면 마하비라 이전에 이미 5서의 내용이 정립되어 통용되고 있었다고 보는 것이 합리적인 귀결이라 생각한다. 보다 엄밀하게 말하자면 파르슈와가 정해 놓은 금계는 불음행을 제외한 4종이었으나, 파르슈와 이후부터 마하비라 이전까지의 교단 내에서 5종 금계 또는 5서를 정립하여 그에 따라 수행했다고 추정한다.

(2) 마하비라의 오서

파르슈와 교단에서 지켰던 것이 4금계뿐이었다는 설을 고수하는 입장에서는 자이나 재가자의 12서의 경우에도 이를 엄밀하게 적용시켜야 한다고 주장한다. 즉 파르슈와 교단에서 재가자는 11서를 지켰다는 것이다.[29] 하지만 자이나 교단의 4부, 즉 출가와 재가의 남녀 각각은 마하비라 시대부터 정립되었다고 말하는 것이 일반적인 견해이

므로 재가자의 경우는 12서라고 설명하는 경우가 대부분이다.[30)]

기본적인 금계에 대해서는 파르슈와와 마하비라 시대 사이에 분명한 차이가 있었다고 인정하는 것이 다수설이며, 마하비라는 파르슈와의 4금계에 불음행 또는 불사음(不邪淫)의 항목을 더하여 5금계의 법(pañcayāma dharma)을 완성시켰다는 견해를 취한다.[31)]

US. 21. 12.에서는 다음과 같이 5서를 규정한다.

> 수행자는 죽이지 않고, 진실을 말하고, 훔치지 않고,
> 금욕하고, 어떤 재물도 갖지 않는다는
> 다섯 가지 큰 서원들을 지켜야만 한다.
> 현명한 사람은 승리자들이 가르쳤던 법을 따라야 한다.[32)]

이와 같이 언제나 5서가 함께 표현된 것만은 아니고 때로는 그 중에서 몇 가지만 언급되는 경우도 적지 않다. 예를 들자면 Ac. 1. 7. 4.에서 언급하고 있는 '지혜로운 이[마하비라]의 3금계(yāma)'에 대해서 야코비는 "불살생, 거짓말하지 않기, 금지된 것을 절제하기, 예를 들어 절도, 성적 쾌락"이 해당된다고 설명한다.[33)] 그리고 3금계라는 제한적 문구에 대한 주석을 통해서, '절제'라는 항목에 투도(偸盜)와 음행(淫行)을 묶어 넣어서 결국은 4금계가 되고 마는 예도 있다.

5서가 파르슈와로부터 마하비라 대로 전승되면서 정립되었다고는 하지만 내용의 문맥에 따라서 그 중 몇 가지만 언급되는 예가 많으며, 5서 이상의 다양한 미덕들이 함께 언급되기도 한다.

St.에서는 갖가지 미덕들을 분류하여 규정하고 있는데, 최종적으로

St. 10. 16.에서 열거하는 '슈라마나 다르마'의 목록에는 초기 자이나 교단의 수행 덕목들이 잘 정리되어 있다.

슈라마나의 10종 미덕은 다음과 같다.[34)]

첫째로 용서(kṣānti) 또는 참회, 둘째로 무욕(無慾, mukti)으로서 탐욕이 사라진 것, 셋째로 정직(ārjava), 즉 청정하고 순수한 마음, 넷째로 온화(mārdava), 다섯째로 겸손(lāghava), 여섯째로 진실(satya), 일곱째로 자제(saṃyama), 여덟째로 고행(tapa), 아홉째는 포기(tyāga)로서, 예를 들자면 동료 수행자들에게 음식이나 다른 것들을 제공하는 것이다. 열째는 금욕(brahmacaryavāsa)을 실천하는 것이다.

이와 같은 슈라마나의 열 가지 미덕은 원칙적으로 출가자와 재가자 모두에게 적용된다고 보아도 틀림이 없다. 왜냐하면 자이나 교단의 구성원은 남녀 고행자와 남녀 재가자라는 4분류로 나뉘어 있지만 자이나 경전에서 그들을 부를 때에는 출가와 재가를 막론하고 슈라마나라는 호칭을 쓰고 있기 때문이다.

예를 들어서 자이나 수행자를 지칭하는 말 중 가장 빈번하게 나오는 예는 '슈라마나 이계자'(śramaṇa nirgrantha)이다.[35)] 여성 수행자를 지칭할 경우에는 슈라마니(śramaṇī)라고도 하지만 많은 경우에 '슈라마나 니르그란티'(śramaṇa nirgranthī)라고 부른다.[36)] 재가자의 경우에 남자는 '슈라마나 우파사카'(śramaṇa upāsaka), 여자는 '슈라마나 우파시카'(śramaṇa upāsikā)라고 한다.[37)]

그러므로 수행자 또는 자이나교 신봉자라면 누구나 지켜야 하는 미덕이나 윤리적 덕목에 대한 실천 주체로 언급되는 '슈라마나'라는 말은 자이나 교의와 동일시되는 포괄적인 주체로서 간주되어도 무방할 것이다. 또한 슈라마나의 덕목들은 출가와 재가를 불문하고 자이나 교도라면 누구나 실천해야 하는 미덕들이라 할 수 있다.

이러한 시각에서 5서로서 정립된 자이나교의 근본 덕목 또한 재가자와 출가자를 구분하지 않고 동일하게 적용되는 것이 원칙이다. 하지만 대서(mahāvrata)와 소서(aṇuvrata)로 구분하고 있는 것은 재가자의 생활 환경적 요소를 고려하여 그 엄격성을 완화해 둔 것일 뿐 자이나교에서 모든 수행 덕목은 출가와 재가를 불문하고 적용된다.[38] 그러므로 마하비라 이래로 5서로 대표되는 수행 덕목은 가장 기초적이며 최소한의 규정일 따름이며, 해탈을 성취하는 데 필수적인 실천 규범이라 할 수 있다.

(3) 오서와 불교 오계의 비교

자이나교와 더불어서 슈라마나 전통의 양대 종교로 성장한 불교의 5계와 자이나의 5서는 단 하나의 조목이 다를 뿐 큰 차이가 없다. 일반적으로 파르슈와 당대부터 마하비라 또는 가우타마 붓다 당시까지 4금계를 포함한 마하비라의 5서가 수행 덕목으로 널리 알려져 있었던 것으로 보는 데에는 이론(異論)이 없다. 그런데 가우타마 붓다는 파르슈와의 제4 금계이자 마하비라의 제5서였던 '불소유'를 제외하고 '불음주계'(不飮酒戒)를 포함시켰다. 이 점은 불교와 자이나교 사이의 대표적인 차이점 중의 하나로 논급되는 것이기도 하다.

『법구경』에 나오는 다음 구절은 붓다가 비구들에게 말했던 5계의 초기 형태를 알 수 있게 해 준다.

> 살생을 하고 거짓을 말하며,
> 주어지지 않은 것을 취하며,
> 남의 아내를 범하고,
>
> 욕심 따라 계를 범하고,
> 수라(surā) 술, 메라야(meraya) 술을 마셔서
> 이것에 빠져 버리면
> 그는 실로 자기의 뿌리를 캐는 것과 같도다.[39)]

이와 같은 불교의 5계는 파르슈와의 4금계와 마하비라의 5서, 양자의 영향을 받았을 것이라는 설이 지배적인 입장이지만 그 설은 가우타마 붓다보다 마하비라의 생존 연대가 보다 더 앞선다는 것을 근거로 하고 있다. 그러나 가우타마 붓다보다 마하비라의 생존이 후대로 밀린다고 하더라도 분명한 역사적 사실로서 인정받고 있는 것은 4금계의 주창자 내지 슈라마나 교단의 수장이 파르슈와였으며, 그는 자이나 교단의 조사 중 한 사람으로서 인정받고 있다는 사실이다. 따라서 마하비라의 5서와는 무관할지라도 고대 슈라마나의 윤리적 규준(規準)이었던 4금계를 불교에서 계승했던 것이라는 주장 또는 파르슈와의 4금계의 영향을 받아서 5계가 성립되었다는 주장은 무리가 없다고 본다. 하지만 동일하게 4금계를 이어받은 5서와 5계의 차이점에서 또 하나 주목할 것은 서로 채택한 용례가 다르다는 것이다.

즉 파르슈와의 4금계를 '야마'(yāma)로 표현하는 반면에, 마하비라의 5서는 '브라타'로, 가우타마 붓다의 5계는 '쉴라'(śīla)를 주로 채용하는 등 각기 다른 용례를 보이고 있다.

이 내용을 표로 정리하면 다음과 같다.

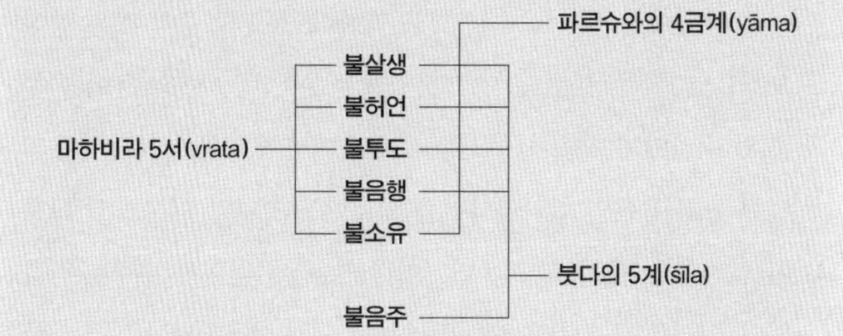

〔표 13〕 금계와 관련된 3종 용례

사실, 불교와 자이나교에서 각각 쉴라와 브라타라는 단어를 선택하여 사용하게 된 연유와 전용(專用)의 시기를 정확히 추적하기란 용이하지 않다.

불교에서는 일반적으로 '가우타마 붓다의 성도 후 12년 동안'은 계율이 없었다고 말한다.[40]

자이나교에서도 예컨대 St.의 곳곳에서 브라타 대신에 야마라는 단어를 쉽게 볼 수 있듯이, 브라타가 언제부터 고정적으로 사용되었는지 명확히 구분하기는 쉬운 일이 아니다. 그와 마찬가지로 불교에서 '쉴라'가 언제부터 전용되기 시작했는지를 밝히는 것 역시 쉬운 일이 아니다. 이에 대해 나카무라 하지메는 다음과 같이 설명한다.

불교에 처음부터 '계율'을 의미하는 특별한 말이 있었던 것 같지는 않다. 『숫타니파타』 961.[41]에서는 비구를 위한 계율이나 서계(sīlabbatāni)를 부과하고 있다. 이것은 후대의 불교 경전에서 실라 바타니(sīlabbatāni ; skt. śīla vratāni)가 항상 배척당했다는 사실을 고려할 때, 참으로 이상하게 여겨진다. 우리들은 이러한 모순이나 불일치를 설명할 수는 있을 것이다. 불교의 흥기 또는 형성도상(途上)에서, 불교도의 교단은 '계율'을 위한 특유의 용어를 갖고 있지 않았기 때문에, 여러 종교 일반에서 수행자에 의해 사용되었던 공통 용어인 실라바타니를 채용했을 것이다. 불교도의 교단이 발전했을 때, 불교도는 비나야(vinaya)의 정밀한 체계를 만들었다. 그러고 나서 그들은 다른 종교에 의해 사용되었던 실라 바타니라는 용어를 배제했던 것이다.[42]

위에서 보듯이, 나카무라 하지메는 '불교의 흥기' 단계와 '교단의 발전' 단계로 시기를 양분하고, 계율 관련 용어의 정립을 '교단의 비나야'의 발달 시기와 병립시키고 있다. 그런데 위의 인용문에서 '쉴라브라타'(śīlavrata)를 배제하였다고 표현되어 있는 것처럼, 자이나교의 '브라타'라는 용어뿐만 아니라, '쉴라브라타'라는 복합어로 된 하나의 용어를 쓰지 않게 되었다고 말한다. 이어지는 설명에서도 나카무라 하지메는 쉴라브라타를 썼던 다음 단계의 발전으로서, "파티목카(pātimokkha)라고 하는 새로운 용어를 만들어 냈던 것 같다."라고 말한다.[43]

그러나 이러한 주장과는 다른 다음과 같은 견해도 있다.

브라마나교나 자이나교는 계의 용어로 vrata를 사용하는 반면 불교에서는 유독 śīla라는 용어를 사용한 것으로 보아 자연스런 흐름이라는 의미를 지닌 시라라는 용어가 불교의 연기론적 사고에 더 적합하였기 때문이라고 할 수 있다. 『사문과경』에서 밝히고 있듯이 육사외도들은 도덕과 윤리를 부정하고 있고, 자이나교에서는 무소유를 포함한 계율 엄수주의를 주장하고 있다. 그러나 불교에서는 이러한 극단주의가 개인이나 사회에 적합하지 아니함을 인식하고 삼의일발(三衣一鉢) 등의 최소한의 소유는 인정하였다. 계율에서도 현실적인 사회 인식을 기반으로 한 중도주의를 주장하였다. 더 나아가 불교에서 계율은 지혜와 자비라는 바탕에서 실천되어야 하는 자연스러운 가르침이다.[44]

위의 구절에서 보듯이 논자는 계, 즉 쉴라라는 단어의 의미와 불교 교리, 즉 연기론의 관련성을 강조하고 자이나교를 비롯한 외도의 계율과 윤리가 불교에 비하여 극단적인 반면에 불교의 계율은 중도이며 자연스러운 가르침이라고 보는 동시에 불교에서는 자이나교에서 쓰는 용어인 브라타만 버리고 쉴라를 선택했다는 입장을 취한다.

그러나 필자는 불교의 중도주의가 계율, 특히 근본 5계에서도 자이나교나 6사 외도라는 극단적인 입장에 대응하여 중도주의를 취한 것이라고 해석할 수 있을지는 상당히 의문스럽다고 본다. 파르슈와의 4금계와 마하비라의 5서 및 가우타마 붓다의 5계는 내용상 그 차이가 뚜렷하지도 않으며 오히려 동일하다는 편이 합당할 것이다. 왜냐하면 그 차이는 단지 5서 중의 불소유서가 빠지고 불음주계가 5계에 들어가 있을 뿐이기 때문이다.

그렇지만 '불소유'는 사실상 불교 전통에서도 매우 강조하는 실천 규범 중 하나일 뿐만 아니라 자이나 교단에서도 출가 수행자에게 최소한의 소유를 허용하고 있다.[45] 또한 불음주계는 5서에 들어 있지 않았을 뿐이고 그 당시 슈라마나 전통에서는 당연시되었던 규범이다.

그럼에도 불구하고 일설에 의하면 자이나교의 서계는 경건하지 못한 행위들로부터의 억제라는 측면을 보다 더 강조한 것이며, 가우타마 붓다의 계율은 미덕들의 긍정적인 측면을 훨씬 더 강조하였다는 데서 양 설의 차이가 두드러진다고 한다. 그리고 그러한 입장에서는 행위적 측면을 중시했던 자이나교와는 달리 불교의 계율은 자이나교보다 더 '심리적인 윤리'의 측면에 중점을 두었던 것이 명백하다고 말한다.[46]

흔히 반(反)브라마나, 즉 슈라마나의 특징에 대하여 "사문들은 성사(聖絲), 머리털, 술 등 베다 문화의 상징들을 멀리했고 제사를 지내지 않았다."[47]라고 말한다.

슈라마나들은 성사를 착용하지 않고, 머리털을 깎아 없앤 모습으로 인해서 브라마나들과 확연히 구분되었을 뿐만 아니라, 그들은 술을 즐기지 않았고 제식을 위한 용도로도 사용하지 않았으며, 더 나아가 금지 식품으로 정해 놓았다는 것은 잘 알려져 있다. St.와 같은 자이나 문헌에 따르면, 아지비카 교도들도 금주를 수행 원칙으로 삼았다는 것을 알 수 있다.

이 점은 슈라마나 전통을 대표하던 자이나 수행자들에게도 예외가 아니었다. 실제로 자이나교에서도 5서에만 포함되지 않았을 뿐, 음주는 모든 악의 뿌리가 된다고 보고 금지의 대상으로 규정하고 있다. 이 원칙은 자이나교의 초기부터 현대에 이르기까지 예외 없는 규율 중의 하나이다. 특히 과실주 종류는 불살생 원리와 관련하여 금지의 대상이 될 뿐 아니라, 음주로 인해서 불허언서를 범하기 쉽기 때문이라고 한다.

소마데바는 Ya.의 주인공인 야쇼다라의 입을 빌려서 이렇게 말한다.

> 술에 취한 사람들은 수치심도 없고, 행동에 예의도 없고, 성스러운 전승에 대한 지식도 없고, 칭찬할 만한 행위도 없다. 그들은 분별력을 상실했기 때문에 마치 유령과 같다.[48)]

이와 같은 소마데바의 비난은 인도의 종교적 전통에서 음주의 폐해를 비난할 때 언급하는 상투적인 어구일 뿐만 아니라 일반적인 비판이기도 하며 현대에도 두루 회자되는 말이다. 따라서 자이나교라고 해서 특별한 이유를 덧붙여서 음주를 금하거나 비판하는 것은 아니다. 다만 업의 형성과 전개 과정에 대한 이론이 다를 뿐이다. 그러므로 필자는 '계율에 관한 특수한 용어'로서 후대에 5계의 용례로서의 어떤 단어, 예컨대 '파티목카'가 고안되거나 채택되어서 정립되었다고 보지 않는다. 게다가 5서와는 달리 5계를 통해서 계율상의 중도주의라든지 연기론적 사고를 반영하고자 했다는 뚜렷한 특징과 차이를 읽어 낼 수도 없다고 본다. 무엇보다도 중요한 점은 최초기의 양 교단에서 브라타든지 쉴라든지 자이나교와 불교에서 제정한 다섯 가지 조목의 역할이 다르지 않다는 점이다. 왜냐하면 양자의 명칭이나 한 가지 내용상의 차이마저도 수행 규범의 실제에서는 동일하게 적용되고 있었기 때문이다.

그러므로 필자는 5서와 5계의 규정 중 항목 하나의 차이로 인해서 특별한 차이점을 끌어내기보다는 슈라마나 교단의 4금계의 전통을 이어받은 규범적 공통성을 찾는 것이 보다 합리적인 해석이라고 생각한다. 더 나아가서, 5서와 5계를 통해서 성취하고자 하는 각각의 경지는 특정한 조목의 유무나 그 수에 따라 달라지는 것이 아니며 수행 주체의 총체적인 인격 수련의 결과, 요컨대 수행의 정도라든지 질적인 차이에 따라 결정된다는 점을 간과해서는 안 될 것이다.

3. 오서의 내용과 불살생론

5서는 자이나 교도로 입문하는 사람이라면, 출가와 재가를 막론하고 누구나 가장 먼저 서약하는 것으로서 정견(正見)·정지(正知)·정행(正行)이라는 3보(ratnatraya)의 대들보 역할을 한다. 5서는 수행하는 데에 가장 기본이 되는 서약이기 때문에 근본서(根本誓, mūlavrata)라고도 하며, 이를 통해서 대표적인 5종의 악덕(pāpa)을 자제하게 된다.

St. 5. 1.에서는 다음과 같이 5서를 규정한다.

> 다섯 가지 대서가 있는데 그것은 모든 생명을 해치는 것을 끊는 것, 모든 거짓말을 끊는 것, 모든 주지 않은 것을 갖는 것을 끊는 것, 모든 성행위에 탐닉하는 것을 끊는 것, 모든 소유하는 것을 끊는 것이다.[49]

이러한 5대서(pañca-mahāvrata)는 일반적으로 출가 수행자를 위한 것이며 재가자를 위한 5서는 소서(aṇuvrata)라고 구분하여 말한다. 그렇지만 그 둘 사이에 조목의 차이는 없다.

5서를 정리하면 다음과 같다.

5서
- 불살생서(prāṇātipāta-viramaṇa-vrata)
- 불허언서(mṛṣāvāda-viramaṇa-vrata)
- 불투도서(adattādāna-viramaṇa-vrata)
- 불음행서(maithuna-viramaṇa-vrata)
- 불소유서(parigraha-viramaṇa-vrata)

〔표 14〕 5서

각 조목들은 기본적으로 '불(不), 중지(中止), 떠나는 것(離, viramaṇa)'이라는 부정적인 단어와 함께 열거되고 있지만, 절제의 대상이 되는 내용을 표현하는 용어는 다양하다. 예컨대 생명을 해치는 것(prāṇātipāta)이라는 말 대신에 살상(hiṃsā)이라고 하거나, 허언(mṛṣāvāda) 대신에 망어(moṣa) 또는 긍정적인 표현으로서 진실어(saccavayaṇaṃ)라고도 한다. 불투도라는 말 대신에 '주는 것만 받기'

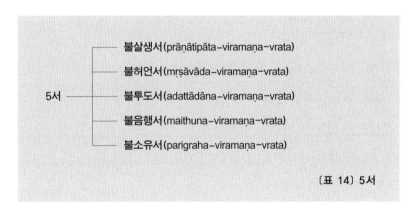

(dattamanuṇṇā)라고 하거나 음행(淫行, maithuna) 대신에 음란(淫亂, abaṃbha)이라는 말을 쓰기도 한다. 그리고 불음행이라는 말 대신에 금욕(bambhaceraṃ)이나 범행(梵行, brahmacarya)이라고 쓰는 등 동일한 취지의 다양한 용어들로 표현하고 있다.

이러한 5서에 대해서 US. 제25장에서는 다음과 같이 설명한다.[50)]

첫째, 불살생에 해당하는 구절은 다음과 같다.

"살아 있는 존재를 알고, 그들이 움직이든 그렇지 않든, 세 가지의 방법으로도 그들을 해치지 않는 이, 그를 우리는 브라마나라고 한다."[51)]

둘째, 불허언에 해당하는 구절은 다음과 같다.

"분노나 재미, 탐욕이나 두려움으로 인해, 진실하지 못한 말을 하지 않는 이, 그를 우리는 브라마나라고 한다."[52)]

셋째, 불투도에 해당하는 구절은 다음과 같다.

"감각이 있는 것이든지 감각이 없는 것이든지, 작든지 크든지 간에, 자기에게 주어지지 않는 것은, 어떠한 것도 갖지 않는 이, 우리는 그를 브라마나라고 한다."[53)]

넷째, 불음행에 해당하는 구절은 다음과 같다.

"천신 · 인간 · 동물, 그 누구와도 마음 · 말 · 몸, 어떤 식으로든 교접(交接)하지 않는 이, 그를 우리는 브라마나라고 한다."[54)] "마치 물 속에서 자라는 연꽃이, 물에 젖지 않듯이, 쾌락에 의해 더럽혀지지 않는 이, 그를 우리는 브라마나라고 한다."[55)]

다섯째, 불소유에 해당하는 구절은 다음과 같다.

"탐욕스럽지도 않고 은둔해 살며, 집도 없고 재산도 없고, 재가자와 친교도 없는 이, 그를 우리는 브라마나라고 한다."[56]

US. 제25장에서는 참된 희생제에 대해 설명하고 있는데, 진정한 브라마나란 희생제를 바치는 데 있는 것이 아니라 위와 같이 5서를 지키는 데 있다는 것을 역설하고 있다. 이러한 태도는 초기 경전 곳곳에서 볼 수 있는 내용으로서 브라마나의 전통에 대한 비판의 요지이기도 하다.

이와 같이 중시되는 실천 조목인 5서를 처음으로 받게 되는 것은 교단에 입문할 때이다.

마하비라 당시의 교단 입문자들이 처음으로 5서를 표명하는 구절이 Ac.에 전한다. 다음은 고행자 한 사람이 마하비라 앞에서 입문 서약을 하는 장면의 일부이다.

> 존경하는 이여!
>
> 나는 이제부터 어떠한 것이든지 살아 있는 모든 존재들에게 어떠한 상해도 일으키지 않도록 완전히 절제하겠습니다. 나는 작거나 크거나, 움직이거나 움직이지 않는 어떠한 존재들에게도 결코 상해를 일으키지 않을 것입니다. 나는 다른 사람들에게도 그렇게 하도록 권하지도 않을 것이고, 다른 사람들이 그렇게 하도록 용납하지도 않을 것입니다. 나는 세 가지 수단과 세 가지 방법을 통해서 이 위대한 서원을 준수하겠습니다.[57]
>
> 존경하는 이여!
>
> 나는 과거에 저질렀던 그와 같은 상해에 대해서 반성하고, 그것을 비난하고, 그것을 비판하며, 그것에 빠지는 것을 참으로 그치겠

습니다.[58]

이상과 같이 나머지 조목들도 하나하나 언급하면서 서약을 하고, 그로써 교단에 입문하는 의식을 마친다.

5서의 준수를 통해서 그 주체는 해당되는 악덕으로부터 자유를 얻게 된다. 다시 말하자면 살생을 제어하는 것은 곧 살생으로부터 자유롭게 되는 것을 뜻하며, 허언을 제어하는 것은 곧 거짓으로부터 자유롭다는 것이며, 투도를 제어하는 것은 도둑질로부터 자유롭다는 것이고, 음행을 제어하는 것은 음행으로부터 자유롭다는 것이며, 소유를 절제하는 것은 세속적인 집착에서 자유롭다는 것이다. 따라서 5서는 단순히 악덕의 제어에서 그치지 않으며, 여러 악덕으로부터 자유를 얻게 해 주는 역할도 하는 것이다. 부정과 금지와 절제를 통해서 그 주체는 결국 긍정과 자유를 성취하는 것이다.

(1) 불살생서

불살생서(prāṇātipāta-viramaṇa-vrata)는 자이나교와 불교뿐 아니라 힌두 요가학파에서도 중시하는 도덕률이다.

예컨대 "파탄잘리의 『요가수트라』에서 불살생의 묘사는 자이나교 문헌의 내용과 유사하며, 폭력을 행하든지 야기하든지 용인하는 것을 비난하고, 대서(mahāvrata)는 때·장소·상황에 의한 제한이 없다고 주장한다."[59]라고 하듯이, 그 세부 내용에서도 자이나교의 예와 크게 다르지 않다.

그런데 불교에서는 자이나교와 마찬가지로 불살생계를 제1의 계로 언급하고 있지만 그 대상의 범위는 동일하지 않다. 불교에서는 일반적으로 생명 있는 존재는 유정(有情, sattva) 또는 중생이라 한다. 그런데 불교에서는 나락생과 천신, 인간, 방생 등을 중생에 포함시키지만, 식물체는 제외시킨다는 점에서 자이나교의 입장과 다르다. 이처럼 불살생의 대상, 즉 존재로서의 생명을 인정하는 범위의 차이에 따라 구체적으로는 불교와 자이나교의 수행 세칙이 크게 달라진다.

람베르트 슈미트하우젠은 불살생계에 대해서 다음과 같이 말한다.

> 고대의 문화적 단계의 전통이며, 그 단계에서는 동물들 〔심지어 식물들, 흙, 물까지도〕 죽이는 것이, 적어도 어떤 의미에서는 사람(물론 자신의 종족에 속하지 않는)을 죽이는 것만큼 심각한 것이었다. 왜냐하면 동물들 역시 만약 가능하다면 저 세상에서 그 살해자에게 복수할 수도 있다고 믿었기 때문이다.[60)]

그의 견해에 따르자면, 불살생계는 이 세상에서 죽은 다음에 다른 세상에서 재생한다는 믿음을 토대로 한 것이며, 살해당할 경우에는 다른 세상에서 살해자에 대한 보복이 가능할 것이라는 가정 아래 성립되었다고 한다. 그러나 필자는 자이나교의 불살생 원리는 그와 같은 재생론이라든지 살해에 대한 복수의 위협감 때문에 성립된 것이라고 말할 수는 없다고 본다. 왜냐하면 자이나교에서 자기 자신을 포함하는 모든 존재에 대한 살생을 자제해야 한다는 주장의 근거로 강조하는 것이 바로 존재의 평등성(samatā)과 상호 작용성이기 때문이다.

Sk. 1. 1. 4. 8.~10.에서는 '불살생의 평등성'(ahiṃsāsamatāṃ), 즉 "네가 살해되기를 원하지 않는 것처럼 다른 존재들도 살해되는 것을 원하지 않는다."[61]라는 요지의 내용을 다음과 같이 말하고 있다.

> 어떤 존재들은 움직임을 갖지만, 어떤 것은 그렇지 않다. 그것은 그것들이 어떤 상태에 있거나 다른 상태에 있거나 하는 어떤 조건들에 달려 있다.
>
> 〔예를 들면, 큰 생물체들은〕 신체적으로 존재하는 한 형태를 가지고 있고 또한 다른 〔형태를 갖는다〕. 그러나 모두가 고통받기 쉽다. 그러므로 그들은 살해되어서는 안 된다.
>
> 이것이 지혜의 정수(精髓)이다. 어떤 것도 죽이지 말라. 불살생에 관한 상호성의 원칙으로부터 이것이 정당한 결론이라는 것을 알아라.[62]

이처럼 자이나교의 존재론이 평등성을 표방하는 근본적인 이유는 모든 존재가 동일한 영혼을 가지고 있다고 보기 때문이다. 영혼을 지닌 존재라면 모두 똑같이 해탈을 성취할 수 있는 조건을 갖추고 있다고 전제하며, 그에 따라서 어느 한 존재의 유지를 목적으로 다른 존재를 침해할 권리나 이유는 전혀 없다는 것이다. 이와 같은 존재적 평등 이론은 브라마나 전통의 제식주의라든지 사회적 신분(varṇa)에 의해서 야기되는 차별성과는 확연히 다른 점이다.

또한 존재의 상호 작용성은 서로 죽이거나 상해 입히지 않고 서로 도우며 서로의 해탈을 위해서 조력한다는 것을 의미한다. 그러한 상호 작용성의 전제로 삼고 있는 것은 자신이 살상을 싫어하고 두려워하는 만큼 다른 존재도 똑같이 싫어하고 두려워한다는 사실이다. 이러한 상호 작용성의 인정은 결코 보복의 위협을 전제로 하는 것이 아니다.

이와 같이 불살생의 상호 작용성은 영혼의 평등성을 전제로 하며 궁극적으로는 불살생의 어의가 부정적인 데 그치지 않고 긍정적인 의미를 낳게 되는 결과를 가져온다. 그러한 긍정적인 의미는 특히 연민(dayā)이라는 말과 동일시되며 용서 · 청정 · 선 · 행복 · 보호 · 도덕 · 자제 · 자기 보전 등과 짝을 이루고 있다.

그러므로 "사랑의 본성, 연민 또는 자애(karuṇā)는 불살생의 기초를 이룬다."라고 말한다. 그렇지만 "사랑은 집착과 구별되어야 한다. 최상의 의미에서 사랑은 비이기적이고, 반면에 집착은 이기심의 지배를 받는다. 인도 철학에서는 라가(rāga), 트리슈나(tṛṣṇā), 모하(moha) 등 다양한 용어로 집착을 표현하며, 비이기적인 사랑을 불살생과 도덕성의 기초로 받아들이고 있다."[63] 다시 말하면, 불살생과 비이기적 동정심이 불가분의 관계를 갖는 것이다. 그것은 결코 이기적인 집착과 공존할 수 없다.

동정 또는 자비라는 심리적인 배경은 불살생서를 실천하는 데 매우 긴요하다. 또한 불살생을 실천하는 것은 동시에 다른 존재의 생명을 보전해 주는 결과를 가져오기 때문에 이타적인 도덕률을 실천하는 것이다.

이와 같이 5서의 첫째로 꼽히는 불살생 원리의 핵심은 매우 간명하다. 그것은 '생명을 해치지 말라.'라는 것이다. 그러나 자이나교의 수행 원리로서의 불살생서는 부정적인 금지 명령에 그치는 것은 아니며, '생명을 해치도록 내버려두지도 말라.'라는 참여적인 권유가 수반된다. 그러므로 수행자는 언제나 생명을 보호하기 위해서 모든 수단과 방법을 강구하고, 더 나아가 세상 속에서 고통받고 있는 존재에 대한 자각을 잃지 말아야 한다고 강조된다. 이러한 자각의 토대 위에 자이나 수행법의 세칙들이 세워져 있다.

(2) 불허언서

불허언서(mṛṣāvāda-viramaṇa-vrata)와 관련된 가장 보편적이고 일반적인 경구가 DS. 8. 20.에 들어 있다.

> 귀로 많은 것을 듣고, 눈으로 많은 것을 보지만,
> 듣고 본 모든 것을 표현하는 것은 수행자에게 적합하지 않다.[64)]

이처럼 진실한 말을 하는 것, 또는 거짓말에 대한 경계는 인도의 모든 종교에서 강조하는 덕목이며 자이나교 특유의 것은 아니다.[65)] 하지만 자이나교의 초기 경전들에서 음식과 관련된 내용 다음으로 많은 규정들을 제시하고 있는 것이 바로 불허언서인 만큼 매우 중시했던 조목이라는 것을 쉽게 알 수 있다.

불허언서와 관련하여 가장 피해야 하는 경우는 비밀을 폭로한다거나 중상·험담·위증을 하거나 허위인 줄 알면서 말하는 경우와 같이 적극적으로 위반하는 경우이다. 그렇지만 그 외에도 수행자라면 피해야 하는 대화의 소재를 말하는 것도 금하고 있다. 그 중에서 대표적인 것으로서 여성 또는 남의 부인에 대한 말, 왕에 대한 반항적인 대화, 반사회적인 대화 등이 있다.

St. 7. 80.에서는 정신 수행을 방해하는 부질없는 말로서 다음과 같이 일곱 가지를 열거한다.[66)]

> 첫째, 여성에 대한 말(stīkathā)이다.
>
> 둘째, 음식에 대한 말(bhaktakathā)이다.
>
> 셋째, 나라에 대한 말(deśakathā)이다.
>
> 넷째, 왕에 대한 말(rājyakathā)이다.
>
> 다섯째, 이별의 비애감(mṛdu-kāruṇikī)에 대한 말이다.
>
> 여섯째, 정견의 저해(darśana-bhedinī)를 낳는 말이다.
>
> 일곱째, 정행의 저해(cāritra-bhedinī)를 낳는 말이다.

자이나교의 스승들은 이러한 말들을 하는 것만으로도 거짓말을 하는 것과 다를 것이 없으며 업의 원인이 된다고 해석하고 있다.

사실, 위의 예들은 일상적인 생활에서 누구나 하기 마련인 말들이지만 수행자라면 모름지기 피해야 하는 부질없는 말의 목록이 될 것이다. 다만 초기 자이나 교단 내에서도 여성 수행자가 많은 수를 차지하고 있었다는 것은 잘 알려진 사실인데도, 위의 목록에서 보듯이 남성 수행자를 기준으로 하여 여성에 대한 말만을 부정적으로 보고 있다는 것은 시대상을 반영한 것으로 보인다.[67)] 따라서 이 경우는 여성 수행자의 경우에도 동일하게 유추하여 경계해야 한다고 적용시켜 해석해야 할 것이다.

또한 St.에서는 거짓과 진실의 정도에 대한 다양한 기준들을 정리하여 제시하고 있다.

먼저, St. 7. 129.에서는 말을 다음과 같이 일곱 가지 범주로 나눈다.[68)]

첫째, 달콤한 말(ālāpa)이다.

둘째, 부적절한 말(anālāpa)이다.

셋째, 목소리를 비틀어서 내거나 빈정대는 말(ullāpa)이다.

넷째, 난폭하고 나쁜 말(anullāpa)이다.

다섯째, 서로 대화하는 말(saṃlāpa)이다.

여섯째, 실없는 말(pralāpa)이다.

일곱째, 반항적이고 부정적인 말(vipralāpa)이다.

이러한 일곱 범주들은 '서로 대화하는 도중에 일어날 수 있는 사례들'을 분석한 것이며 구체적인 '대화' 속의 말을 분석한 것이다. 그런데 다섯째로 굳이 '서로 대화하는 말'을 언급하고 있는 것은, 함께 열거하고 있는 나머지의 경우를 제외한 일상적인 말들을 통칭하는 것으로 보인다. 왜냐하면 다섯째를 제외한 나머지 말들이 모두 좋거나 나쁜 말들이므로 그러한 범주에 속하지 않는 중립적인 말들을 포섭하는 별개의 범주로서 고안된 것이 다섯째로 여겨진다.

그리고 대화 속의 말 자체의 진실과 거짓의 정도에 따라서 다음과 같이 네 종류의 차별이 있다.

첫째, 진실이 우세한 경우(satyasatya)이다. 어느 정도 진실이지만, 완전히 거짓으로 말한 경우이다. 예를 들어서 누군가 얘기를 하면서,

'그가 요리한다거나, 베를 짜고 있다.'라고 하는 경우이다. 왜냐하면 요리하고 베를 짜는 것은 '그녀'라고 해야 하기 때문이다.

둘째, 비진실이 우세한 거짓과 진실이 혼합된 경우(asatyāsatya)이다. 어느 정도 거짓이지만 완전히 진실처럼 말한 경우이다. 예컨대 '2주일 뒤에 주겠다.'라고 약속했던 것을 한 달이나 일 년이 지난 뒤에 줄 경우에는 어느 정도는 진실과 거짓이 섞여 있는 경우이다. 주겠다고 한 것을 준 것은 사실이지만 그 일시를 어겼기 때문이다.

셋째, 완전히 거짓인 경우(asatyāsatya)이다. 예컨대 자신이 갖고 있지도 않은 것을 준다고 말하는 경우이다.

넷째, 완전히 진실한 경우(satyāsatya)이다. 모든 면에서 진실인 경우이다.

이러한 내용을 표로 정리하면 다음과 같다.

의미 \ 말	진실	일부 거짓	완전 거짓
진실	④ 완전 진실		
일부 진실		② 혼합	① 진실 우세
완전 거짓			③ 완전 거짓

〔표 15〕 진실과 거짓의 정도

위의 표에서 ③을 제외한 세 경우는 모두 진실을 내포하고 있는데, 그 중에서 ①과 ②의 경우에는 재가자에게 일부 허용되는 사례라고 설명한다. 왜냐하면 어떤 직업의 특수성으로 인해서 피할 수 없는 거짓말조차 금지할 수는 없기 때문이다.

수행자라면 이 중에서 완전히 진실한 경우를 제외하고 나머지 경우에 해당하는 말은 적극적으로 피하도록 노력해야 한다. 그런데 진실일지라도 그것을 말하여 다른 사람을 위험에 빠뜨리게 되거나 파멸시킨다면 결코 말해서는 안 된다고 주석하고 있다. 그러므로 '완전히 진실'인 경우일지라도 그로 인해서 또 다른 살상을 야기한다면 진실을 말하기보다는 침묵하거나 회피하는 방도를 택해야 한다. 단적인 예로서 동물을 뒤쫓는 사냥꾼에게 동물의 행방을 거짓으로 말해주는 경우는 그 생명을 살리는 결과를 낳는 경우가 해당한다. 이는 불허언서의 예외로서 인정된다.

Ac.에서는 이렇게 말한다.[69)]

> 남녀 수행자는 진실이든 진실이 아니든 또는 거짓이 섞인 진실이든지 간에 만약에 살아 있는 존재들을 해치거나 불화를 만들고 파벌을 만들거나 불행하게 만들고 무례를 저질러서 죄가 되거나 비난받을 만하거나 폭력적이 되거나 신랄하거나 야비하거나 매몰차게 된다면 결코 말해서는 안 된다.[70)]

이와 같이 자이나교에서는 개별적인 상황에 따라 진실의 위치가 상대적으로 결정된다고 본다. 따라서 만약 어떤 진실이 다른 존재에게는 해로운 것이라면 피해야만 한다. 이러한 경우에 진실 또는 불허언서는 제1서인 불살생서에 종속적이라고 말한다.

완전히 진실인 경우에 대해서 St. 10. 89.에서는 10가지로 나누어 열거하고 있다.[71)]

첫째, 지역적 진실(janapada-satya)이다. 이는 특정 지역의 거주자들이 사용하는 특정 용어를 사용하여 말하는 경우가 해당한다.

둘째, 보편적 진실(sammata-satya)이다. 이것은 보편적인 용어를 사용하여 말하는 경우를 말한다. 예를 들자면, '진흙에서 난 것'(paṅkaja)이라는 말은 일반적으로 연꽃을 대신하는 표현이며, 개구리를 가리키지는 않는다. 진흙에서 난 것이 연꽃 외에도 많이 있으나 보편적으로 그렇게 상용하기 때문에 그에 따라 말한다면 진실이라는 것이다.

셋째, 성립적 진실(sthāpanā-satya)이다. 이는 형체를 지닌 어떤 사물의 이름이 그 형체가 없는 것에 붙여져 있으나 진실한 경우이다. 예를 들면 장기(將棋)의 말들 중에 왕과 왕비라는 이름이 붙어 있으나 실제로 왕과 왕비는 아니다. 하지만 이처럼 왕과 왕비로 성립시켜서 사용하고 부르는 경우에 이를 성립적 진실이라 한다.

넷째, 명칭적 진실(nāma-satya)이다. 누군가의 이름을 부를 때, 비록 그 이름은 그가 지닌 미덕들과 어떠한 유사점도 없지만 그러한 이름으로 부르는 것, 그 자체만으로는 진실하다고 보아야 한다는 것이다. 예를 들면 '라크슈미나타'(Lakṣmīnātha)라는 이름으로 불리는 어떤 사람이 있을 때, 그 사람은 '라크슈미'라는 본래 말뜻처럼 부유한 것이 아니라 가난한 사람일지라도 그 사람에게 '라크슈미'라고 부른다면 이는 거짓이 아니라 진실한 경우라는 것이다.

다섯째, 형체적 진실(rūpa-satya)이다. 이것은 옷이나 외모의 모습으로 어떤 사람을 부르는 경우를 말한다. 예를 들면 여자를 여자라고 부르고, 남자를 남자라고 부르는 경우에 형체적 진실이라 한다. 외형상 그에 합당한 이름으로 부르는 경우에 진실한 것으로 여긴다.

여섯째, 인연적 진실(pratītya-satya)이다. 이것은 어떤 것과 관련된 용어를 사용하는 경우이다. 예를 들면 넷째 손가락인 약지(藥指)는 새끼손가락에 비하여 더 크고 가운뎃손가락에 비해서는 더 작다고 말하는 경우에 상호 비교에 따른 사실이므로 진실이라 한다.

일곱째, 관례적 진실(vyavahāra-satya)이다. 이는 일반적으로 통용되고 있는 용어를 사용하는 경우이다. 예를 들면 '불타는 산'이라고 말할 때, 이는 실제로는 나무 등이 타고 있다는 말이고 '산' 자체를 가리키는 것은 아니지만 일반적으로 사용하고 있는 구절이다. 따라서 관례에 따라 진실이라고 본다.

여덟째, 상태적 진실(bhāva-satya)이다. 이는 실재의 분명한 상태를 토대로 하여 말하는 경우이다. 예를 들면 비록 까마귀의 몸체 안에는 피와 살과 같은 다른 색을 띤 것들도 많이 포함되어 있지만, 까마귀를 오직 검다고 말하는 까닭은 그 상태, 엄밀하게 말하면 깃털의 색이 검기 때문에 누구나 검다고 말하는 것이다. 이를 상태적 진실이라고 한다.

아홉째, 결합적 진실(yoga-satya)이다. 이는 기본적인 용어를 결합시켜서 말하는 경우이다. 예를 들면 '지팡이를 든 사람'을 가리키는 '단디'(daṇḍī)의 경우와 같다.

열째, 비유적 진실(aupamya-satya)이다. 은유적인 말을 사용하는 경우가 여기에 해당한다. 예를 들자면 어떤 여인에게 '찬드라무키'(Candramukhī)라고 부를 때, 그녀의 얼굴이 마치 달처럼 환하고 아름답다는 뜻을 포함하고 있는 경우와 같다.

이상과 같이 진실한 말의 경우와는 반대로 St. 10. 90.에서 규정하

는 거짓말은 다음과 같다.[72)]

첫째, 분노로 인해 거짓말을 하는 경우이다.

둘째, 교만으로 인해 거짓말을 하는 경우이다.

셋째, 기만으로 인해 거짓말을 하는 경우이다.

넷째, 탐욕으로 인해 거짓말을 하는 경우이다.

다섯째, 애착으로 인해 거짓말을 하는 경우이다.

여섯째, 혐오로 인해 거짓말을 하는 경우이다.

일곱째, 환희로 인해 거짓말을 하는 경우이다.

여덟째, 두려움으로 인해 거짓말을 하는 경우이다.

아홉째, 이야기를 재미있게 만들고자 거짓말을 하는 경우이다.

열째, 진실일지라도 상처를 주는 말이라면 거짓말과 다르지 않다. 예를 들면, 장님에게 장님이라고 하는 경우이다.

이러한 말들은 모두 상해를 초래하는 말로서 불허언서와 불살생서, 두 경우에 해당하는 경우로서 금지되어 있다. 신체적인 살상뿐 아니라 언어로 인해 살아 있는 존재에게 야기되는 모든 고통은 피해야만 한다. 그런 측면에서 볼 때 불허언서는 불살생서의 또 다른 내포 관계의 한 예가 된다.

또한 위의 열거 사항은 단순히 거짓말의 종류를 분석한 것이라기보다는 거짓말의 원인을 분석한 것이라고도 볼 수 있다. 따라서 그러한 원인에 휩싸이지 않도록 마음의 평정을 견지하는 수행이 필요하다. 수행을 하지 않고서는 감정의 조절이 불가능하다고 보기 때문이다.

그리고 위에서도 열거하고 있듯이, 자이나교에서는 불허언서에 적극적으로 위반하는 말을 해서는 안 될 뿐만 아니라 다른 사람에 대한 칭찬도 이로울 것이 없다고 보고 있으며, 농담마저도 업을 낳는 원인이 될 뿐이라고 한다. 불허언서를 적극적으로 위반하는 경우는 상해를 범하기 때문에 업을 유발하는 것으로서 자제하는 것은 당연하지만 소극적으로 위반하는 경우에도 예탁(kaṣāya)을 비롯한 감정을 유발하게 되고 그 결과 자신의 업에 영향을 주기 때문이다.

불허언서에서 가장 중요한 것은, 말을 할 때에는 반드시 진실하게 함으로써 상대방에게 선과 공덕을 베푸는 결과를 낳아야 한다는 점이다. 허언을 금한다는 부정적인 의미에 중점이 있는 것이 아니라 진실하게 말하는 것이 곧 불허언서를 지키는 것이라는 데 그 핵심이 있다.

언어 생활에 대한 자이나교의 표어인 '고상하고, 이롭고, 간결하게'라는 구절에도 잘 나타나 있듯이, 진실하게 말하는 경우에 항상 자타에게 이로운 결과를 가져오기 때문이다.

(3) 불투도서

'소유자가 자발적으로 주지 않는 것은 함부로 갖지 않는다.'라고 하는 불투도서(adattādāna-viramaṇa-vrata)는, 단순히 어떤 물건을 습득하는 경우에만 해당하는 것이 아니다.

소유권의 획득(anadhikāra-pratigraha)이라든지, 다른 사람에게서 돈을 사취(詐取)하는 경우(anupālambha)도 여기에 포함되며, 계량 척도를 변조한다거나, 절도를 교사(教唆)하거나, 장물(贓物)을 받는 것, 전시(戰時) 중에 재부(財富)를 축적하는 것도 모두 불투도서의 대상이 된다.

이러한 불투도서의 핵심은 주인 또는 소유자의 허락이나 증여 없이 무단으로 갖는 데 있다. 그러나 특정한 주인이 없이 모든 사람이 사용할 수 있는 것을 자기 혼자 소유하는 경우에는 특별하게 투도가 되지 않으며, 죽은 사람이 자신의 친척인 경우에도 주지 않은 것을 가졌다고 하여 투도가 되는 것은 아니다.

그러므로 동산·부동산·금전 등 어떤 것이든지 주인이 분명히 있는 경우에 그의 허락을 받지 않고서 취득한 경우 또는 그 소유권을 옮긴 경우에는 투도에 해당한다. 다만 광산의 산출물의 경우처럼 소유권이 불분명한 경우를 들면서 왕의 것으로 추정할 수 있는 것은 크든 작든 간에 불투도의 대상으로 보고 있다.

이상의 내용에 따르면 불투도서의 내용은 일반적으로 '도둑질 또는 절도'라고 부르는 것과 크게 다르지 않다. 그런데 수행자들이 서약을 해야 할 만큼 투도가 빈번히 또는 일상적으로 저질러진 악덕이었는가 하는 점에는 의문이 따른다. 더구나 초기 경전에서는 불투도서와 관련된 세부 내용은 상당히 빈약한 편이라는 데서 그러한 의문을 더욱 떨칠 수 없다.

'주지 않은 것을 취하는 것'(adattādāna)이라는 투도의 본딧말은 수행자가 피해야 하는 대표적인 악덕으로서 꼽히는 '집착 또는 탐욕'의 다른 표현이기도 하다. 그러한 점에서 불투도서는 제5 불소유서와 동류를 이룬다.

어떤 것을 훔치는 것과 소유하는 것은 탐욕심의 발로이고 그것은 업의 속박을 초래하는 원인으로 작용한다. 그러므로 불투도서는 탐욕을 제어하는 기초로서 제시된 실천적 조목이라고 보아야 할 것이다.

5서의 각 조목이 수행자라면 범해서는 안 되는 최소한의 가장 기본적 금계를 집약시켜 놓은 것이라는 점을 상기할 때 불투도서를 제정해 놓은 의도 또한 이해할 수 있다.

불소유서와 불투도서가 탐욕이라는 예탁을 경계하기 위한 것이며, 그것은 동시에 불살생서를 범하지 않기 위한 것이라는 자이나교의 대전제와 불가분의 관계가 성립한다. 왜냐하면 살생의 근본 원인은 바로 탐욕을 비롯한 예탁에 있다고 보기 때문이다.

이러한 불투도서는 대서와 소서, 즉 수행자와 재가자 모두에게 동일한 범위에서 엄중하게 적용된다는 점에서 다른 서의 경우와는 차이가 있다.

불살생 · 불허언 · 불음행 · 불소유의 경우에는 대서보다 소서가 보다 완화된 규율을 적용하는 것으로 알려져 있지만, 불투도서는 대서와 소서뿐만 아니라 사회 일반에서도 범죄로 여기는 대표적인 악행이기 때문이다.

그렇지만 마하비라가 "네 것이 아니면 그 무엇도 가져서는 안 된다. 허용된 것이 아니라면 지푸라기 한 올조차 네 이〔齒〕를 스치지 않도록 하라."라고 엄중히 경고하고 있듯이,[73] 수행자에게 요구되는 기대치의 수준은 재가자와 비할 정도가 아니라는 점은 다른 서의 경우와 다르지 않다.

(4) 불음행서

불음행서(maithuna-viramaṇa-vrata)는 청정행, 금욕행, 또는 범

행(brahmacarya)이라고도 한다.

"범행(brahmacarya)이라는 말은 '영혼으로 나아가는 것'을 뜻한다. 따라서 영혼에 집중하는 것을 방해하거나 외향적으로 이끄는 행동들은 '비범행'(非梵行, abrahmacarya)이다."라고 하듯이,[74] 5감각을 통한 외향적인 접촉에 대한 절제가 불음행의 핵심을 이룬다. 자이나교에서는 인간뿐 아니라 천신들도 성적 쾌락을 즐기는데, 그 이유는 5감각을 가지고 있기 때문이라고 한다.[75]

불음행서는 직접적인 성행위와 관련된 청정행만으로 한정하지 않으며, 춤, 노래, 음악, 도박, 약물과 술 등의 중독, 방탕한 생활 등, 각종 오락과 취미 생활에 빠지는 것도 금지의 대상으로서 여기에 해당한다. 그러므로 불음행서에서는 영혼의 정화에 도움이 되지 않는 일체 욕망의 향수를 모두 금지의 대상으로 삼고 있다고 보아야 한다.

예로부터 자이나교의 스승들은 인간의 세속적 욕망은 결코 채울 수 없다고 강조해 왔다. 인간이 탄생하는 장소를 '향락지'(享樂地, bhogabhūmi) 또는 향수지(享受地)라고 하듯이, 그 본성상 성적 쾌락을 비롯한 온갖 쾌락을 누리고자 하는 것은 매우 당연하리만큼 자연스러운 현상이다.

그런데 불음행서는 그러한 인간의 본성을 제어의 대상으로 삼고 있으며, 더 나아가서 해탈을 방해하는 최대의 적으로 간주하기도 한다.

St. 4. 578.에서는 무한한 욕망의 종류를 다음과 같이 분석한다.

> 욕망에는 네 가지가 있는데, 음식에 대한 욕망, 두려움을 피하고자 하는 욕망, 성에 대한 욕망, 소유물에 대한 욕망이다.[76]

그 중에서 성욕에 대해서는 St. 4. 581.에서 그 이유를 밝힌다.

> 성행위의 욕망에는 네 가지 이유가 있는데, 몸속의 살·피·정액의 과도한 축적, 성적인 감정을 야기하는 업의 과보, 성에 대해서 듣고 성적인 장면을 보는 것, 성에 대해서 계속 생각하는 것이다.[77]

이에 따르면 고대 자이나교의 스승들은 성적 욕망(maithuna-saṃjñā)이 일어나는 메커니즘에 대해서 매우 섬세하게 접근하고 있었다는 것을 미루어 알 수 있다. 물론 업의 과보로 인한 성적 욕망에는 모든 경우를 포괄할 수 있는 여지가 있지만, 신체적인 현상과 시청각에 의한 자극, 상념에 따른 자극 등을 세분하고 있다는 것은 성애학적(性愛學的) 분석이 반영된 것이라 할 수 있다.

특히 St. 5. 101.에서는 성교뿐 아니라 수음(手淫)도 참회의 대상이라고 밝히고 있을 뿐만 아니라,[78] St. 5. 103.에서는 여성이 남성과 성교하지도 않았으나 임신하는 다섯 가지의 경우를 열거하고 있다.[79]

첫째로, 예를 들어서 여성이 성기를 노출한 채로 앉아 있는데, 바로 그 자리에 남성의 정액이 묻어 있었고, 그것이 여성의 성기로 들어가게 된 경우이다.

둘째로, 예를 들어서 남성의 정액으로 젖어 있는 옷의 일부가 여성의 성기에 닿아서 정액이 그 안으로 들어가게 된 경우이다.[80]

셋째로, 예를 들어서 여성이 스스로 자신의 성기 속에 남성의 정액을 밀어 넣는 경우이다.

넷째로, 예를 들어서 어떤 다른 사람이 여성의 성기 속으로 남성의 정액을 밀어 넣는 경우이다.

다섯째로, 예를 들어서 여성이 강이나 연못에서 목욕하는 동안에 떠다니던 정액이 여성의 성기 속으로 들어가는 경우이다.

이러한 규정은 그 내용의 과학적인 합리성 여부를 논의하기 전에 수행자로서 불음행서를 깨뜨리지 않기 위해서는 얼마나 많은 주의를 요하는지를 극명하게 보여 주는 예가 될 것이다.[81)]

위의 규정 중에서 첫째, 둘째, 다섯째의 경우는 여성의 의도와는 전혀 무관하게 이루어지는 '우연적인 사고'의 결과로서 임신이 이루어지는 경우이다. 이는 여성뿐 아니라 남성, 그 누구도 책임을 질 수 없는 과실로 인해 생긴 임신이다.

그러나 이러한 사례를 통해서, 여성 수행자에게는 각별한 주의를 환기시키고 남성 수행자의 경우에도 항상 주의를 요하는 일상 원칙 중의 하나가 되었다.

그와 같은 취지로 자이나 경전에서는 '남자 수행자는 여자 수행자가 앉아 있었던 자리에 1무후르타(muhūrta) 동안은 앉는 것을 피해야만 하며,[82)] 여자 수행자는 남자가 앉았던 자리에 1무후르타 동안 앉는 것을 피해야만 한다.'라고 규정하고 있다.[83)] 그리고 그곳에 앉게 되더라도 반드시 깨끗하게 정리하고 청소한 뒤에 앉아야 하는 것은 당연한 의무이다.

위의 규정 중에서 셋째와 넷째의 경우는, 여성 또는 타인의 고의가 개입되어 이루어지는 임신이지만, 동시에 불음행서를 적극적으로 위반하는 결과를 낳는다.

현대의 주석에 따르자면, 셋째와 넷째의 사례가 불임을 치료하는 현대 의료 행위, 즉 인공 임신 시술과 상당히 유사하다고 본다. 왜냐하면 셋째의 사례는 남편이 성불능 또는 성장애가 있을 경우에 아이를 원하는 부인에 의해서 행해졌던 기법이며, 넷째의 경우는 시아버지 등이 며느리에게 행하던 방법으로서 현대 의학적 시술과 그 취지면에서 크게 다르지 않기 때문이다. 이처럼 셋째와 넷째의 사례는 고대로부터 인도에서 널리 행해져 왔던 것으로서, 자이나 수행자의 경우에도 이를 적용시킨 것이라고 보고 있다.

우리는 이토록 세심하게 갖가지 음행의 범주에 대하여 분석해 놓은 규정들을 통해서 고대로부터 자이나교에서 얼마나 엄격하게 불음행서를 지키고자 했는지 충분히 짐작할 수 있다.

그런데 일설에 따르자면 '공의파들이 백의파보다 훨씬 더 금욕을 중시한다.'라고 비교하여 말하기도 한다.[84] 그러나 이러한 견해가 반드시 옳은 것만은 아니다. 왜냐하면 백의파 또한 공의파와 동일하게 공통적인 기본 경전을 기준으로 하여 수행하는 것을 원칙으로 하고 있으며, 불음행서를 엄격하게 지키는 데에도 전혀 소홀함이 없기 때문이다. 다만 나체 수행의 유무에 따라 그렇게 비교할 수도 있으나 불음행 또는 금욕 청정이 나체 상태로만 입증된다고 말할 수는 없을 것이다. 분명한 것은 불음행서의 요체는 '영혼의 정화'에 있다는 것이며, 이는 자이나교의 두 분파 모두 추호의 이견도 없다는 점이다.

또한 대서와 소서, 즉 출가 수행자와 재가자의 5서의 내용들 중에서 가장 현격한 차이가 나는 조목이 불음행서이다. 왜냐하면 재가자의 경우에는 원칙적으로 말하자면, 불음행서에서는 완전한 예외라고 보아도 될 만큼, 배우자와의 성행위가 전제되어 있다.

그러나 출가 수행자는 음행 이전에 이성과의 접촉이나 대화마저도 제한되어 있을 정도로 엄격하게 금지되어 있다. 또한 원칙적으로 남성 수행자는 여성 수행자와 접촉하는 것도 금지되어 있으며, 예외적으로 손을 잡거나 도움을 제공할 수 있는 특별한 경우를 정해 놓고 있다.[85)]

그 결과 불음행서는 재가자의 경우와는 현격하게 다른 수행자의 위상을 보여 주는 대표적인 것 중 하나라고 평가받고 있으며, 불음행서를 지키는 것만으로도 재가자와는 확연히 다른 '극심한 고행'을 한다고 알려져 있기도 하다.

자이나교에서 살상이란 생명에 대한 직접적인 침해에 국한되는 것이 아니기 때문에 음욕을 통해서 야기되는 결과는 결국 존재의 평정을 해치게 된다. 그것은 곧 영혼의 평정과 궁극적인 해탈을 방해하는 요소로 작용하며, 불살생서를 범하는 것과 다르지 않다. 그러므로 불음행서를 통해서 방일(放逸, pramāda), 즉 '감각과 감정의 무절제'를 통제하는 수행을 쌓게 되고, 그것은 영혼의 해탈로 근접하는 공덕을 쌓는 길이 된다.

(5) 불소유서

불소유서(parigraha-viramaṇa-vrata)는 외적인 대상, 즉 물질적인 재산의 소유를 자제하는 것이 일차적이지만 광의로서는 모든 세속적인 사물들에 대한 관심이나 집착을 버리는 것을 뜻한다.

DS. 6. 20.에서는 "좋아하는 것이 소유이다."라고 정의한다.[86)]

좋아하는 것을 원하는 것, 그것은 욕망이다. 욕망이 곧 소유의 시작이 되기 때문에 불소유서도 욕망을 제어하는 것이 그 핵심으로 자리한다.

그런데 불소유서에 대해서 나가사키 호준은 '소유'가 아니라 '소득'을 절제하는 것이라고 이해한다.[87)] 또한 무소득(apariggaha)과 무소유(ākiñcañña)를 구분한 뒤, 5서 중의 항목은 무소득이라고 번역하는 예도 있다.[88)] 그러한 입장에서는 금계의 대상이 되는 '파리그라하'(parigraha)를 '경제적 활동'을 뜻한다고 보며, 수행자는 경제적 행위 또는 소득 행위를 해서는 안 된다는 것을 강조하였다고 보았다.

그렇지만, '파리그라하'는 '파릭가하'(pariggaha)에서 유래된 말로서 일차적인 의미는 '획득, 포착'이며 '재물에 대한 집착'을 뜻한다. 또한 이것은 '제5의 악덕'(pāpasthānaka)이라고도 한다.[89)]

무쿨 라즈 메타도 '소유, 또는 소유욕'이라고 간명하게 사전적 정의를 내리고 있으며,[90)] "파리그라하의 문자적 의미는 물질적인 재산, 누군가 소유권에 의해 소유하는 어떤 것이다."라고도 해명한다.[91)] 따라서 아파리그라하(aparigraha)는 어의상 '불획득(不獲得), 비포착(非捕捉)'을 뜻하지만 일반적으로는 '재부를 쌓지 않고 단순하게 생활하는 방식'을 가리킨다고 요약된다. 그러므로 불소유서는 '사람을 미혹시키는 모든 대상들을 포기한다.'라는 뜻으로 해석할 수 있다.

불소유서의 대상인 '소유의 욕망'에 대해서 St. 3. 95.에서는 3종의 두 분류로 나누고 있다.[92)]

첫째 분류는 ① 업의 소유(karma-parigraha)에 대한 욕망, ② 몸의 소유(śarīra-parigraha)에 대한 욕망, ③ 외물(外物)의 소유(bāhya-parigraha)에 대한 욕망이다. 대표적인 외물로 들고 있는 것은 의복과 발우(鉢盂, pātra)이다.

둘째 분류는 ① 유심(有心, sacitta)체에 대한 소유욕, ② 무심(無心, acitta)체에 대한 소유욕, ③ 혼합(混合, mīśra)체에 대한 소유욕이다.

첫째 분류는 1감각 존재와 나락생은 해당되지 않지만, 둘째 분류는 나락생부터 천신까지 모든 존재가 예외 없이 해당된다. 그리고 St. 4.582.에서는 소유욕의 이유를 네 가지로 분석한다.

> 소유에 대한 욕망에는 네 가지 이유가 있는데, 소유에 대한 욕망과 갈망을 포기하지 않는 것, 탐욕스런 감정을 야기하는 업의 과보, 재부와 소유에 대한 중요성에 대해서 듣는 것과 소유할 만한 가치가 있는 것을 보는 것, 어떤 것을 소유하는 것에 대해서 계속 생각하는 것이다.[93]

이러한 분석을 통해서, 불소유서를 지키기 위해서는 탐욕심을 절제하는 것이 관건이라는 것을 알 수 있다. 탐욕심은 곧 집착과 다르지 않으므로 수행자는 '무집착'을 불소유서의 준수 척도로 삼는다. 그리고 5서 중의 제1 불살생서를 위해서는 영혼의 정화에 해로운 모든 행위를 억제해야 하듯이 불소유서는 자제(saṃyama)와 밀접한 관련을 갖고 있다는 맥락에서 볼 때 불살생서와도 불가분의 관계에 놓이게 된다.

또한 불살생서가 다른 존재, 모든 생명에 대한 연민을 토대로 하듯이 불소유서 또한 다른 존재들의 필요를 배려하는 결과를 낳는다. 수행자 각자가 최소한의 물품에 만족하고 극도로 절제하여 생활한다면, 그만큼 다른 존재들이 결핍 없이 필요에 따라 물품을 사용할 수 있기 때문이다.

자이나교에서는 불소유서를 준수함으로써 '아무것도 내 것이 아니다.'라고 믿고 생활한다면 결국은 탐욕심에서 벗어나게 되고 그 결과 긴장감에서 벗어나게 된다고 설명한다.

참된 정신적 평화는 무집착을 통한 긴장의 해소에 있다. 불소유서는 그러한 심리적 상태의 단면을 내포하고 있으며, 동시에 불살생서의 일면을 실현시키는 세칙이 된다.

4. 재가자의 오소서

일반적으로 출가 수행자의 5서는 5대서(pañca-mahāvrata)라 하여, 재가자의 5서와 구분하여 말한다. 재가자의 5소서(aṇuvrata)는 5대서를 지키기 위한 예비적 단계일 뿐이라고 설명하는 예도 있지만 이는 결코 재가자와 출가자의 신분상의 차별에 구분의 중점을 두는 것은 아니다. 대서와 소서의 차이는 재가자로서의 상황에 따른 보다 유연한 예외를 두는 것일 뿐 재가자의 이상은 어디까지나 출가자의 대서만큼 5서를 엄정하게 준수하는 데 있다. 따라서 5대서와 5소서는 실천의 정도에서 차이가 날 뿐 그 내용은 전혀 다르지 않다.

대서와 소서의 차이를 소와 대라는 단어로 구분해 보자면, '소'

(aṇu)는 곧 '한 부분'(ekāṃśa)을 의미하고, 대(mahat)는 '모든 부분들'(sarvāṃśa)이라고 해석된다. 소서는 일부분에 한정되는 규범이며, 대서는 모든 면에 적용된다는 뜻을 반영한 것이다.

자이나 교도라면 재가와 출가를 막론하고 5서를 최대한으로 엄수하는 것은 지고의 이상이며, 그것을 어기지 않도록 매사에 주의를 다하는 것은 기본적인 태도이다. 다만 실제 생활상 재가자가 출가자만큼 엄격하게 5서를 실천하기란 어렵다는 전제 아래 보다 낮은 정도의 준수를 요구한다는 점에서 소서라고 한다.

St. 5. 2.에서는 다음과 같이 소서를 정의한다.

> 다섯 가지 소서가 있는데 그것은 존재를 해치거나 파괴하는 것을 절제하는 것, 거짓말을 절제하는 것, 훔치는 것을 절제하는 것, 부정한 성행위를 절제하는 것, 욕망을 절제하는 것이다.[94]

이러한 재가자의 5소서는 절대적인 자제를 요구하는 5대서와 달리 '부분적인 자제'를 요구한다고 설명하며, 영혼의 정화 단계(guṇa-sthāna)에서는 제5 단계에 해당한다.[95]

(1) 불살생서

불살생서는 마음·말·몸 등을 통해서 저지르는 큰 살생을 절제하는 것(sthūla-prāṇātipāta-viramaṇa)이다.

대서의 경우에는 극미의 존재를 살상하는 경우(sūkṣma hiṃsā)까지 절제의 대상으로 삼지만, 소서의 경우에는 보다 '상층의 존재들을 살상하는 경우'(sthūla hiṃsā)를 절제의 대상으로 한다. 왜냐하면 재가자의 실제 생활에서 극미의 존재를 살상하지 않고 지내기란 매우 곤란하기 때문이다. 그런데 이러한 전제는 재가자의 신분으로서는 궁극적인 해탈을 얻을 수 없다는 결론에 이르게 된다. 또한 다음과 같은 견해가 일반화되어 있다는 것을 알 수 있다.

> 해탈을 위한 유일한 요구 사항이 절대적인 불살생이라는 진리를 확정하는 것은 자이나 전통이 세속적인 생활에 매여 있는 한, 구원을 얻을 수 없다는 것을 믿는 것이다. 따라서 보다 더 완전한 방식으로 불살생을 실천하기 위해서는 종교적인 생활을 열망하거나, 인생에서 언젠가는 수행자가 되어야 한다.[96)]

이러한 태도는 자이나 교단 내에서는 전혀 다른 견해가 없는 것으로 보이며, 또한 불살생서의 위치와 중요성이 어느 정도인지를 충분히 짐작할 수 있다.

(2) 불허언서

불허언서는 진실서(satya-vrata) 또는 진실어서(眞實語誓)라고도 한다. 출가자가 지켜야 하는 대서의 경우와는 달리 보다 중대한 거짓말을 절제하는 것(sthūla-mṛṣā-vāda-viramaṇa)이다.

수행자의 경우에는 언제나 진실과 부합하는 말을 해야 하지만 재가자의 경우에는 그보다 훨씬 더 완화된 규정을 적용한다. 예컨대 수행자에게는 농담이 절대적으로 금지되어 있으나 재가자의 경우에는 그렇지 않다. 하지만 재가자도 어떤 감정의 충동과 자극을 받아서 거짓을 말하는 것은 절제해야 한다. 그리고 예외적인 경우로서, 만약에 진실을 말한다면 다른 어떤 존재가 죽음에 이르게 되거나 고통을 받게 되는 경우에는 거짓을 말해도 허용된다.

(3) 불투도서

불투도서(asteya-vrata)는 '남이 자신에게 주지 않는 것을 몰래 훔쳐서는 안 된다'(sthūla-adattādāna-viramaṇa)라는 규정이다.

어떤 물건의 소유자가 허락하지 않은 것을 소유의 의사를 가지고 그 위치를 이동시키거나 자신의 지배 아래 두는 것은 모두 절도이다. 다만 수행자와 달리 재가자의 경우에는 명확한 주인이 없거나 사소한 것들, 예컨대 길가의 돌멩이라든지 풀 따위는 누군가의 허락 없이도 채취할 수 있다는 정도의 예외를 두고 있다. 현대의 일부 학자들은 세금을 탈루(脫漏)하는 것과 같은 반사회적 행위도 불투도서에 해당한다고 해석한다.[97)]

(4) 불음행서

금욕서(brahmacarya-vrata)라고도 한다. 재가자가 지켜야 하는 불음행서는 완전한 금욕을 의미하지는 않으며, 자기 아내에게 만족하기(svadāra-santoṣa), 또는 자기 남편에게 만족하기(svapati-santoṣa) 등을 뜻하며, 그 이상의 무절제한 향락이나 부정한 성행위 등을 절제한다는 뜻이다.

자이나교에서는 원칙적으로 모든 성적 관계는 절제해야 하는 대표적인 악덕이라고 하며, 더 나아가 비난의 대상으로 삼고 있다. 그 이유는 업의 근원이 되기 때문이다. 다만 재가자의 경우에 한하여 예외적으로 합법적인 관계에 있는 자신의 배우자와의 관계만은 허용되어 있지만 사실상 성적인 쾌락을 즐기는 것은 절제해야 한다고 가르친다. 그러므로 불법적이거나 부정한 관계를 갖거나, 부자연스러운 방식으로 성적 향락을 즐기거나, 결혼한 다른 사람들과 합의하여 관계를 갖거나, 성애(性愛)의 기술에 몰두하는 것 등은 재가자도 금해야 한다.

그리고 자이나교에서는 재가자일지라도 가업을 물려줄 아들이 태어나면 그 후로부터 성적인 행위는 완전히 포기할 것을 권유하고 있으며, 자이나 교도들도 그것이 이상적인 수행법이라고 받아들이고 있다.

(5) 불소유서

재가자의 불소유서는 욕망의 절제(icchā-parimāṇa) 또는 소유의 절제(parigraha-parimāṇa)를 의미한다. 불소유서를 지키기 위해서는 재가자가 스스로 어느 정도의 한도를 정해 놓고서 그 이상의 돈·금·땅 등의 재산을 소유해서는 안 된다고 제한할 것을 권유한다. 본래 사람의 욕망이 무한하다는 것은 누구도 부인할 수 없는 대전제이다. 그렇지만 욕망이 무한한 까닭에 모든 불행을 낳는 원인으로 작용하며, 그것은 욕망을 절제해야 하는 이유가 되기도 한다.

재가자는 수행자와 동일한 수준으로 완전한 불소유 상태를 유지할 수 없는 것은 당연하다. 다만 재부(財富)와 세속적인 기타 소유물들에 대한 집착을 한정하는 것이다. 그러므로 세속적인 물건들에 대한 집착을 최소화하고, 언제나 극소의 것으로 만족하는 절제를 실천해야 한다.

자이나교에서는 세속적인 물품들을 지나치게 갈망한다면 결코 만족과 행복을 얻을 수 없다고 강조한다. 그러한 소유물들은 인간의 삶에서 정신적인 조화와 평화를 방해할 따름이기 때문이다. 따라서 재가자들도 자신의 필요를 줄이고 자신의 욕구를 제한해야 한다는 것이 불소유서를 지키는 이유가 된다.

절제해야 하는 대상은 외적인 것과 내적인 것으로 나뉜다.[98]

외적인 것으로서는 경작지, 곡물, 돈, 거주지, 옷, 침상, 자리, 하인, 가축, 일상 용품 등이 해당한다.

내적인 것으로는 그릇된 마음 상태들을 제어해야 한다. 내적인 절제 대상은 다음 세 가지로 나눌 수 있다.

첫째로 세 가지 성적 욕망, 즉 여성의 성욕, 남성의 성욕, 거세자, 즉 중성의 성욕 등이다.

둘째로 6가지 감정들로 희열 · 쾌감 · 불쾌감 · 슬픔 · 두려움 · 혐오감 등이다.

셋째로 근본 예탁으로 꼽히는 4종 예탁, 즉 분노 · 교만 · 기만 · 탐욕 등이다. 따라서 재가자라면 누구든지 내적인 것과 외적인 것을 모두 절제하도록 노력해야만 불소유의 소서를 완성하게 되며, 궁극적으로는 불살생서를 온전히 지키는 길에 근접하게 된다.

이러한 내용을 표로 정리하면 다음과 같다.

- 외적 대상
  - 경작지, 곡물, 돈, 거주지, 옷, 침상,
  - 자리, 하인, 가축, 일상 용품 등.
- 내적 대상
  - 성욕
    - 여성의 성욕
    - 남성의 성욕
    - 중성의 성욕
  - 감정
    - 희열
    - 쾌감
    - 불쾌감
    - 슬픔
    - 두려움
    - 혐오감
  - 예탁
    - 분노
    - 교만
    - 기만
    - 탐욕

〔표 16〕 불소유 소서의 대상

(6) 단계적 수행법과 12서

재가자의 수행법은 11단계(pratimā)로 나누어져 있다. 이것은 영혼의 정화 단계 중 제4 단계와 제5 단계를 보다 세분한 것이라 할 수 있다.

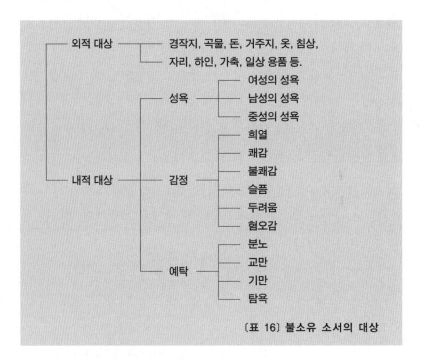

재가자가 11단계의 수행법을 차례로 실천한다면 출가자와 유사한

마음의 정점에 이르게 되며 그 다음 단계로 상승할 준비를 마치게 된다. 자이나교에서 재가자 단계는 출가자로서 수행을 닦기 이전의 준비 단계로 여겨지고 있으므로, 양자 간의 차이는 결국 수행의 정도에 따른 영혼의 정화 상태에 있다.

11단계의 수행법 중에서 둘째 단계가 서(誓) 단계(vrata-pratimā)이다.

서 단계에서는 열두 가지의 서를 지키는데, 이를 12종의 '재가자서'(śrāvaka-vrata)라고도 부른다. 5소서(小誓)·3보서(補誓)·4수서(修誓) 등이 12서를 이루는데, 그 구체적인 내용은 다음과 같다.

첫째, 5소서(aṇuvrata)는 ① 불살생서, ② 불허언서, ③ 불투도서, ④ 불음행서, ⑤ 불소유서 등이며 앞서 설명한 내용과 같다.

둘째, 3보서(guṇa-vrata)는 5소서를 보충하는 역할을 하는 수행세칙들이다. 장소서(場所誓)·시간서(時間誓)·행위서(行爲誓) 등이 3보서이다.

⑥ 장소서(dig-vrata)는 재가자의 행동에 대한 공간적인 제약이 수반되는 서이다. 예컨대 재가자는 장소서를 지키기 위해서 자발적으로 여행의 거리에 제한을 두거나 자기 집에 머물 때에도 동서남북 사방으로 특정 반경을 정한 뒤에 그 제한 안에서 행동한다. 현대의 재가자들은 전자 우편, 편지, 전화 등에 이 서를 적용시켜서 스스로 규제를 실천하거나 넉 달의 우기(雨期) 동안 장소서를 지킨다든지 남은 생애 동안 지킨다든지 스스로 정한 제한에 따라 엄수한다. 장소서는 특히 불살생서를 준수하는 데 매우 긴요하다는 이유로 중시되는데, 재가자의 공간적 활동 영역을 제한하여 살생의 기회 자체를 감소

시킬 수 있다는 발상이 그 동기로 작용하고 있다.

⑦ 시간서(bhogopabhoga-parimāna-vrata)에는 식사 시간의 한정, 음식의 제한, 여과하지 않은 물의 섭취 금지 등이 해당한다. 특히 밤에 음식을 먹거나 요리하는 것을 금지하는 제한이 시간서에 포함된다.

⑧ 행위서(anartha-daṇḍa-vrata)는 도덕적으로 다른 존재에게 해를 입히는 행위 또는 선한 의도가 없이 행동하는 것을 금지하는 서이다. 예컨대 음주, 도박, 벌목(伐木), 놀이 삼아 땅을 파는 것, 독약이나 무기 등의 파괴적인 처벌 수단을 사용하는 것, 전쟁에 동조하거나 동물을 찾는 사냥꾼을 돕는 것 등은 모두 행위서를 근거로 하여 금하고 있다.

셋째, 4수서(śikṣā-vrata)이다. 갖가지 수행과 억제를 통해서 정신수련을 도모하는 수행법을 총칭하여 수서라 한다. 4수서는 교단에 입문할 때 5서와 함께 받으며 다수의 재가자들이 죽을 때까지 지키는 것이 일반적이다.

⑨ 명상서(瞑想誓, sāmāyika-vrata)는 탈신(脫身, kāyotsarga) 자세로 매일 1무후르타 동안 명상하는 것이다.[99] 재가자는 자신의 결정에 따라 명상하는 시간을 매일 세 차례, 즉 아침·낮·저녁, 각각 1무후르타씩 실천하기도 한다.

⑩ 공간 제한서(空間 制限誓, deśāvakāśika-vrata)는 3보서 중 장소서보다 더 엄격한 지리 공간적 제한을 설정하는 것이다. 예를 들어서 하루, 이틀, 12시간 등 제한적인 시간 동안만 여행하는 원칙이라든지, 외부인과 접촉하지 않기 위해서 집 안에만 있든지, 집 안에서도 어떤

〔그림 2〕 탈신 자세의 티르탕카라 부조, 인도 바다미 석굴

방 하나에만 칩거하는 것 등이다.

⑪ 정진서(精進誓, poṣadhopavāsa-vrata)는 일정한 시일 동안 출가자처럼 생활하는 것이다. 한 달에 4일 정도 단식을 하거나, 하루에 최소한 48분에서 최대한 12시간 또는 24시간 동안 명상(sāmāyika)을 실행한다. 특히 파리유샤나(paryūṣaṇa) 동안 행해지는 단식 수행이 정진서에 해당한다. 파리유샤나 축제 때에는 단식 수행뿐만 아니라 사원이라는 일정한 공간에 머무르며 정진한다.

⑫ 보시서(布施誓, atithi-saṃvibhāga-vrata)는 출가자를 비롯하여 다른 사람들에게 음식이나 필요한 물품 등을 제공하는 것이다. 이러한 보시서는 출가자 교단의 유지를 위해서도 가장 중요시되는 의무이기도 하다.[100]

이와 같은 열두 가지의 서들은 모두 불살생서를 보다 엄밀하게 완수하기 위한 세칙이라고 할 수 있으며, 11단계의 수행법도 궁극적으로는 영혼을 정화하기 위한 실천 방안들이며 불살생서의 범주를 크게 벗어나지도 않는다.

5. 오서의 상호 관계와 윤리

(1) 오서의 상호 관계

자이나교에 입문한 수행자와 재가자가 수행하는 데 가장 큰 장해라고 여겨지는 것은 '세속적인 행복에 대한 욕망'(ākāṃkṣā)이다. 그러한 욕망에 대한 절제의 필요성을 요약해 놓은 것이 바로 다섯 가지로부터의 정화(vodāna), 즉 5서이다. 세속적인 욕망으로 인해서 빚어지는 살생, 거짓말, 도둑질, 정욕(情慾), 소유욕 등으로부터 자신을 청정하게 지키는 것, 그것이 5서이다. 이러한 5서의 효과적 작용력은 내적인 심리적 정화뿐 아니라 외적인 신체적 정화에도 큰 영향을 미친다.

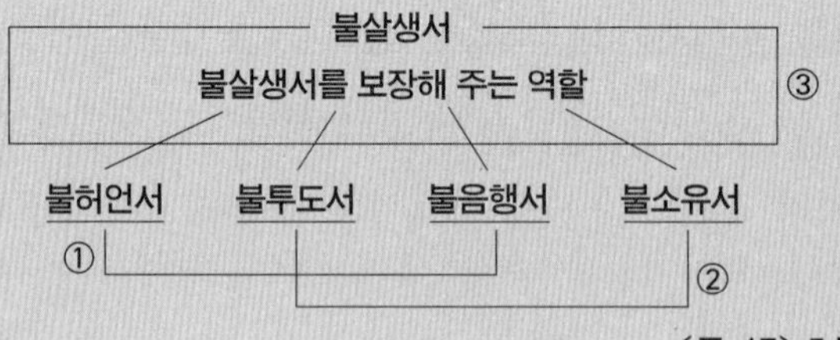

〔표 17〕 5서의 상호 관계

5서의 상호 관계는 그 가운데서 첫째인 불살생서를 나머지 네 가지가 보장해 주는 형태를 띤다고 분석할 수 있으며 ③으로 표시되어 있다.

더 나아가서 불살생서를 그 무엇보다도 강조하는 자이나 교의에 따라 나머지 4서의 각 조목들은 모두 그 뿌리에 불살생서를 두고 있다고 해석한다. 그 결과 불허언·불투도·불음행·불소유 등을 완전히 준수한다면 그것은 곧 불살생서를 완전히 준수하는 것과 같은 결과를 낳는다.

이러한 관계는 흔히 브라마나교 또는 힌두교에서 베다 문헌이 하늘에 뿌리를 내리고 자라나는 반얀 나무와 같다고 비유하는 것과 유사한 구도를 떠올리게 한다.[101] 그것은 힌두교에서 베다가 그렇듯이 자이나교에서 불살생서는 하늘에 뿌리를 두고 있는 최상의 근본 수목과 같고 그로부터 공중 뿌리들이 내려 와서 나머지 네 조목들을 자라나게 하는 형상을 이루고 있기 때문이다.

위의 표에서도 보듯이 5서 중에서 불허언서는 불음행서와 보다 긴밀한 포섭 관계를 갖고 있으며 ①로 표시되어 있다.

불투도서는 불소유서와 동류 관계에 있으며 ②로 표시되어 있다. 그리고 앞서 살펴보았듯이, 5서는 모두 욕망을 절제하는 데 그 요체가 있다. 5서를 통해서 욕망을 제한하는 까닭은 욕망으로 인해서 존재에 대한 살상을 범할 수 있다는 우려 때문이다.

자이나교에서는 욕망과 살생은 긴밀하게 연결되어 있으므로 욕망을 제한하는 것이 곧 살생을 절제하는 것이 되고, 그것을 통해서 불살생서를 준수하게 된다는 논리를 전개한다.

그 중 대표적인 예로서 불음행서와 불살생서의 관련성은 다음과 같은 경우를 들 수 있다.

성행위가 이루어질 때 여성 성기, 질(膣)로 들어가게 되는 정액 속의 수많은 생명체는 결국 생명을 잃고 마는데 그것은 살생에 해당한다. 이와 관련하여 "성행위로 인해서 질 속의 수많은 생명체도 생명력을 잃게 되는데, 그것은 마치 참깨가 가득 찬 통 속에 뜨거운 철봉을 집어넣으면 참깨가 타고 마는 것과 같다."라고 설명하고 있다.[102] 따라서 성행위가 이루어질 때에는 필연적으로 생명의 근원인 생기가 손상되기 때문에 직접적인 살생을 야기하는 결과를 낳는다고 보았으며 이를 토대로 하여 '음행이 곧 살생'이라는 논거를 세우고 있다.

그런데 일설에서는 불소유서만은 불살생서와의 관련성이 희박하다고 보기도 한다. 예컨대 다스굽타는 "불허언·불투도·불음행 등의 미덕은 불살생의 2차적 결과이며 직접적으로 수반되는 것이다."라고 하면서,[103] 불소유를 제외한 불허언·불투도·불음행은 모두 불살생에 그 뿌리를 두고 있다고 보았다. 그러나 불살생서의 준수는 욕망의 절제가 그 관건이라는 점을 고려한다면 불소유서도 그와 무관하다고 말할 수는 없을 것이다. 소유의 동기가 내적 집착심에서 비롯되며 그러한 집착으로 인한 결과는 살상과 같은 결과를 낳는다. 그러므로 자이나교에서는 무절제한 소유로 인해서 범하게 되는 광의의 살생에 주의를 기울이고, 소유의 절제 정도에 따라서 그만큼 살생도 범하지 않게 된다는 것을 자연스러운 논리적 귀결로 받아들이고 있다.

(2) 오서의 윤리

흔히 말하기를 "자이나교의 주요 윤리적 측면인 '불살생 원리'(ahiṃsādharma)는 자이나 교도를 위한 도덕 생활의 기초를 이룬다. 규율은 이러한 기본 원칙에 따라서 정해져 있다."라고 한다.[104] 이처럼 자이나교의 모든 윤리는 불살생 원리로 귀결되어 있으며, 불살생서를 보충하는 나머지 4서와 함께 윤리 규범의 핵심을 이루는 것이 바로 5서이다.

그런데 동일한 조목의 이름 때문에 5대서의 엄격성이 재가자에게도 요구되는 의무라고 오해하는 예가 있다. 이는 소서와 대서의 차이를 이해하지 못하는 데서 비롯된 것이다. 물론 재가자의 이상은 언제나 출가자와 마찬가지로 최상의 수행법을 완전하게 실천하는 데 있기 때문에, 재가자의 신분일지라도 출가자처럼 수행하고자 노력하는 것은 자이나 교도들의 기본적 의식이며 자세인 것은 사실이다. 그렇지만 자이나 교단의 구성이 재가자와 출가자로 크게 이분되어 있듯이 윤리 규범도 그와 같이 이분되어 있다고 설명한다.

5서
- 대서 : 출가자의 윤리(muni dharma) ⇒ 개인적 윤리
- 소서 : 재가자의 윤리(śrāvaka dharma) ⇒ 사회적 윤리

〔표 18〕 5서와 윤리

이와 같이 출가자의 윤리는 개인적인 데 그치는 반면에, 재가자의 윤리는 사회적인 윤리로서 자이나 교도로서 지켜야 할 뿐만 아니라

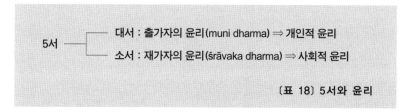

일반 사회인의 신분으로서도 반드시 지켜야만 하는 도덕 규범이라는 차이를 갖는다. 그러나 두 경우 모두 불살생 원리를 기본으로 하여 여러 도덕적 규칙들이 성립되어 있다는 것은 두말할 나위가 없다.

제4장
존재의 살상과 절제

1. 살상의 주체

살상을 범하는 주체로는 존재의 분류에 따른 모든 존재들이 예외 없이 해당한다. 따라서 지체 · 수체 · 화체 · 풍체 · 식물체 등의 존재들도 살상을 일으키는 주체가 될 수 있다. 그런데 Sk. 2. 4. 9.~10.에서는 지체 · 수체 · 화체 · 풍체 · 식물체 등은 무감각한 존재라고 표현하면서도, 감각을 지닌 존재와 무감각한 존재들 모두 살상이라는 악덕의 주체가 된다고 한다.[1)]

지체 · 수체 · 화체 · 풍체 · 식물체 등이 '무감각한 존재'라는 구절은 앞서 살펴본 대로 1감각만을 지닌 존재들이라는 설명과 어긋난 듯이 보인다. 그렇지만 Sk.의 표현은 다른 여러 감각들을 갖춘 존재들에 비하여 극히 협소한 감각을 지닌 존재라는 것을 대비시켜서 표현한 것이라고 이해해야 할 것이다.

살상의 주체로서 성립하느냐의 문제는 감각의 소지 유무와 무관하며 살상의 객체와 전혀 다르지 않다. 보다 엄밀하게 말하자면 영혼, 즉 생명력이 인정되는 한 살상의 객체가 되며 동시에 살상의 주체가 될 수 있다. 이는 앞서 이미 고찰하였듯이 영혼과 존재의 특성상 자연스럽게 도출되는 귀결이기도 하다.

자이나교의 존재론에서 영혼은 어떠한 존재 형태에서도 동일한 특성을 지니기 때문에 존재가 속한 부류와 상관없이 영혼을 지닌 모든 존재는 생명을 지닌 존재라는 점에서 평등한 가치를 인정받는다. 따라서 영혼이 인정되는 모든 존재들은 살상의 주체로 상정되고 있다.

그런데 지체 · 수체 · 화체 · 풍체 · 식물체를 비롯하여 나락생 · 동물·인간·천신 등이 영혼을 지니고 존재하는 한 살상을 범할 수 있는 가능성을 지닌 주체라는 사실은 생물 생태학적으로 볼 때 먹이사슬과도 긴밀한 연관성을 갖는다는 점을 간과할 수 없다.

존재는 그 어떠한 형태이든지 자기 생명을 유지하기 위해서 다른 생명체를 취할 수밖에 없다는 것은 부인할 수 없는 사실이다. 그럼에도 불구하고 한 존재가 자기 생존을 위해서 다른 생명체를 취하는 것은 '생명의 살상'(prāṇavadha)이라는 것이 자이나 체계의 대전제이며 그러한 대전제 아래 자이나 수행론이 세워져 있다.

존재의 일차적인 생존 본능에 의거한 행위마저도 살상이라는 악덕 행위로 규정하게 되는 자이나 체계에서 그러한 악행을 최소화하기 위한 온갖 방도들이 곧 자이나 수행법의 세칙들이다. 그 결과 일반적으로는 존재의 자연적 본성에 따라 당연시되는 음식의 섭취 행위마저도 자이나교에서는 자제해야 할 규율의 대상이며 매우 엄격한 제한들이 뒤따르게 되는 것이다. 이처럼 자이나 수행론의 배경에는 살상의 주체와 객체의 성립 범위가 전혀 다르지 않으며 양자가 동등한 존재적 가치를 지니고 있다고 보는 평등주의적 사상이 깔려 있다.

2. 살상의 유형

(1) 살상의 원인에 따른 분류

다양한 주체가 범하는 살상들의 유형은 그 원인에 따라 크게 둘로 나눌 수 있다.

첫째, 정신적 상해(bhāva hiṃsā)는 특히 말이나 마음으로 악덕을 범하는 경우가 해당한다. 개념적 살생(niścaya hiṃsā)이라고도 하는데, 이는 내적인 사고(思考) 영역에서 일어나는 살생이다.

둘째, 실체적(實體的) 살생(dravya hiṃsā)은 주로 행동으로 악덕을 범하는 경우이다. 실제적(實際的) 살생(vyavahāra hiṃsā)이라고도 하며, 이는 외적인 신체 영역에 일어난 살생이다.

이러한 두 가지 유형의 살상은 총 108가지로 다시 세분된다.

그 분류 기준은 먼저 살상의 주체에 대한 것으로, 첫째는 자신이 살상하는 경우이며, 둘째는 타인으로 하여금 살상하도록 시키는 경우이고, 셋째는 살상을 용인하는 경우 등 세 가지로 나눈다. 다시 이 세 가지에 3행, 즉 마음, 말, 몸의 경우를 각각 고려하면 아홉 가지가 된다. 이 아홉 가지를 다시, 살상을 생각하고, 살상을 준비하고, 살상을 감행하는 경우라는 셋을 각각 고려하면 총 27종이 된다. 이러한 27종에 다시 4종의 예탁을 각각 고려하여 더하면, 총 108가지로 나누어진다는 것이다.[2] 그러나 전통적으로 가장 중시되는 분류는 정신적 상해와 실체적 살생으로 양분하여 살상을 파악했던 것이며, 물리적이고 신체적인 살생 못지않게 정신적인 상해를 매우 중시했다는 점이 큰 특징이다.

자이나 철학자들은 실체적 살생이 일어난 경우에 그에 앞서 반드시 수반되는 것이 정신적 상해라고 보았다. 물론 의도적인 살상이라는 고의가 없이 행해졌다면 정신적인 상해는 인정되지 않을 것이다. 그렇지만 살상하고자 하는 의지를 갖는 순간에 이미 정신적으로 악덕을 짓게 되는 것이며, 그로써 이미 악업을 유입시키는 결과를 낳게 된다.

(2) 고의의 유무에 따른 분류

정신적 상해를 중시한 것과 동일한 맥락에서 고의(故意)의 유무에 따라 살상을 분류할 때, 고의 살상(saṃkalpaja hiṃsā)과 비고의(非故意) 살상(ārambhaja hiṃsā), 두 가지로 나눌 수 있다.[3)]

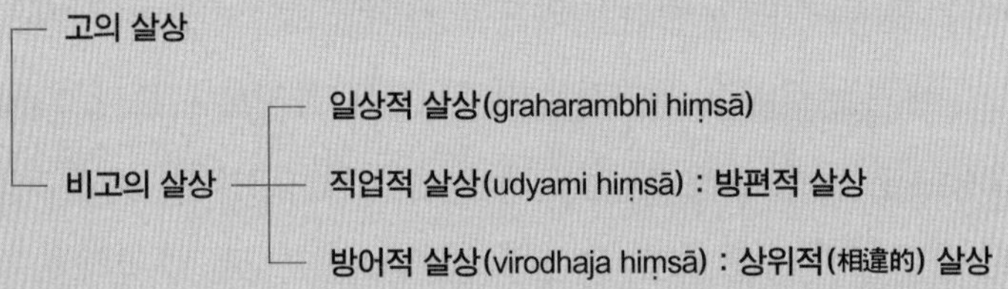

〔표 19〕 고의의 유무에 따른 살상 분류

이와 같이 고의의 유무에 따른 분류는 살상을 범한 주체의 정신적 상태에 따라서 구별한 것으로서 그에 따라 영혼에 유입되는 죄업(pāpa-karma)의 양이 차이가 난다.

먼저, 비고의 살상이란 일상적인 행위에 부수적으로 따르거나 우연적으로 발생하는 살상으로서 결코 자발적으로 의도하지 않는 경우이다.

예컨대 요리·세탁·목욕·여행을 비롯하여 각종 의례 등의 사회적 종교적 의무를 수행하는 동안 범하게 되는 경우로서, 이는 일상적 살상이라고도 한다.

또한 직업적인 의무를 수행하는 동안 범하게 되는 직업적 살상도 비고의 살상에 해당한다. 직업적 살상은 원칙적으로 그러한 직업을 가지고 살아가는 재가자에게만 해당하는 경우라고 볼 수 있으나, 그와 유사한 상황에 처한 수행자의 행위에도 적용된다. 예컨대 의사, 농부 등은 일을 하는 동안 살상을 저지를 수밖에 없다. 특히 의사의 경우에는 환자에 대한 치료와 처방을 목적으로 균류(菌類)의 미생물 등을 살상하기 마련이고, 농부는 생존을 위해서 각종 동물과 식물을 살상할 수밖에 없다. 이러한 직업적인 살상을 허용할 수밖에 없는 까닭은 살상하고자 하는 고의가 없기 때문이다. 게다가 궁극적으로 볼 때 그 행위의 목적은 또 다른 존재들을 살리거나 돕는 데 있으며 그러한 행위에 수반되는 불가피한 살상이기 때문이다.

자이나교에서는 직업적으로 살상이 예정되어 있는 경우에도 그러한 살상을 최소한으로 줄이도록 항상 주의를 다하고, 이미 범한 살상에 대해서는 항상 참회해야 한다고 가르치고 있다.

그 밖에도 비고의 살상 중에 방어적 살상을 포함하여 용인하고 있다. 즉 방어의 목적으로 살상을 범한 경우에는 합법적인 방어이기 때문에 허용한다는 것이다. 자신의 가족, 마을, 국가 등을 지키기 위해서 적을 죽인 경우이므로 불가피한 경우라고 보고 인정하는 것이다. 그렇지만 방어적인 살상은 침략적인 고의 살상과는 엄밀히 구분해야 하며 결코 혼동해서도 안 된다.

고의 없이 행해진 방어적 살상일지라도 이는 재가자에게만 국한된 것이며, 예외적인 경우에 인정할 뿐이다. 결국 출가자의 경우에는 모든 살상이 금지되어 있으며 어떠한 경우에도 범하지 않는 것이 원칙이다.

찬드라굽타 마우리야 왕과 구자라트(Gujarat) 지역의 쿠마라팔라(Kumārapāla, 서기 12세기경) 왕처럼 자이나교 신봉자였던 경우라든지 역사 속의 수많은 장군과 병사들처럼 각자 자신의 의무에 따라 정치적인 전쟁에 참여해야 하는 경우에도 불가피한 환경에 따른 예외적인 살상이라고 보며 이교도(異教徒, mithyādṛṣti)라는 비난에서 제외하고 있다. 이는 고의 살상이기는 하지만 불가피한 의무에 따른 것으로서 매우 예외적인 경우로 간주한다.

고의 살상은 자신이 의도하여 살상을 행한 경우를 말한다. 이러한 살상이 이루어지는 구체적인 방법은 모두 열거할 수 없을 정도로 다양하지만 대표적인 사례를 정리해 보자면 다음과 같다.[4)]

첫째, 식용을 목적으로 동물, 새 등을 죽이는 사냥의 경우이다. 채식주의 식생활을 고수하는 자이나 교도들이 식용을 목적으로 사냥을 하는 경우에 불살생서를 가장 크게 침해한다고 생각했다.

둘째, 상업을 목적으로 살상하는 경우이다. 상업적인 이득을 얻기 위한 목적으로 살해하는 경우에 해당하는 예로서는 상아를 얻기 위해서 코끼리를 죽이거나, 가죽을 얻기 위해 뱀을 죽이는 경우이다.

셋째, 5서 위반, 즉 불살생 · 불허언 · 불투도 · 불음행 · 불소유 등을 지키지 못해서 야기되는 살상의 경우이다.

넷째, 7종의 악덕, 즉 도박, 육식, 음주, 사냥, 매음, 절도, 남의 아내를 사랑하는 것 등을 범하는 경우이다. 특히 사냥은 낚시처럼 '피를 보는 스포츠'로서 살상의 정도가 극심하다고 보며 대표적인 악덕으로 간주된다.

다섯째, 자신의 생명을 보호하기 위해서 범하는 살상으로서 호랑이, 사자, 표범 등과 같이 위협적인 동물을 살해하는 경우이다.

여섯째, 그릇된 믿음과 신앙으로 인한 살해이다. 이교도의 손에 암살을 당했던 스와미 다야난다 사라스와티(Swamy Dayananda Saraswathi, 1825~1883년), 마하트마 간디(M. K. Gandhi, 1869~1948년) 등이 여기에 해당한다.

일곱째, 전쟁에서의 살상이다. 마하바라타 전쟁, 1857년 인도의 독립 전쟁 등이 그 예이다. 이는 침탈과 정복 등의 목적으로 적극적인 전쟁을 일으키는 경우이다.

여덟째, 문명화로 인한 동물 살해이다. 개, 쥐, 메뚜기, 가금류(家禽類), 어류 등에 대한 살상, 금전적 이득을 위한 살해, 질병으로 인한 집단적 살상, 농약 살포로 인한 살상 등이 있다.

아홉째, 과학과 의약, 화장품 등의 연구 개발을 위해서 동물을 생체해부라든지 각종 실험용으로 살상하는 경우이다. 자이나교에서는 의약 연구를 위해서 동물을 수단과 도구로 사용하는 것도 불필요한 살상이라고 보며 피할 것을 권한다.

열째, 신의 이름으로 거행하는 동물 희생 제의에서 양, 염소, 말, 암소, 물소, 닭 등을 살해하는 경우이다. 자이나교에서는 신과 종교의 이름으로 행해지는 살상이 가장 무도하다고 비난한다.

열한째, 적자생존(適者生存)의 법칙에 의한 살상의 경우이다. 큰 물고기가 작은 물고기를 잡아먹는 경우와 같이 자신의 생명 유지를 위해서 살상하는 것이다.

이상의 열거 내용과 같이 갖가지 고의 살상의 예들 중에서 가장 피해야 할 살상은 사냥을 통해서 5감각 존재를 살해하는 경우라고 하며, 문헌에 따라서는 신의 이름으로 거행된 동물 희생을 가장 극악한 살상이라고 말하기도 한다.[5)]

그리고 비고의 살상과는 다르게 고의 살상은 재가자에게도 금지되어 있다. 이러한 고의 살상을 자제하기 위한 노력은 재가자의 직업 선택에도 큰 영향을 주었고 특정 직업을 회피하는 결과를 낳았다. 그럼에도 불구하고 직업적 의무의 수행으로 인해서 범하는 살상이라든지, 일상적 살상과 방어적 살상 등의 비고의 살상은 절제하기가 쉬운 것은 아니다. 그러나 수행자이든 재가자이든 고의적인 살상을 범하지 않도록 행위를 하기 전에 반드시 불가피한 살생인지 아닌지 판단한 후에 불필요한 살생 행위를 제어할 것이 요청된다.

3. 살상의 결과

살상은 그 결과에 따라 두 가지, 즉 자기 살상(sva-hiṃsā)과 타자 살상(para-hiṃsā)으로 구분할 수 있다.

자신을 해치는 경우와 타자를 해치는 경우 중에서도 특히 신체적으로 다른 존재의 살상을 야기한 주체는 그 결과에 따른 처벌(daṇḍa)을 면하지 못한다. 처벌이란 일반적으로 정의에 반하는 것을 응징하는 힘, 또는 불법적인 것을 처단하는 힘을 말한다. 자이나교에서의 처벌은 살상을 기준으로 하여 그 유무를 판단한다.

St. 5. 111.에서는 처벌이 따르는 살상의 종류에 대해서 다섯 가지를 열거하고 있다.[6)]

첫째, 고의의 경우이다. 자신이나 다른 사람들을 위하여 고의로 다른 존재들을 해치거나 죽이는 경우이며, 이를 고의에 대한 처벌(arthadaṇḍa)이라 한다.

둘째, 과실의 경우이다. 어떤 목적도 없이 존재들을 해치거나 죽이는 경우이며, 이를 과실에 대한 처벌(anarthadaṇḍa)이라 한다.

셋째, 상해의 경우이다. 상해를 입었거나 상해할 것이기 때문에 복수심으로 존재를 해치거나 죽이는 경우이며, 이를 상해에 대한 처벌(hiṃsādaṇḍa)이라 한다.

넷째, 사고의 경우이다. 사고로 존재들을 해치거나 죽이는 경우이며, 사고에 대한 처벌(akasmāddaṇḍa)이라 한다.

다섯째, 오해의 경우로서 오해로 인해서 존재들을 해치거나 죽이는 경우로서, 오해에 대한 처벌(dṛṣṭiviyparyāsadaṇḍa)이라 한다.

이와 같이 처벌을 면하지 못하는 다섯 가지 경우란 자신을 제외한 다른 존재들을 해치는 경우이다. 이러한 경우에는 일반적인 사회 규범에서도 그에 따른 처벌을 인정하고 있다.

여기서 살상의 구체적인 사례에 따라 고의·과실·상해·사고·오해 등으로 처벌의 종류를 분류하고 있으나, 그 내용을 분석해 보면 보다 더 간단해진다. 다시 말해서 상해에 대한 처벌의 경우는 정당방위와 고의에 해당하는 예를 합한 것이며, 오해의 경우도 과실에 포함시킬 수 있다. 따라서 현대의 사회 법규상으로도 '고의, 과실, 정당방위'에 따라 처벌의 정도를 차별하듯이 자이나교에서도 그와 유사한 구분을 두었다는 것을 알 수 있다.

그러나 일반 사회 법규상으로는 다른 사람의 신체나 생명을 해쳤을 때에 한하여 처벌하는 것과 비교해 보자면, 자이나교에서는 사람 외에도 모든 존재의 생명을 해칠 경우에도 악덕으로 본다는 점이 다르다. 모든 존재의 생명은 동등한 가치를 가지며 궁극적으로는 자기 자신의 해탈을 저해하는 결과를 가져오기 때문이다.

자이나교에서는 타자 살상이 성립하기 전에 이미 그 행위의 주체가 자기 살상을 범하지 않을 수 없다는 것을 강조한다. 살상의 근본적 동인(動因)으로 작용하는 말이나 생각 자체가 이미 자신의 영혼에 대한 악덕을 범한 것이며, 결국 영혼이 해탈로 근접하는 데 방해되기 때문에 살상의 범주를 벗어나지 못한다는 것이다. 이러한 단계의 살상을 자기 살상이라고 하는데, 이는 타자 살상과 다르지 않으며 영혼의 청정을 오염시키는 결과를 낳는다. 그 밖에도 적극적인 자기 살상을 초래하는 경우로는 스스로 심리적인 자학을 가하는 경우라든지 자기 신체를 자해하거나 자살을 감행하는 경우 등을 예로 들 수 있다.

그러나 자이나 불살생론의 중요한 논점은 자기 살상과 타자 살상이 결코 분리되어 있지 않다는 데 있다. 살상의 결과적 측면에서 자타를 구분하고 있으나 타자 살상이 성립한 경우에도 살상 주체의 심리적인 측면에서는 이미 자기 살상을 거친 다음 단계에 타자 살상이 성립될 수밖에 없다.

그렇기 때문에 살상이 발생한 범위에 따라 자기 또는 타자로 구분할 뿐이며 중요한 것은 살상을 억제해야 하는 이유이다. 그것은 살상이 일어난 경우에는 어떤 식으로든 자신의 영혼이 오염될 수밖에 없고 그만큼 해탈의 길에서 멀어지기 마련이기 때문이다. 존재의 궁극적인 목적이 해탈에 있는 한 자이나 교도의 행동 준칙은 불살생의 엄수, 즉 살생의 절제에 그 중점을 둘 수밖에 없는 것이다.

4. 살상의 절제

존재에 대한 살상을 범하지 않기 위한 모든 절제와 수행은 오로지 불살생서를 지키기 위한 것이라고 해도 전혀 지나치지 않다는 것은 앞서 논의한 내용과 같다. 살상을 절제하기 위해서는 살상이 이루어질 수 있는 상황을 미리 숙지하고 있어야 하며, 그런 연후에 그러한 상황을 회피하거나 그런 결과가 일어나지 않도록 미리 유의해야 할 것이다.

자이나교에서는 살상이 성립되는 데에는 필연적으로 어떠한 도구가 쓰이기 마련이라고 관찰한 연후에 그러한 살상 도구를 무기라고 총칭하여 분석하고 있다.

구체적으로 살상에 쓰이는 도구, 즉 무기의 종류에 대해서 St. 10. 93.에서는 열 가지를 나열하고 있다.[7)]

여기서 무기(śastra)란 살상을 야기하는 수단을 가리키며, 그것이 물리적이든 정신적이든 모두 무기에 포함시킨다. 그 중에서도 특히 소금, 기름, 알칼리성 약제(藥劑), 산성 약제 등을 사용하여 이루어지는 살상의 예로 식물체를 들 수 있다. 소금을 비롯한 약제를 사용하면 유심(sacitta) 식물체가 무심(acitta) 식물체로 변화되고 마는데,

이는 곧 존재의 파괴와 같다. 따라서 소금 등은 상해의 수단이 된다.

식물체의 살상 기준을 유심과 무심으로 나누어 설명하지만 이때 '심'(心)은 생명력을 지칭하는 넓은 뜻으로 쓰였다고 보아야 한다. 따라서 영혼의 기능적 측면, 즉 정신 작용을 가리키는 것이 아니라 생기의 10종 요소 중에서 '심 생기'의 유무를 뜻한다고 해석해야 할 것이다.

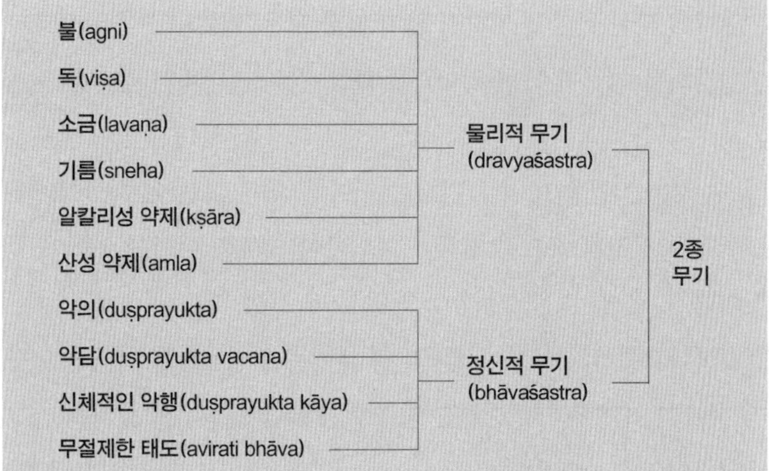

〔표 20〕 살상 무기의 종류

불을 비롯한 물리적인 무기에 대한 경계는 식생활 문제와 불가분의 연관성을 갖게 되었고 식단을 제한하는 결과를 낳았다. 구체적으로는 채식 식단과 야식 금지, 더 나아가 단식 수행법 등이 이것과 관련성을 갖는다.

정신적인 무기로 열거되는 악의, 악담, 신체적인 악행, 무절제한 태도 등은 10종 생기 중에서도 마음, 말, 몸 등의 3행 생기와 관련된 것으로 경계하는 것이다. 그 중에서도 무절제한 태도는 3행의 자제(saṃyama)가 결여된 것을 총칭한 것이라고 해석할 수 있으며 불살생서를 위반하는 일체의 언행을 포괄하는 수단이다.

수행자가 이와 같은 갖가지 무기들을 피하고 불살생을 실천하는 방법은 크게 다음 세 경우로 나눌 수 있다.

첫째, 자기 스스로 불살생을 실천하는 경우이다.

둘째, 다른 사람으로 하여금 불살생을 실천하게 하는 경우이다.

셋째, 다른 사람이 불살생을 실천하는 것에 동의하는 경우이다.

이러한 세 방법은 불살생을 실천하는 주체에 초점을 맞추어 나눈 것이다. 중요한 것은 누구든지 살생이 일어날 수 있는 상황을 미리 예상한 뒤에 그것을 미연에 방지하고자 노력하는 것이며, 그것이 살상을 절제하는 최상의 방책이라는 점이다. 살상의 원인 요소를 미리 예방하고 근절하는 것, 그것이 자이나 수행법을 가리키는 또 다른 표현이 될 것이다.

자이나교에서 수행자 스스로가 불살생을 실천하는 것은 당연하고도 기본적인 것이지만 다른 사람들도 불살생을 실천할 수 있도록 적극적으로 조력하기를 권장하고 있다.

현대 인도에서는 이러한 권유가 너무 지나쳐서 채식주의자들과 자이나 교도들이 육식과 관련된 행위를 금지해 달라고 법정 소송을 제기하는 경우도 적지 않게 일어나고 있다. 예컨대 가축 도살이나 계란 판매까지도 시장이나 공공시설과 같은 공개된 장소에서는 금지시켜 달라는 소청이 제기되고 있다. 그 결과 각 주(州)에 따라서 제한적인 공간에서만 그러한 상행위가 이루어지도록 금제(禁制)하기도 한다. 그 대표적인 경우가 구자라트 주이다.

제5장

자제 고행의 실천과 불살생의 관계

1. 자제행

불살생서의 실천에서 가장 강조되는 것은 자제(saṃyama)이다. 상야마(saṃyama)란 살생과 다른 죄 있는 행위들을 완전히 포기하는 것을 가리킨다.

St. 5. 144, 145.에서는 해치는 것은 무절제(asaṃyama), 해치지 않는 것은 자제(saṃyama)라고 하여, 자제가 곧 불살생이고 불살생이 곧 자제라는 것을 보여 주고 있다.[1)]

St. 4. 616.~617.에서는 자제와 관련지어서 2감각 존재를 해치는 경우에 대해서 설명한다.[2)]

St. 4. 617.의 내용은 다음과 같다.

> 2감각 존재들을 해치는 사람은 네 가지 무절제를 성취한다. 그것은 이러한 존재들에 의해 혀를 통해서 즐겼던 쾌감을 없애고, 이러한 존재들에 의해 혀를 통해서 경험한 고통을 강요하고, 이러한 존재들에 의해 촉각을 통해서 얻어진 쾌감을 그치고, 이러한 존재들에 의해 촉각을 통해서 경험하는 고통을 강요한다.

그와 반대로 St. 4. 616.에서는 불상해의 경우와 자제를 연결시켜 언급하고 있다.

> 2감각 존재들을 해치지 않는 사람은 네 종류의 자제를 성취한다. 그것은 이러한 존재들에 의해 혀 〔또는 미각 기관〕을 통해서

> 얻어진 쾌감을 그치지 않고, 이러한 존재들에 의해 혀를 통해 경험하는 고통을 강요하지 않고, 이러한 존재들에 의해 촉각을 통해서 얻어진 쾌감을 그치지 않고, 이러한 존재들에 의해 촉각을 통해서 경험하는 고통을 강요하지 않는 것이다.

이러한 자제에 대해서 US. 21. 13.에서는 다음과 같이 수행자에게 권하고 있다.

> 수행자는 모든 존재에 대해 동정심을 가져야 하고, 자제하는 성격을 지녀야 하고, 억제하고 금욕해야 하고, 죄가 되는 모든 것을 절제하고, 자신의 감각들을 제어하며 살아야 한다.[3)]

DS.를 비롯한 자이나 경전에서 언급하는 여러 가지 수행 세칙들과 관련된 자제는 다음과 같이 총 17종으로 정리할 수 있다.

그러나 일반적으로는 자제를 크게 둘로 나누어 설명하는데, 영혼의 정화 상태와 관련을 지어서 말하자면 다음과 같다.

첫째, 유애착(有愛着) 자제(sarāga-saṃyama)이다. 영혼의 정화 단계 중 제6 단계부터 제10 단계까지가 여기에 해당하며, 애착의 흔적이 미미하게나마 남아 있는 상태이다. 제7 단계부터 업을 결정하는 수명의 속박이 완전히 제거된다.

둘째, 무애착(無愛着) 자제(vītaraga-saṃyama)이다. 영혼의 정화 단계 중 제11 단계 이상이 해당된다.

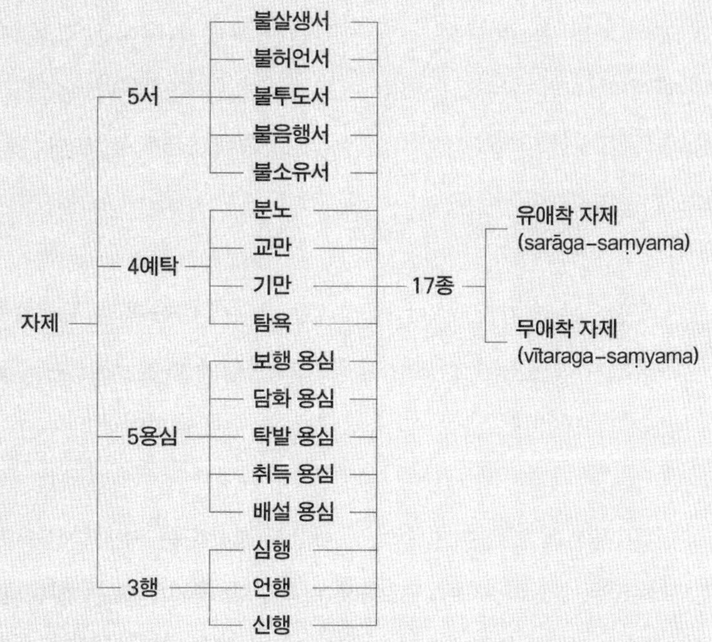

〔표 21〕 17종 자제

2. 예탁

자이나 철학에서 업을 유발시키는 가장 중요한 것은 4예탁, 즉 분노(krodha)·교만(māna)·기만(māyā)·탐욕(lobha) 등이다. 이러한 4예탁은 욕망의 여러 측면들을 네 가지로 집약시킨 것이라고 볼 수 있다.

4예탁은 특히 자기 살상(sva-hiṃsā)과 긴밀한 관련성을 갖고 있기 때문에 보다 더 직접적이며 즉각적인 결과를 낳는다. 그리고 분노·교만·기만·탐욕 등의 욕망으로 인한 최대 피해자는 결국 자기 자신일 수밖에 없다는 것을 자각하고 자제에 힘써야 한다.

St. 10. 105.에서는 열 가지의 욕망들 속에 4예탁을 포함시키고 있다.

> 욕망에는 열 가지가 있는데, 그것은 음식에 대한 욕망, 두려움을 피하고자 하는 욕망, 성에 대한 욕망, 소유물에 대한 욕망, 분노, 교만, 기만, 탐욕, 세계에 대한 욕망, 축적에 대한 욕망이다.[4)]

욕망은 근본적으로 이기주의(ahaṃbhāva) 또는 자기중심주의에 그 뿌리를 두고 있다. 자이나교에서는 욕망에 근거한 모든 행위와 태도는 탐욕스럽고, 소유하려는 경향을 띠며, 결국에는 자신을 만족시키기 위해서 온갖 살상을 범하는 가장 근원적인 원인으로 작용한다고 말한다.

욕망을 수반하는 단계(sarāga)는 영혼의 정화 단계 중 제11 단계까지이며, 욕망에서 벗어난 단계(vītarāga)는 제12~14 단계에 해당한다. 욕망에서 벗어난 단계에 들어선 다음부터 비로소 영혼이 정화되었다고 볼 수 있다. 그런데 4예탁 중에서도 분노(krodha)는 업의 최단 존속 기간이 다른 셋보다 길다고 보며, 그만큼 자제하기 힘든 업의 원인이라고 여긴다. 분노가 일어나는 이유에 대해서 St. 10. 7.에서는 다음과 같이 해명한다.

분노가 일어나는 이유로 10가지가 있다.

① 누군가 나에게 내가 좋아했던 소리, 촉감, 맛, 모양, 냄새를 박탈하는 경우이다.

② 누군가 나에게 내가 싫어했던 소리, 촉감, 맛, 모양, 냄새를 경험시키는 경우이다.

③ 누군가 나에게 내가 좋아하는 소리, 촉감, 맛, 모양, 냄새를 박탈하는 경우이다.

④ 누군가 나에게 내가 싫어하는 소리, 촉감, 맛, 모양, 냄새를 경험시키는 경우이다.

⑤ 누군가 나에게 내가 좋아하는 소리, 촉감, 맛, 모양, 냄새를 박탈할 것이라고 여기는 경우이다.

⑥ 누군가 나에게 내가 싫어하는 소리, 촉감, 맛, 모양, 냄새를 경험시킬 것이라고 여기는 경우이다.

⑦ 누군가 나에게 내가 좋아하는 소리, 촉감, 맛, 모양, 냄새를 박탈했고, 박탈하고, 박탈할 것이라고 여기는 경우이다.

⑧ 누군가 나에게 내가 싫어하는 소리, 촉감, 맛, 모양, 냄새를 경험시켰고, 경험시키고, 경험시킬 것이라고 여기는 경우이다.

⑨ 누군가 나에게 내가 좋아하는 소리, 촉감, 맛, 모양, 냄새를 박탈했고, 박탈하고, 박탈할 것이라고 여기고, 또한 누군가 나에게 내가 싫어하는 소리, 촉감, 맛, 모양, 냄새를 경험시켰고, 경험시키고, 경험시킬 것이라고 여기는 경우이다.

⑩ 아차리야와 우파디야야에게 한 내 행동은 적절하였지만 아차리야와 우파디야야가 내게 한 행동은 부당한 경우이다.[5)]

여기서 ①과 ②는 이미 과거의 것을 기억에 의존하여 분노하는 경우이고, ⑤와 ⑥은 앞으로 일어날 일을 미리 걱정하는 경우이며, ⑦, ⑧, ⑨는 불안 때문에 분노하는 경우이고 ⑩은 오해 때문에 분노하는 경우이다.

이와 같이 분노의 원인은 5감각 기관과 밀접한 관련성을 가지고 있으며, 감각으로 생겨난 애착과 호오(好惡)의 감정 때문에 갖가지 분노가 일어난다.

St. 4. 분노의 절 354.에서는 선(線, rāji)의 종류와 분노를 비유하여 말한다.

> 선에는 네 가지가 있는데, 암석의 선(parvatarāji), 땅의 선(pṛthivīrāji), 모래의 선(vālukārāji), 물의 선(udakarāji)이다.
>
> 분노에는 네 가지가 있는데, 암석의 선과 같고, 땅의 선과 같고, 모래의 선과 같고, 물의 선과 같은 것이다.
>
> 첫째, 어떤 존재가 암석의 선과 같은 분노의 상태로 죽을 때, 그 존재는 나락생으로 다시 태어난다.
>
> 둘째, 어떤 존재가 땅의 선과 같은 분노의 상태로 죽을 때, 그 존재는 방생으로 다시 태어난다.
>
> 셋째, 어떤 존재가 모래의 선과 같은 분노의 상태로 죽을 때, 그 존재는 인간으로 다시 태어난다.
>
> 넷째, 어떤 존재가 물의 선과 같은 분노의 상태로 죽을 때, 그 존재는 천신으로 다시 태어난다.[6)]

결국 분노라는 감정에 따라서 재생할 때의 거처가 달라진다고 보는 것이 자이나교의 입장이다.

존재의 상태와 밀접한 관련을 갖게 되는 네 가지 분노의 종류는 분노가 누그러지는 차이에 따라 구분한 것이다.[7]

첫째, 암석의 선 같은 분노(anantānubandī hkrodha)로서 일 년을 넘어 오래도록 지속되는 분노이다. 이는 암석에 새겨진 선과 같아서 지우기가 어렵다.

둘째, 땅의 선 같은 분노(apratyākhyānāvaraṇa krodha)로서 최대한 일 년 동안 지속되는 분노이다. 해마다 참회제(懺悔祭, saṃvat-sarika pratikramaṇa)를 행하는 동안 가장 최근의 것이 누그러진다. 이는 마치 여름철 동안 땅에 그어진 선과 같아서, 비가 오면 지워질 수 있다.

셋째, 모래의 선 같은 분노(pratyākhyānāvaraṇa krodha)로서 2주일마다 행하는 참회(pratikramaṇa) 때 가장 최근의 것이 누그러지는 분노의 종류이다. 이는 마치 모래 위에 그어진 선과 같아서 바람이 불면 곧바로 지워진다.

넷째, 물의 선 같은 분노(saṃjvalana krodha)로서 48분 안에 곧장 누그러지는 분노의 일종이다. 이는 수면 위에 그은 선처럼 순식간에 사라지는 것이다.

이와 같이 분노를 분석했던 자이나교의 스승들은 "분노와 증오를 품지 말라. 그런 감정이 생긴다면, 호흡을 가다듬고 그러한 감정의 본질을 투철히 직시하라."라고 분노를 자제하는 간단한 수행법을 제시하기도 한다.[8]

또한 교만(māna ; mada)의 이유에 대해 St. 8. 21.에서는 다음과 같이 여덟 가지를 열거하고 있다.[9)]

첫째, 모계 혈통에 대한 교만(jātimada)이다.

둘째, 부계 혈통에 대한 교만(kulamada)이다.

셋째, 힘에 대한 교만(balamada)이다.

넷째, 외모나 미모에 대한 교만(rūpamada)이다.

다섯째, 고행 수행에 대한 교만(tapomada)이다.

여섯째, 경전 지식에 대한 교만(śrutamada)이다.

일곱째, 수익에 대한 교만(lābhamada)이다.

여덟째, 재산에 대한 교만(eśvaryamada)이다.

이러한 다양한 교만들을 자제하는 태도로서 권고되는 것은 다음과 같다.

> 하나의 관점(觀點)에 집착하지 말라. 다른 관점들을 수용할 수 있도록 마음을 항상 열어 두라. 자신의 의견을 다른 사람이 수용하도록 고집하거나 강요하지 말라.[10)]

이러한 권고는 인식론적인 관점론(nayavāda)을 토대로 한 것으로 상대주의적인 관용을 토대로 하여 교만을 자제해야 한다는 것이 그 핵심을 이룬다.

특히 St. 5. 승리자의 절 177.에서는 이렇게 표현한다.

> 승리자들은 다섯 가지가 있는데, 그것은 청각의 승리자, 시각의

승리자, 후각의 승리자, 미각의 승리자, 촉각의 승리자이다. 또한 다섯 가지 승리자들이 있는데, 분노의 승리자, 교만의 승리자, 기만의 승리자, 탐욕의 승리자, 삭발의 승리자이다.[11]

이처럼 5감각 기관을 통해서 얻는 감각들을 극복하는 것은, 곧 4종 예탁을 극복하고 승리자가 되는 것과 동일하다고 여겨질 만큼 매우 중요하다. 그런데 5종의 승리자라 하여 4종 예탁의 각각을 열거한 뒤에 삭발한 출가자를 별도의 승리자로 덧붙여 놓고 있다. 이는 감각과 예탁으로부터 궁극적으로 승리한 사람은 결국 삭발한 출가자라는 점을 강조한 것으로 보인다. 동시에, 자이나교에서 이상적인 수행은 출가한 다음에야 완성할 수 있다는 기본적인 전제가 반영된 것이라 할 수 있다.

3. 용심

용심(用心, samiti)이란 간단히 말하자면 살상을 범하지 않기 위해서 주의를 기울이는 마음이라고 정의할 수 있다.[12] 이는 흔히 말하는 '마음 씀씀이'와 다르지 않다. 일상생활을 해 나가는 데 항상 긴장을 늦추지 않고 살상을 미연에 방지하는 것이 용심이다.

일상적인 마음 씀씀이 중에서 중요한 것들을 다섯 가지로 요약하여 5종 용심이라 한다. 다섯 가지 용심은 St. 5. 203.을 비롯하여 그 이전의 초기 경전에서부터 매우 세밀하게 언급하고 있는 수행 세칙들로서, 불살생서를 완벽하게 유지할 수 있도록 수행자를 도와주는 기능을 한다.

그 구체적인 내용은 다음과 같다.[13)]

첫째, 보행(步行) 용심(īryā-samiti)이다. 이것은 수행자가 걸음을 걸을 때 항상 지녀야 할 주의력을 뜻한다. 수행자는 언제나 살아 있는 것을 해치지 않도록 주의해야 하지만 걸을 때 반드시 갖추어야 할 주의력을 보행 용심이라 한다. 수행자는 걸을 때 개미라든지 풀 등의 식물과 씨조차도 밟아서 살상하지 않도록 모든 주의를 다 해야 한다. 주의력을 다하면서 걷는 것은 곧 천천히 걸어야 한다는 뜻이며, 그와 같은 이유로 달리기나 뛰는 것, 두리번거리는 것 등을 모두 금하고 있다. 살상의 위험이 적은 길은 사람들과 마차 등으로 인해서 굳게 다져진 길이라고 하며, 진창길이나 진흙탕을 걸어서는 안 된다고 권한다. 그 밖에도 보행을 위한 세칙 중에는, 걸을 때의 시선은 4완척(腕尺) 정도 앞의 땅을 살피고, 일몰 후의 보행을 금하라는 것이 있다. 또한 주위가 어두우면 부주의하게 살상을 범할 염려가 있기 때문에 길을 걷는 것도 금하고 있다. 달빛이나 인공 조명을 이용하는 것도 금지의 대상이다. 그러한 것들은 일광만큼 밝을 수도 없지만 아무리 밝게 해 준다 해도 미세한 생명체의 살상을 온전히 예방할 수 없기 때문이다.

이러한 세칙을 통해서 우리는 자이나 수행자의 행동 반경이 얼마나 제한적이었는가를 짐작할 수 있다. 일반적으로 수행자들은 순례할 때, 스승을 방문할 때, 설법을 하러 갈 때 등을 제외하고는 멀리 움직이지 않으며 아무런 목적 없이 길을 걷지도 않는다. 요컨대 보행 용심에서는 수행자가 움직이는 목적과 때, 지나갈 길 등을 주의 깊게 고려한 뒤에 움직여야 한다는 것이 중요시된다.

둘째, 담화(談話) 용심(bhāṣā-samiti)이다. 수행자는 언제나 필요할 때만 말하고, 말을 하더라도 진실만을 말하며 남에게 상처를 주지 않도록 항상 주의해야 한다. 구체적으로는 근본 예탁과 부수 예탁을 일으키는 말을 하지 않는 것이 가장 중시된다.

셋째, 탁발(托鉢) 용심(eṣaṇā-samiti)이다. 수행자가 탁발할 때에는 식품의 종류, 시간, 회수(回數), 식사 장소, 분배 등에 주의를 다해야 한다. 자이나교에서는 수행자를 위해 특별히 준비된 음식은 받지 않는 것이 전통이며, 어머니가 아기에게 수유하고 있다가 아이를 제쳐 두고 수행자에게 음식을 주는 경우에는 거절해야 한다고 권하고 있다. 왜냐하면 아이를 울게 하는 것도 죄를 짓는 것으로 여기기 때문이다. 수행자가 병에 들었거나 불음행서나 불살생서를 이유로 자제하고자 할 때, 단식을 할 때에는 탁발을 나가지 않아도 된다.

넷째, 취득(取得) 용심(ādāna-samiti)이다. 수행자가 무엇인가를 받거나 취할 때에도 항상 주의를 다하여 살생을 범하지 말아야 한다. 특히 자리를 잡고 앉을 때에 살아 있는 어떤 작은 생명체도 해치지 않도록 주의하는 것이 취득 용심에 속한다.

다섯째, 배설(排泄) 용심(utsarga-samiti)이다.[14] 수행자는 타액·점액·콧물·대변·소변 등의 신체적 분비물을 비롯하여 오물을 버릴 때에도 항상 주의를 다하여 어떠한 생명도 해치지 말아야 한다. 누구라도 피할 수 없는 생리적 현상을 처리할 때조차도 불살생서를 지켜야 한다는 것이 배설 용심의 취지이다.

그 밖에도 다 닳아빠진 옷이라든지 일상적인 쓰레기, 죽은 시체 등을 처리할 때 살상을 범하지 않도록 주의해야 하는 것도 배설 용심의 범위에 포함시키고 있다.

4. 삼행

St. 3. 13.에서는 "요가는 세 가지로 이루어져 있다. 즉 마음 요가, 말 요가, 몸 요가이다."라고 분류한다.[15] 3요가란 마음 · 말 · 몸의 활동을 뜻하며 각각 심행(心行), 언행(言行), 신행(身行)이라고 간단히 번역하여 부르기도 한다.

요가라는 개념은 다양한 용례로 쓰이고 있지만 여기서는 수행의 수단이 아니라 '활동'이라는 의미를 지닌다. 본래 요가(yoga)는 프라크리트 어인 '조가'(joga)에서 유래된 말로 제1 지시 의미가 '활동, 행위'이며,[16] 특히 몸 · 마음 · 말의 활동을 뜻한다.[17]

이러한 뜻은 사실상 "몸 · 마음 · 말이 불안정한 상태에 있다."라는 것과 다르지 않다. 따라서 불안정하게 움직이며 활동 상태에 있는 것, 즉 요가를 대상으로 하여 '행위의 제어(yoga nigraha), 행위의 지멸(yoga nirodha), 행위의 부정(不正, yoga vakratā)' 등으로 표현한다. 이때의 요가란 모두 몸 · 마음 · 말의 행위를 뜻한다.[18] 또한 영혼의 정화 단계 중 제13 단계에 해당하는 '사요가'(sayoga ; saṃjoga)의 경우에도 몸 · 마음 · 말의 활동이 있다는 뜻을 지닌다.[19]

이와 같이 자이나교에서는 몸 · 마음 · 말이라는 세 가지 원인에 의한 기능적 활동을 3요가(triyoga)라고 하며, 그 각각을 몸 요가(kāyayoga), 마음 요가(manoyoga), 말 요가(vacanayoga)라고 한다. 다시 말하면 심행 · 언행 · 신행은 업이라는 결과를 낳는 3종의 원인으로 작용하는 것이다. 이러한 3요가의 결과로 인해서 업이 영혼으로 유입(āśrava)된다. 그러므로 업의 유입을 제어하기 위해서 필수적인 수행이 3행 자제라고 할 수 있다.

요컨대 인간의 존재 활동을 마음 · 말 · 몸의 활동이라는 3범주로 크게 나누었을 뿐, 모든 존재 활동이 '요가'라는 한 단어로 귀결된다고 할 수 있다. 결국 3요가, 즉 3행의 제어는 존재의 모든 활동을 제어한다는 것과 동일하다.

소마데바가 "자애란 어떠한 몸 · 생각 · 말에 의해서도 누군가에게 고통을 주지 않으려는 경향"이라고 했던 말을 상기한다면,[20] 마음 · 말 · 몸의 3행 자제를 통해서 불살생을 실천하는 것이 곧 적극적인 자비(maitrī)를 베푸는 것이라고 보아도 큰 무리가 없을 것이다.

5. 고행의 종류

DS.에서는 자이나 다르마는 불살생(ahiṃsā), 자제(saṃyama), 고행(tapa)이라는 세 가지를 지닌 나무와 같다고 보고 전체 10장의 내용을 구성하고 있다.

수행론적 측면에서 볼 때 '불살생 · 자제 · 고행'이라는 자이나 다르마의 세 요소는 궁극적으로 '고행'이라는 한 요소에 포섭된다. 고행은 삼보 중의 바른 지식〔正知〕에 근거하여 이루어지며, 아래와 같이 외적 고행과 내적 고행으로 나눌 수 있다.

고행
- 외적(bāhya) 고행 : 육체적 고행
- 내적(ābhyantara) 고행 : 정신적 고행

〔표 22〕 고행의 2종 분류

외적 고행과 내적 고행은 모두 해탈을 궁극적인 목적으로 삼는다. 외적 고행과 내적 고행 모두가 업의 제어(saṃvara)에 직접적인 영향을 미치기 때문에 중시되지만 특히 외적 고행이 내적 고행보다 더 효과적이며 해탈에 큰 도움이 된다고 믿고 있는 것이 일반적인 입장이다.

그렇지만 수행의 실제에서 내적 고행이 차지하는 비중은 결코 적지 않으며 도리어 일상에서 주종을 이루고 있다고 보아도 과언이 아닐 것이다. 외적 고행의 핵심을 이루고 있는 단식행과 관련된 식생활에서의 절제는 불살생서와 직접적인 관련성을 갖고 있기 때문에 결과적으로 보다 효과적인 해탈 근접성을 갖고 있다고 간주하는 동기로 작용한 것이 아닐까 생각한다.

(1) 외적 고행

St. 6. 고행의 절 65.에서는 외적 고행으로서 여섯 가지를 열거한다.[21)]

외적인 고행에 해당하는 여섯 가지는 다음과 같다.

첫째, 단식(anaśana), 즉 일체 음식을 끊는 것이다. 구체적인 실천 방법으로는 단식의 기간을 설정하는 방법에 따라 여러 가지 단식 고행법이 있다.

둘째, 절식(節食, avamodarikā)이다. 이는 소량의 음식만 취하는 절제행으로서 일상적인 필요량보다 적게 섭취한다. 절식 고행은 4예탁 중에서 특히 분노와 교만, 탐욕 등이 줄어드는 효과가 있다.

셋째, 걸식행(乞食行, bhikṣācaryā)이다. 구체적으로는 공양을 받는 시간, 장소, 방법, 선택의 범위에 따라서 음식을 제한한다. 걸식행은 마치 땅벌이 꽃을 전혀 상하게 하지 않고 꿀을 모으듯이, 또는 암소가 풀을 뿌리까지 뜯지 않고 그 끝만 뜯어먹듯이, 수행자는 공양을 주는 사람에게 전혀 손해나 불편을 끼치지 않고, 단지 여분의 것을 조금씩 모아서 자신의 필요를 충당하라고 권하고 있다.

넷째, 단미식(斷美食, rasaparityāga)이다. 이는 감미로운 음식을 절제하는 것이며, 맛있고 영양 많은 것만을 취하는 것을 금한다. 예컨대 술, 고기, 꿀, 기름, 우유, 응유(凝乳), 흑설탕, 단과자 등 자신이 특히 좋아하는 식품을 절제하는 고행이다. 단미식 고행에는 미식을 먹지 않는 것과 미식에 대한 갈망을 끊는 것, 두 가지의 구분이 있다. 단순히 미식에 대한 욕구를 없앤 것만으로는 이 고행을 완성하는 데 충분하지 않다.

다섯째, 신결(身結, kāyakleśa)이다. 이는 육체적인 욕망을 절제하는 것이며 유혹을 받을 수 있는 모든 대상에서 멀리 떨어져 있는 수행이다. 그렇지만 단순히 고통스럽게 신체를 학대하거나 고생하는 것이 아니라 다양한 요가 자세를 통한 신체적 수련을 행하는 고행이다. 그리하여 궁극적으로는 한 가지 자세로 편안히 오랫동안 명상할 수 있게 된다. 신체적 안정을 위해서 이 고행법은 필수적이며 이로써 명상에 몰입할 수 있다.

여섯째, 내성(耐性, pratisaṃlīnatā)이다. 이는 감각들과 관련된 외향적인 태도들을 자제하는 것이다. 예컨대 더위, 추위, 곤충에게 물린 것 등을 참는 경우가 해당한다. 이 고행을 통해서 수행자는 감각들의 방향을 외부로부터 내부, 즉 영혼을 향하여 되돌려 놓는 결과를 얻는다.

(2) 내적 고행

St. 6. 66.에서 내적 고행으로 참회 · 율의 · 봉사 · 학습 · 정려 · 포기 등의 여섯 가지를 열거한다.[22)]

첫째, 참회(懺悔, prāyaścitta), 즉 속죄로서 과거의 죄를 고백한다. 참회는 그 경중에 따라 두 가지로 나뉜다.[23)] 먼저 경참회(laghu-prāyaścitta ; udghātika prāyaścitta)란 간단하고 단순한 참회 방법을 뜻하며 단식(upavāsa)이 여기에 해당한다. 중참회(guru-prāyaścitta ; anudghātika prāyaścitta)는 무거운 참회 방법을 뜻한다. 특정 기간 동안 교단에서 추방되는 경우가 여기에 해당하며, 그 기간을 단축하는 규정은 없다. 따라서 임의로 단축하는 것은 금지되어 있다.

이러한 참회의 구분을 정리하면 아래와 같다.

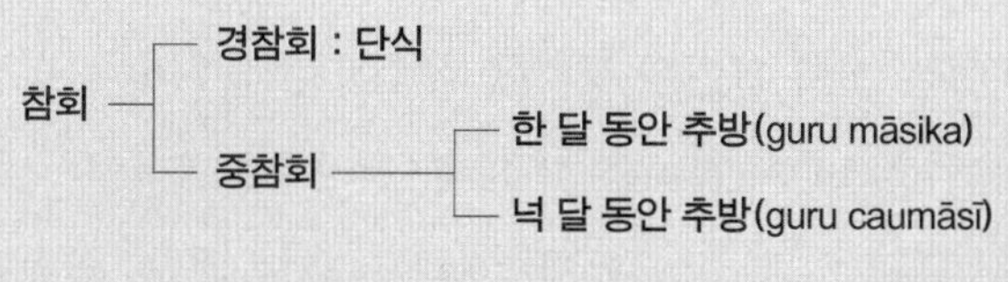

〔표 23〕 참회의 분류

둘째, 율의(律儀, vinaya)이다. 이는 겸손하게 수행자로서 지켜야 하는 규범을 뜻한다. 이는 8종 업을 제거하는 데 기초를 이루는 것으로 매우 중시된다. 4예탁 가운데 교만을 버릴 때에만 율의가 곧 고행이 되며 영혼의 정화가 이루어진다.

셋째, 봉사(vaiyāvṛtya)이다. 이는 다른 사람들에게 갖가지 도움을 주는 것으로 고행자·학승(學僧)·병자(病者)·신자(信者) 등이 그 주요 대상이다. 일반적인 봉사와 다른 점은 어떤 욕망이나 기대감도 없이 오로지 공손한 마음을 토대로 한 봉사여야만 고행이 된다.

넷째, 학습(svādhyāya)이다. 주로 경전의 암송과 설법을 위한 공부를 말한다. 또한 스승의 강의를 듣고, 의심나는 것을 떨치고, 필요한 지식을 거듭 익히는 것도 포함된다. 학습 고행을 통해서 마음이 정화되고 진실과 거짓을 구분하는 지식을 습득하게 된다. 특히 불살생서를 범한 경우에는 경전도 읽을 수 없는 것이 원칙이며, 반드시 참회 등을 통한 정화(淨化)를 거친 뒤 학습을 계속할 수 있다.

다섯째, 정려(靜慮, dhyāna)이다. 마음을 평정하게 유지하고 정신을 집중하는 수련이다. 특히 진리(tattva)에 대해서 집중하여 생각하는 것이 중요시된다.

정려는 고뇌, 해악, 미덕, 순수 등의 네 가지로 나뉜다.

고뇌 정려(ārta-dhyāna)는 고통이나 쾌락을 야기하는 대상과 접촉하는 것을 피하는 것과 관련된 생각에 집중하는 경우이다. 또한 비탄과 고뇌에 잠긴 상태에서 정려를 할 때에도 여기에 해당한다.

해악 정려(raudra-dhyāna)는 살생, 거짓말, 투도, 음행, 축재 등을 피하는 행동에 마음을 집중하는 것이다. 또한 스스로 포악한 상태에 빠져 있을 때 정려를 행하는 경우도 여기에 해당한다.

미덕 정려(dharma-dhyāna)는 경전의 정수, 고통의 성질, 업의 결과, 우주와 존재의 보편적 특성 등에 대해서 마음을 집중하는 경우이다. 해탈을 향한 진정한 첫 단계는 미덕 정려에서 시작된다.

순수 정려(śukla-dhyāna)에 대해서 US. 29. 72.에서는 "마음, 말, 몸의 기능들을 멈추고, 마침내 숨쉬는 것마저도 그쳐야 한다."라고 이 단계를 설명하고 있다.[24] 이 단계는 해탈을 향한 마지막 단계로서 가장 중요시된다.

이상 4종의 정려 중에서 고뇌 정려와 해악 정려는 윤회의 세계에 머물게 하는 원인이 되지만, 미덕 정려와 순수 정려는 해탈의 세계로 이끌어 주는 원인이 된다. 정려 수행은 특히 영혼의 정화 단계를 높이는 데 가장 중요한 역할을 하며 필수적이라고 보고 있다.

여섯째, 포기(vyutsarga)이다. 이는 몸과 모든 예탁들, 소유물과 음식 등에 대한 집착을 포기하는 것이며, 일체 욕망과 번뇌를 떨쳐 버리고 심신의 안정을 도모한다. 이 고행을 통해서 업을 떨쳐 내고 영혼의 정화가 이루어진다.

6. 고행과 불살생의 관계

(1) 고행의 주체

고행을 실천하는 주체에 대한 가장 보편적인 남녀 호칭은 이계자(離繫者, nirgrantha), 이계녀(離繫女, nirgranthi)이다.

St. 5. 184.에서 다섯 종류로 나누어 설명한다.

> 이계자에는 다섯 종류가 있는데, 풀라카, 바쿠샤, 쿠쉴라, 니르그란타, 스나타카 등이다.[25)]

각각의 이계자에 대해서 부연하자면 다음과 같다.

풀라카(pulāka) 이계자는 마치 썩은 곡식처럼 무가치한 행위를 하는 자이며 기본적인 행위 규범조차도 올바르게 지키지 않는 고행자이다.

바쿠샤(bakuśa) 이계자는 행위에 많은 과실이 있는 자이며 부수적인 행위 규범을 적절하게 지키지 않는 고행자이다.

쿠쉴라(kuśīla) 이계자는 소지품과 예탁에 약간의 소홀함이 있어서 행위가 더럽혀진 고행자이다.

니르그란타(nirgrantha) 이계자는 영혼의 정화 단계 중 제11 단계와 제12 단계에 해당하는 고행자이며 미망(迷妄, mohanīya) 업을 없앤 상태이다.

스나타카(snātaka) 이계자는 영혼의 정화 단계 중 제13 단계와 제

14 단계에 있는 승리자이며 네 가지의 유해 업(ghāti-karma)을 완전히 제거한 단계이다. 유해 업은 8종의 근본 업 중에서 인식 장애(jñānāvaraṇīya)·직관 장애(darśanāvaranīya)·미망(mohanīya)·장해(antarāya) 등의 네 가지 업이다.

이러한 일반 호칭 외에도 자이나교에서 수행에 전념하는 사람들을 통칭하는 말로 쓰이는 사다카(sādhaka)와 사디카(f. sādhikā)는 그 지시 범위가 가장 넓은 말이다. 또한 서(vrata)를 준수하는 모든 사람을 가리키는 말로도 쓰이는 사다카에 대한 가장 일반적인 어의는 '정신적인 향상을 열망하는 자'이다. 이 말은 범종파적으로는 요가 수행자(yogi ; yogin)의 동의어로 쓰인다.

현대 자이나 교단에서는 엄밀한 의미에서, 교단의 구성원을 다음과 같이 3분하기도 한다.[26)]

> 첫째, 남녀의 수행자들(sādhu, sādhvī)이다.
> 둘째, 남녀의 구도자들(sādhaka, sādhikā)이다.
> 셋째, 남녀의 재가 신자들(śrāvaka, śrāvikā)이다.

위의 구분에서는 단순한 재가 신자들과 적절한 수행을 통해서 자기 정화를 실천하는 구도자의 단계를 구분하고 있다. 구도자 단계와 성인들의 단계는 5대서의 내용을 어느 정도 엄밀하게 준수하는가에 따라 구분된다. 예컨대 불소유서에 대해서 성인들은 완벽하게 일체의 소유를 금지하지만 구도자의 경우에는 예외적으로 불가피한 금전 등의 소유가 가능하다는 정도의 차이가 있다.

그러나 일반적인 용례에서 사다카라는 말은 정신적 향상을 위해 노력하는 이들을 통칭하며, 그 특징으로서 사다카는 반드시 어떤 수단이나 방법을 매개로 하여 완성을 추구한다는 점을 꼽는다. 이때 사다카가 선택하는 수단을 가리켜서 사다나라고 한다. 그러므로 수행법을 총칭하여 부르는 가장 보편적인 말이 사다나이며, 해탈을 위해 노력하는 모든 이들을 지시하는 말로 사다카를 사용하고 있다고 보아도 틀림없다.

(2) 고행의 실천과 외포감

자이나교에서는 4예탁을 비롯한 욕망에 대한 제어를 강조하는 만큼 불살생을 실천하기 위해서 반드시 제어해야 할 감정 상태로서 외포감(畏怖感)을 들고 있다. 수행자는 두려움이 남아 있는 한 완전하게 불살생을 실천할 수 없기 때문에 고행자는 외포감을 없애도록 노력해야 한다.

St. 7. 27.에서는 외포감의 종류에는 일곱 가지가 있다고 한다.[27)]

첫째, 이 세계에 존재하는 동물이나 인간, 어떤 종(種, species)이 가진 두려움(ihalokabhaya)이다.

둘째, 내세와 관련된 두려움이나 다른 종의 존재에 대한 두려움(paralokabhaya)이다.

셋째, 재산의 상실에 대한 두려움(ādānabhaya)이다.

넷째, 갑작스런 두려움이나 이유 없는 두려움(akasmādbhaya)이다.

다섯째, 병이나 고통에 대한 두려움(vedanābhaya)이다.

여섯째, 죽음에 대한 두려움(maraṇabhaya)이다.

일곱째, 불명예에 대한 두려움(aślokabhaya)이다.

그 중에서 죽음과 고통에 대한 두려움은 불살생 원리와 직접적으로 관련되어 있으며, 다른 두려움들도 간접적으로 불살생과 관련되어 있다.

자이나교에서는 모든 존재가 근원적으로 가지고 있는 죽음과 고통에 대한 두려움은 동일하다고 역설한다. 어떠한 존재도 죽음이나 고통을 원하지 않으므로 살상을 범하여 그러한 고통을 야기해서는 안 된다는 것이다. 또한 수행자 스스로가 두려움을 갖고 자기 목숨을 유지하기 위해서 살상을 범하지 않도록 자제해야만 한다. 따라서 불살생 원리를 실천하는 데에도 온갖 두려움을 완전히 떨치는 것이 매우 중요하다.

(3) 고행을 통한 정화와 불살생

St. 5. 정화의 절 194.에서는 〔표 24〕와 같은 다섯 가지의 정화법(淨化法)을 소개한다.[28] 그 중에서 모래, 물, 불 등에 의한 정화는 외적이며 물리적인 정화인 반면에, 주문(呪文)과 범행(梵行)은 내적이며 정신적인 정화에 해당한다.

위의 분류 중에서 주문은 마음을 정화시키므로 내적인 정화에 해당하는 것이 합당하다. 그러나 범행에 의한 정화에는 금욕행이 첫손에 꼽히며, 진실, 고행, 감각 제어, 불살생을 지키는 것 등도 여기에 포함된다. 따라서 행위적인 수행들도 모두 정신적인 정화를 도모하

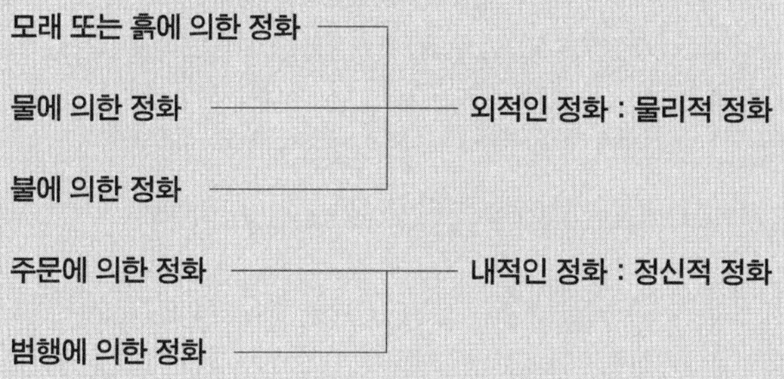

〔표 24〕 정화의 종류

기 위한 것이며, 결과적으로 성취하는 것은 내적인 정화를 도모하는 것이다.

고행을 통한 정화는 궁극적으로 불살생의 완성으로 귀결되며, 이는 곧 영혼의 정화와 동일하다. 이러한 관계는 영혼의 정화 단계에 잘 나타나 있다.[29]

제6장
바른 수행법과 불살생의 이념

1. 삼보와 불살생의 관계

자이나교의 궁극적인 이상이라 할 해탈을 성취하기 위한 가장 기본적인 수행법은 3보라고 요약할 수 있다. 그런데 마하비라 당대의 초기 교설은 3보가 아니라 4도(道)였다. 마하비라는 3보 외에 정고(正苦)라 하여 '바른 고행 수행'을 그 넷째로 꼽았다. 그러나 마하비라 이후에는 정행과 큰 구분이 없어져서 정고는 정행 속에 자연스럽게 포함되었고 3보로서 정착하게 되었다.[1)]

마하비라는 4도 중에서 정고는 올바른 고행들을 통해서 축적된 업을 제어하고 지멸하는 것을 강조하는 데 그 의의를 두었고, 정행은 정신적인 수련 또는 수행에 그 의미를 두었다.

3보 중에서도 정견은 가장 기초적인 것으로서 그 토대 위에서 바른 지식을 쌓을 수 있으며, 바른 지식이 갖추어진 연후에 바른 행위를 할 수 있다.

정지란 무지와 의심과 착각으로부터 벗어나게 해 주는 바른 지식으로서 기본적인 교리에 대한 믿음을 기초로 한다.

정행(samyak-cāritra)은 두 가지 차원으로 나뉜다.

다음에 열거하는 두 차원의 정행은 자이나 교단 사회의 근본 구조를 형성한다.

첫째, 완전한 수행(sakala-cāritra)이다. 엄격하게 교의를 실천하는 것을 최우선으로 하며 세상을 포기한 고행자들이 닦는 수행이다. 출가 고행자의 의무(muni-dharma)라고 부른다.

둘째, 부분적 수행(vikala-cāritra)이다. 출가자의 수행을 완전하다고 보았을 때 그에 비해 재가들은 일부에 불과한 수행을 닦는다는 뜻이다.

일반적으로 정견을 토대로 하여 정지가 성립하고 정지를 기초로 하여 정행을 실천하는 것이 기본 체계라고 말한다. 그렇지만 불살생 원리에 관한 한 그러한 체계적 관계와는 무관한 포괄적인 적용이 성립된다. 불살생서는 3보 각각에 대하여 동일하게 적용되며, 언제나 항상 최우선적으로 고려하는 원리이기 때문이다. 그러므로 3보의 기초 원리가 바로 불살생서라고 말해야 옳을 것이다.

이상에서 설명한 3보와 불살생서의 관계는 다음과 같이 정리할 수 있다.[2]

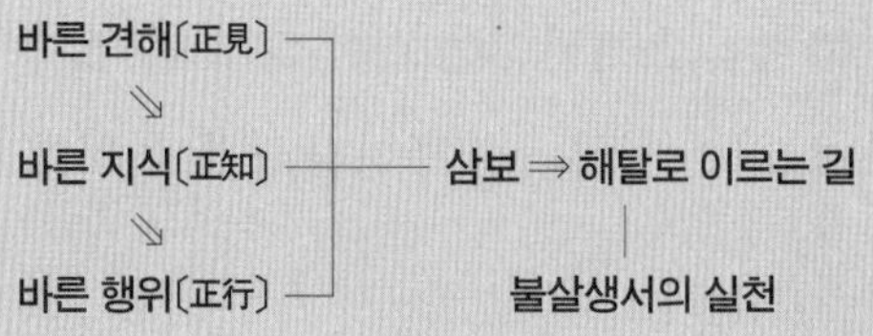

〔표 25〕 삼보와 불살생서의 관계

2. 의생활과 나체행

(1) 수행자의 의생활

자이나 수행자에게 허용된 최소한의 소지품은 옷과 발우(鉢盂,

pātra)이다. 그 중에서도 의복에 대한 규정은 불살생 원리와 매우 밀접한 연관성을 가지는 내용을 담고 있다.

먼저, 이계자와 이계녀에게 허용된 옷 종류에 대해서 St. 5. 190.에서는 다음과 같이 규정한다.

> 이계자와 이계녀는 다섯 종류의 옷을 갖거나 입을 수 있도록 허용되는데 장가미카 · 방기카 · 사니카 · 포타카 · 티리타팟타 등이다.[3)]

구체적으로 설명하자면 다음과 같다.

장가미카(jāṃgamika)는 모직처럼 동물성 섬유로 만든 것이며, 방기카(bhāṃgika)는 아마(亞麻, alasī)의 나무껍질〔樹皮〕로 만든 것이고, 사니카(sānika)는 삼베로 만든 것이다. 포타카(potaka)는 면직으로 만들며, 티리타팟타(tirīṭapaṭṭa)는 로다(lodha ; *Symplocos racemosa*) 나무의 껍질로 만든다.

이 규정은 옷의 재료에 대한 것이며, 고대 인도의 의복 재료를 짐작할 수 있는 근거가 되기도 한다. 이를 통해서 동물성 모직 섬유에서부터 아마, 삼베, 면직, 나무껍질에 이르기까지 매우 다양한 소재들을 이용하였다는 것을 알 수 있다.

그런데 여기서 주목할 것은 자이나 수행자의 의복으로서 동물성 섬유인 장가미카를 허용하고 있다는 점이다. 이는 불살생주의와 배치되는 것이 아닌가 하는 의문이 든다.

현대 자이나 수행자들은 교파를 불문하고 모직을 비롯한 동물성 섬유는 일체 사용하지 않는 것을 원칙으로 삼고 있다. 그런데 St.의 규정에서 보듯이 고대에는 그것까지도 사용할 수 있었던 것으로 짐작할 수 있다.

그렇더라도 베다 시대의 고행자(muni)들이 영양이나 사슴, 염소 등의 가죽으로 만든 옷(ajina-vāsin)을 입었다는 것과 비교하면[4] 자이나 수행자들은 가죽옷을 입지 않았던 것이 특징으로 전해져 왔다.

그러나 공의파 교단에서는 원칙적으로 몸에 일체 옷을 걸치지도 않고 전혀 소유하지도 않을 뿐만 아니라 기본적으로 발우조차 소유하지 않고 식사도 손만을 이용했다. 그와 같은 공의파의 식사 예법 때문에 '손발우'(pāṇipātra)라는 말이 생겨나기도 하였다.

그와 같이 엄격한 수행 원칙을 고수하는 공의파 쪽에서는 옷을 입고, 발우를 들고 걸식하는 것은 '잘못된 길'(amārga)이라고 비난하였는데, 그 대상은 흰옷(śvetapaṭa)으로 상징되는 백의파를 비롯하여 막대기(daṇda)로 상징되는 브라마나교와 오렌지 색 옷(raktapaṭa)으로 상징되는 불교 등이었다.[5]

백의파를 비롯한 수행자의 일상생활 중에 의복이나 사용하고 있는 침구류 등의 옷감이나 그 밖의 도구들을 손질하거나 세탁 등 점검할 수 있는 시간대는 일출 후부터 일몰 전까지, 태양이 떠 있는 시간으로 제한되어 있다.

이러한 제한은 불살생서의 준수와 관련이 있다. 만약 점검하는 동안에 발견된 살아 있는 생물체들은 결코 죽여서는 안 되며, 주의를 다해 다른 곳으로 옮겨 주어야 하고, 세탁을 할 때에도 특히 주의를 기울여서 생물체를 손상하거나 살상하는 일이 없도록 해야 한다.

(2) 착의와 공의

흔히 '나체는 자이나 수행 방식의 독특한 특징이다.'라고 말한다.[6] 이처럼 의생활과 관련된 자이나 수행법으로는 누구나 주저 없이 첫손에 나체행을 꼽을 것이다.

그런데 한편에서는 마하비라가 나체 수행을 처음으로 전파했다고 말하기도 하는데,[7] 자이나 교단사에 따르자면 나체 수행은 특히 제24대 조사 마하비라 시대부터 강조된 전통일 뿐 굳이 마하비라가 첫 전파자라고 말할 수는 없을 것이다.

일반적으로 제23대 조사의 교단은 '파르슈와 파'라고 하며, 제24대 조사의 교단은 '바르다마나(Vardhamāna) 파'라고 하여 양자를 구분한다. 두 파의 차이점으로는, 파르슈와 파에서 4금계를 기본으로 삼았던 반면에, 바르다마나 파에서는 5서를 기본 규범으로 삼았다는 것을 들고 있다. 그런데 양 교단 사이에는 이와 같이 4금계와 5서의 차이뿐만 아니라 외면상으로도 확연히 다른 점이 있었다. 그것은 파르슈와 교단의 수행자들이 상의와 내의를 입는 '착의행자'(着衣行者)였던 반면에, 바르다마나 교단의 수행자들은 옷을 입지 않는 '나체행자'(裸體行者)였다는 점이다.[8] 이러한 특징으로 인해서 파르슈와와 바르다마나 교단은 간단히 '착의 대 공의'로 대비되기도 한다.

파르슈와 교단에서 불소유를 4금계 중의 하나로 정한 것과는 무관하게 겉옷과 속옷을 허용하였고[9] 모두 착의 상태로 지냈다는 것은 널리 알려진 사실이다.[10]

그런데 크리슈나 한디퀴는 소마데바의 Ya.를 인용하면서 다음과 같이 말한다.

> 만약에 고행자들이 나무껍질이나 사슴 가죽으로 만든 옷을 입길 바란다면 불소유와 불살생의 서약을 준수하기란 불가능할지도 모른다.[11]

그렇지만 크리슈나 한디퀴의 해석처럼 불소유서와 불살생서를 '완벽하게 또는 온전히' 지키기 위해서 마하비라 또는 공의파 수행자들이 나체행을 선택했던 것인지, 이 점은 적잖이 의문시된다. 왜냐하면 불소유서는 파르슈와 교단에서도 4금계의 하나였지만 파르슈와를 비롯한 그 당시의 슈라마나 수행자들 간에 불살생 때문에 나체행이 의무였다거나 착의 상태가 불소유 금계와 배치된다는 등의 논의는 찾아보기 어렵기 때문이다.

그리고 일설에서는 마하비라의 나체행과 불소유서를 관련지어서 직접적인 동기로서 설명하기도 하지만, 그 실제에서는 의복의 소유 또는 착의 상태가 불소유서를 위반하기 때문이라는 마하비라의 직접적인 교설을 찾아보기란 쉽지 않다.

오히려 불음행서와 관련된 고행 수행과 보다 더 긴밀한 관련성을 가지고 있다고 보아야 할 것이다. 왜냐하면 마하비라가 나체 수행을 한 계기는 막칼리 고샬라를 비롯한 나체행자(acelaka)들의 영향을 받았기 때문이며, 그러한 나체 수행의 주된 목적은 감각의 제어에 있었다.[12]

그러므로 마하비라 당대의 나체 고행은 일차적으로 신체적 쾌락과 외적인 필요에 집착하지 않는 것을 총체적으로 상징하는 수행법의 일환이었으며, 굳이 '완전한 불소유서'의 준수에 있었던 것은 아니라고 본다.

또한 마하비라 당대부터 수행자들에게 최소한의 옷가지가 허용되었고, 그것은 불소유서의 예외로서 인정되었던 것으로 보아, 나체 수행은 선택적이었을 뿐 출가자의 필수 의무는 아니었을 것으로 생각한다. 그래서 때로는 마하비라 당대의 교단을 '옷을 입은 수행자들'(sacelaka)과 '옷을 입지 않은 수행자들'(acelaka)로 이루어져 있었다고 설명하기도 한다.[13)]

공의파에 속할지라도 여성 수행자의 경우에는 옛날이나 지금이나 완전한 나체 수행은 교단 내에서 허용하지 않고 있다.

현대의 공의파에 속하는 여성 수행자는 남성 수행자처럼 완전히 옷을 벗는 나체행을 실천하지는 않으며, 아리위카(āryikā)라는 별칭을 통해서 구분하고 있다.[14)] 공의파 수행자들은 공작 꼬리털로 만든 털채, 즉 핀치(piñchī)를 소지하는데, 공의파의 여성 수행자도 그와 같은 털채를 소지하기 때문에 외면상으로도 간단히 구분할 수는 있다.

3. 식생활 원리

자이나교에서 해탈을 위한 고행주의를 선양한 것은 널리 알려져 있다. 그러한 고행 수행법들 중에서도 육신을 제어하는 대표적인 방법으로서 강조되는 것이 음식에 대한 규제이다.

식생활 원리의 내용으로는 단순히 채식주의를 채택하는 데 그치는 것이 아니라, 채소 중에서도 특정 식품들을 금지하거나 또는 제한하고 있으며 더 나아가 식사의 양을 줄이거나 단식하는 방법 등이 다양하게 병용되고 있다.

(1) 수행자의 식생활 규범

"살기 위해서 먹을 뿐, 먹기 위해서 살지 않는다."

이것은 자이나 수행자의 식생활 원칙을 요약한 표어이다. 물론 누구나 그렇다고 말하기는 쉽겠지만, 특히 자이나 교도에게 이 표어는 불살생서를 지키기 위해서 어떠한 노력을 어느 정도 실천하고 있는지를 함축적으로 보여 주는 기준이 되기도 한다. 자이나 교도의 식생활 규범은 다른 어떤 수행법보다도 불살생서와 긴밀한 관련성을 갖고 있다고 할 수 있기 때문이다.

자이나교에서 불살생주의와 수행론의 밀접한 관련성은 다시 언급할 필요도 없는 사실이지만, 그러한 관련성이 두드러진 분야가 식생활 측면이다.

존재의 분류에서도 보았듯이, 자이나교에서는 1감각의 화체(火體) 존재의 생명도 상해를 입혀서는 안 된다고 주장한다. 특히 수행자의 경우에는 불의 사용이 금지되어 있으므로 일체 음식을 조리해서 먹을 수는 없으며, 재가자에게 필요한 음식을 얻어먹는 것이 기본 원칙이다.

그러므로 수행자가 음식을 얻어먹는다고 하여 '존경하는 분'이라는 뜻의 '바가바나'(bhagavāna) 또는 '나타'(nātha)라는 말로 불리지 못할 이유는 없다고 한다.[15] 다만, 그런 경우를 여섯 가지로 제한하고 있다.

St. 6. 음식의 절 41.에서 규정하기를, "슈라마나 이계자가 여섯 가지의 이유로 음식을 받는다면 바가바나라는 말을 금하지 않는다."라고 하며 여섯 가지를 열거하고 있다.[16]

첫째, 허기의 고통을 면하기 위한 경우(vedanā)이다.

둘째, 고행자들에게 제공하기 위한 경우(vaiyāvṛtya)이다.

셋째, 주의 깊게 돌아다녀야 하는 원칙을 준수하기 위한 경우(īryasamiti)이다.

넷째, 고행 수행을 지키기 위한 경우(saṃyama)이다.

다섯째, 생존을 유지하기 위한 경우(prāṇa-dhāraṇa)이다.

여섯째, 진리를 위한 종교적 묵상을 위한 경우(dharma-cintana)이다.

이러한 여섯 가지 이유는 수행자가 음식을 얻고 섭취하는 이유와 같다. 다만 고행 수행자가 음식을 얻어먹는 것은 일반 사람이 단순히 허기를 면하기 위해서라든지 가난 때문에 음식을 구걸하는 것과는 본질적인 성질이 다르다고 구분 짓고 있는 것이 인도의 전통이다. 특히 위에서 첫째 이유로 언급한 '허기의 고통을 면하기 위한' 경우일지라도 그 수행자의 궁극적인 목적이 일반인의 구걸 목적과는 차원이 다르다고 간주되고 있다. 그런데 수행자의 걸식행과 고행의 이상이 결합된 인도의 문화적 전통이 언제부터 생겨났는지 그 확실한 기원을 찾아보기란 쉽지 않다.

일설에서는 RV.에서 '다나'(dāna)에 대해 언급하고 있기 때문에 베다 시대에도 이미 '걸식과 보시, 공양'이라는 관습이 정립되어 있었다고도 한다. 그리고 걸식과 더불어서, 수행자는 다음날을 위해서 어떠한 것도 저장 또는 소유하지 않는 것이 원칙이기 때문에 생존을 위한 음식도 재가자들에게 의존할 수밖에 없었고, 그러한 수행자들의 구걸을 거절해서는 안 된다는 것이 고래로부터의 미덕으로 자리 잡았던 것이다.

그러나 자이나교의 경우에는 불소유의 원칙에 앞서서 보다 더 중요한 배경 원인이 되는 것이 바로 불살생주의이다.

불씨를 이용하여 불을 피우는 일이 일체 금지되어 있는 자이나 수행자에게는 불소유서 때문이 아니라 불살생서 때문에 음식은 아예 소지하거나 조리할 수가 없다. 그렇지만 수행자도 최소한의 자기 '생명의 유지'(prāṇa-dhāraṇa)를 위해서 얻어먹는 걸식행을 하는 것이다. 그러면 어떤 존재가 음식을 섭취할 때 그 신체에서는 어떠한 작용이 일어나는가?

St. 6. 109.에서는 음식의 이점에 대해서 다음 여섯 가지를 거론한다.[17)]

> 첫째, 마음속에서 기쁨이 우러난다(manojña).
>
> 둘째, 다양한 맛과 향을 제공한다(rasika).
>
> 셋째, 피와 체액의 균형을 가져온다(prīṇanīya).
>
> 넷째, 체액과 살 등의 구성 요소들의 자양분이 된다(bṛṃhaṇiya).

다섯째, 최음제(催淫劑)로 작용한다(madanīya).

여섯째, 몸에 영양소를 공급하고 기운이 나게 한다(darpaṇīya).

이처럼 다양한 기능을 하는 음식의 섭취는 고행자의 경우에도 예외가 아니다. 따라서 자이나 경전에서는 수행자들이 음식을 구해서 먹을 때의 규칙에 대한 매우 세밀한 내용을 제시하고 있는 것이다.

먼저 St. 9. 30.에서는 음식을 얻는 올바른 방법에 대한 마하비라의 충고에 대해서 설명한다.

> 슈라마나 바가바나 마하비라는 슈라마나 이계자들을 위해서 청정한 탁발의 종류로서 아홉 가지를 말했는데, 그〔슈라마나 이계자〕는 음식을 위해서 스스로 살아 있는 존재를 파괴하지 않으며, 그는 음식을 위해서 다른 사람들이 살아 있는 존재를 파괴하지 않도록 하며, 그는 음식을 위해서 다른 사람들이 살아 있는 존재를 파괴하는 것에 동의하지도 않으며, 그는 스스로 음식을 요리하지도 않으며, 그는 다른 사람들이 요리한 음식을 받지도 않으며, 그는 다른 사람들이 사온 음식도 받지 않으며, 그는 다른 사람들이 음식을 사도록 동의하지도 않는다.[18)]

이와 같이 마하비라는 슈라마나 이계자라면 자신이든 타인이든 간에 자기 음식을 위해서 살아 있는 존재를 파괴하는 것, 즉 불살생서를 어겨서는 안 된다고 강조한다.

또한 St. 7. 8.에서는 음식을 얻는 방법(piṇḍa-eṣaṇa)에 일곱 가지

가 있다고 하며 그 내용에 대해서는 주석에서 상술하고 있다.[19)]

첫째, 음식으로 더럽혀진 숟가락이나 손으로 주는 음식을 받는 경우이다.

둘째, 깨끗한 손이나 깨끗한 숟가락으로 주는 음식을 받는 경우이다.

셋째, 조리용 그릇에서 바로 주거나, 주기 위해서 다른 그릇으로 덜어서 주는 경우이다.

넷째, 마르고 건조한 음식만을 받는 경우이다.

다섯째, 식사용 접시에 담긴 음식을 바로 주는 경우이다.

여섯째, 음식을 덜어서 옮기는 용도의 숟가락으로 덜어 주는 경우이다.

일곱째, 가족 모두가 음식을 먹은 뒤에 남거나 버릴 음식을 받는 경우이다.

이와 같은 규범에 따라서 음식을 얻은 수행자는 먹을 때에도 서 있는 채로 음식을 먹어야 한다(sthiti-bhojana). 이러한 식사 관습은 다른 종파에서는 볼 수 없는 것으로 독특한 자이나교 수행법 중 하나이다. 그리고 수행자의 식생활과 관련된 규범들 중에 참회의 대상으로 정해진 예가 있다. 예컨대 머물던 집주인이 주는 음식을 받아먹거나, 왕이 제공한 음식을 먹는 경우이다. 이를 어겼을 경우에는 반드시 참회해야 한다.

St. 5. 101.은 다음과 같다.

다섯 가지 참회가 있는데, 수음(手淫), 성교(性交), 야식(夜食),

재가 남자가 주는 음식을 먹는 것, 왕이 제공한 음식을 먹는 것이다.[20)]

이에 대해 보다 상세히 설명하자면 다음과 같다.

재가자의 음식(sāgārika piṇḍa)의 경우에 사가리카(sāgārika)는 재가 남자, 즉 슈라바카를 뜻하는데 특히 고행자들이 머물러 있는 집의 주인을 샤이야타라(śayyātara)라고 부른다.

고행자는 샤이야타라에게서 음식 · 의복 · 발우 등을 포함한 어떤 공양물도 받지 말아야 한다. 그 이유는 샤이야타라와 친교를 맺음으로써 탁발로 영위해야 하는 수행자의 규범을 위배할 우려가 있기 때문이며, 그 결과 교단의 질서를 해칠 수 있기 때문이다.

왕의 음식(rājapiṇḍa)의 경우, 수행자는 왕이 제공한 음식을 먹어서는 안 된다. '왕의 음식'이란 왕이 머무는 곳의 식당에서 만들어진 음식을 통칭하여 말한다.

왕의 음식을 금지하는 이유는 왕실 식당의 음식이란 본래 왕을 기준으로 준비할 수밖에 없으며, 그런 까닭에 기질적으로 감정과 악덕을 북돋우는 경향이 높은 음식일 수밖에 없기 때문이라고 한다. 따라서 그러한 음식은 수행자에게 합당하지 않으며, 결국 예탁을 증가시키고 교단의 질서를 해칠 우려가 높다는 것이다. 그러므로 수행자는 결코 왕의 음식을 받아 먹지 말아야 하며, 만약 이를 어겼을 경우에는 참회해야 한다.

(2) 금지 식품과 불살생론

인도 문화적 전통은 일체의 오염(汚染, āśauca)으로부터 벗어나 청정(淸淨, śuddhi)을 유지하는 것을 매우 중시한다는 것이 큰 특징으로 꼽힌다. 오염을 야기하는 원인으로는 음식·그릇·우물·사원, 심지어 사람 등 여러 가지가 있으나 그 중에서도 가장 많은 금기와 제약이 집중되어 있는 것은 음식이다. 이처럼 일반적인 힌두 채식주의가 청정과 부정(不淨)이라는 관념과 밀접하게 관련되어 있다면, 자이나교의 채식주의는 불살생 원리와 보다 더 긴밀한 관계를 갖는다고 할 수 있다.[21]

> 자기 생명이 자신에게 소중하듯이, 다른 존재의 생명도 그 존재에게는 소중하다. 따라서 동물의 생명조차 파괴해서는 안 된다.

이것은 자이나교에서 육식을 금지하는 가장 근본적인 이유이다. 우파디예(A. N. Upadhye)는 직접적이든 간접적이든 생명을 해치는 음식인지 아닌지 그 정도에 따라서 자이나의 식단이 결정된다고 하면서, 불살생, 제어(saṃyama), 고행 등 세 가지가 자이나의 식생활과 관련되는 기본 원리라고 설명하였다.[22] 그리고 육식과 관련하여 Ya.에서는 '어떻게 자신의 행복을 바라는 사람이 다른 존재의 살로써 자기 살을 늘리고 싶어 하겠는가?'라면서 암묵적으로 비난하고 있다.[23]

어떤 사람들은 자이나 교도들의 엄정한 채식 위주의 식단에 대하여 '극단적인 고행주의'라고 하면서 비판의 소재로 삼는다. 그러나 자이나 교도들은 육식주의자들이 채식주의자에 비하여 자비가 없고 친절하지도 않다고 말한다. 게다가 자기 몸을 살찌우기 위해서 다른 생명의 살과 피를 취하는 것이야말로 참으로 극단적인 것이 아닌지 의문스럽다고 한다.

자이나교에서는 모든 생명은 침해당하면 고통을 느끼고, 그 어떤 생명도 삶보다 죽음 또는 살해당하는 것을 좋아하지 않는다는 것은 대전제라고 강조한다.

자이나 경전에 따르면, 먹을거리는 그 섭취 경로에 따라서 일상적인 음식과 공기처럼 몸을 통해 빨아들이는 것, 두 가지로 구분된다고 한다.

이는 다시 셋으로 구분된다.

첫째, 살아 있는 것으로서 유기체인 것, 둘째, 죽어 있는 것으로서 무기물인 것, 셋째, 유기체와 무기물이 혼합된 것 등이다.

이러한 분류에서 살아 있다는 것은 영혼(jīva)이 포함되어 있다는 것을 말하며, 죽어 있다는 것은 영혼이 없다는 것을 말한다.

수행자가 먹어서는 안 되는 금지의 대상은 영혼이 포함되어 있는 경우이다. 그에 따라 금지되어 있는 대표적인 식품들은 다음과 같다.[24)]

첫째, 모든 고기, 즉 도살된 모든 동물, 조류, 생선 등을 먹지 않는다.

둘째, 5감각, 즉 촉각·미각·후각·시각·청각을 갖고 있는 모든 생물체뿐만 아니라 그 이하의 감각을 가지고 있더라도 기본적으로 금지의 대상이 된다.

셋째, 식물은 1감각, 즉 촉각만을 지닌 것이지만 원칙적으로 허용되는 식품이다. 그렇지만 채식 식품 중에서도 구근류(球根類, kandamūla), 즉 땅속줄기 식물이나 뿌리채소, 예컨대 감자, 양파, 마늘, 붉은 무, 순무, 당근, 근대 등은 금지의 대상이다.

넷째, 채식이 허용되어 있지만 모든 생식은 원천적으로 금지된다. 모든 야채는 익혀서 먹어야 하며, 익히지 않은 것을 익힌 것과 섞어서 먹는 것도 금지된다.

다섯째, 안지라(añjīra ; *Ficus Oppositifolia*) · 아슈왓타(aŝvattha) 등의 열매는 먹지 말아야 할 금기 식품이다. 일반적으로 새나 벌레가 많이 오가는 과일은 생물이 서식하는 장소로 알려져 있기 때문에 금지된다.

여섯째, 꿀도 섭취해서는 안 된다. 자이나교에서는 종종 꿀 한 방울이 벌들의 죽음을 대신한다고 말한다. 꿀이란 꿀벌의 알들을 위한 영양분, 즉 그들의 먹이로 준비된 것이므로 꿀을 채취하면 결과적으로 꿀벌의 어린 생명들을 해치게 된다. 따라서 꿀은 채취하는 행위 자체가 살상에 해당하며 금지되어 있다.

일곱째, 포도주를 비롯한 모든 술은 먹지 않는다. 특히 포도주 등의 술에는 극미의 생물체가 살 수 있기 때문에 금지되기도 하지만 정신을 혼미케 하는 자극성 있는 식품이기 때문에 금한다.

여덟째, 마약을 비롯한 일체의 향정신성 의약품 등도 금한다.

아홉째, 가죽 플라스크에 담긴 기름도 피해야 한다. 구체적으로 말하자면 일상적으로 기름을 담기 위해서 사용하는 가죽 소재의 용기를 비롯하여, 식품을 담기 위한 용기 자체가 불살생 원리에 위배된 경우 그 내용물까지도 금기의 대상이 된다.

열째, 콩 종류도 금지의 대상이다. 그 이유는 콩의 엽육(葉肉)이 마치 고기(māṃsa)의 살 부위와 같기 때문이라고 한다. 그런데 소마데바는 이러한 입장에 반대하고 콩은 먹어도 된다고 하였다.[25] 그는 "살은 생명 있는 존재의 몸을 이룰 수 있지만, 모든 생명 있는 존재의 신체는 반드시 살로 구성된 것만은 아니다. 마치 님바(nimba)는 하나의 나무이지만[26] 모든 나무가 님바가 아닌 것과 같다."라고 하였다.[27] 한마디로 요약하자면, 콩의 살은 고기의 살과 다르다는 것이다. 그렇지만 실제로는 자이나 교도들이 콩의 엽육과 떡잎 모양까지 갖춘 배아를 보고서 배아를 위한 양분이 곧 엽육에 해당하므로 그것을 먹는 것은 배아를 침해하는 것이며 그것이 곧 살상이라고 여겼기 때문이라는 것이 보다 합리적인 이유가 될 것이다.

열한째, 껍질을 벗기지 않은 볍씨라든지 식물의 씨앗은 장차 식물의 성장을 막는 원인이 되기 때문에 금지된다. 출가자는 어떠한 종류의 생명도 침해해서는 안 되기 때문에 잠재적인 살상의 가능성이 예상되는 씨앗도 금지의 대상으로 삼는다.

위와 같이 금지 식품으로 제한되는 것들은 그 외에도 헤아릴 수 없을 만큼 많지만, 그 식품들이 제한되는 연유는 한결같이 불살생 원리에 위배되는 사항과 그럴 가능성이 있기 때문이다.

단적으로 말하자면, 고래로부터 인도 전통에서 흔히 말하는 대표적인 미식(美食)으로는 '꿀 · 고기 · 포도주' 등이 꼽힌다. 그런데 풍부한 향미(香味)를 가진 이 세 가지 미식들이 자이나교에서는 첫손에 꼽히는 금지 식품이다. 이러한 금지 원칙은 출가와 재가를 불문하고 예외가 없다.

이러한 점만 보아도 자이나교는 다른 종교적 전통과는 확연히 구별되는 식생활 규범을 갖고 있다는 것을 알 수 있으며 그러한 금지의 이유는 전적으로 불살생서에서 찾아야 할 것이다.

(3) 음용수

물 자체에 대해서 생명력을 인정하는 자이나교에서는 예로부터 수체 존재를 침해하지 않기 위해서 갖가지 규범을 고안하였는데, 그것은 자이나교의 수행법을 특징짓는 것으로 자리매김을 하는 계기가 되기도 하였다. 예컨대 물을 먹을 때 여과기의 용도로서 천(garni ; pariśrāvaṇa ; 濾水囊)을 사용하는 전통은 현재에도 엄격히 실천되고 있는 사항으로서 다른 종교에서는 찾아보기 어려운 점이다.[28)]

자이나교에서는 기본적으로 물이란 생물체가 살고 있는 바탕이 된다고 생각하며, 끓이지 않은 물 속에는 생명이 살아 있을 가능성이 매우 높다는 것이 그들의 상정(想定)이다. 따라서 실생활에서 자이나교도들은 모든 종류의 물을 비롯하여 우유와 과일즙 등의 액체는 일단 여과시킨 뒤에 먹기를 습관화하고 있으며, 음용수는 항상 끓인 뒤에야 마신다.

물을 여과시키기 위한 장치로 쓰이는 2층 물단지는 여수기(濾水器), 즉 타라파니카(tarapaṇikā)라고 한다. 그리고 인도에서 흔히 쓰이던 가죽 부대에 담긴 물도 먹어서는 안 된다. 왜냐하면 가죽 부대라는 소재 자체가 불살생서를 어긴 것이기도 하지만 가죽 소재는 각

〔그림 3〕 타라파니카

종 미생물이 서식하는 온상이 되기 때문이다.

이러한 습관은 박테리아라든지 열에 약한 화학 약품 등을 제거하는 효과를 얻는 동시에, 인도 특유의 고온 다습한 기후 환경에서는 방역의 이점(利點)도 크기 때문에 위생상으로도 바람직하다고 볼 수 있다. 그런데 이 점에 대해서는 일단 물을 끓이는 행위 자체가 살생을 범하는 것이기 때문에 불살생 원리와 정면으로 충돌하는 모순을 낳는다는 점이 지적되기도 한다.

자이나교의 해명에 따르면, 끓이지 않고 저장해 둔 물은 박테리아를 비롯한 미생물이 기하급수적으로 번식하는 온상이 되지만, 이미 끓인 물은 더 이상 생명이 번식하지는 않는 상태이므로 불살생서를 범하는 것은 아니라고 한다. 그에 따라 생수를 마신 경우에는 끓인 물을 마신 것보다 더 많은 미생물을 해치게 된다.

(4) 야식 금지

5대서 외에 출가자에게 부가되는 제6의 서가 있는데, 바로 '불야식서'(不夜食誓, rātribhojana-viramaṇa-vrata)이다.

자이나 교단에 입문하는 출가자의 경우에 5서를 받고서 그 다음으로 서약하는 것이 야식 금지인데, 강제적인 의무는 아니지만 대부분의 출가 수행자에게 예외 없이 적용되고 있다. 따라서 일몰 후에 일체 음식을 먹지도 마시지도 않는 불야식서는 실제로 출가자에게는 필수적이며 재가자의 경우에도 권장되는 서라고 할 수 있다.

밤에 섭취가 금지되는 음식으로서 네 가지가 열거된다.

첫째, 삼키는 음식(aśana)으로 곡식, 콩류 등이다.

둘째, 마시는 음료(pāna)로 물, 우유 등이다.

셋째, 씹는 음식(khādima)으로 과일, 땅콩 등이다.

넷째, 향신료(svādima), 즉 후추, 생강, 구장(蒟醬, betel) 등이다.

이와 같이 일몰 후에는 먹지도 마시지도 않는 절제를 실천하는 것은 불살생서를 보다 엄밀하게 지키는 데 그 목적이 있다.

어두운 밤에 음식을 먹다 보면 극미의 생물체를 모두 볼 수 없고, 살피지 못해서 살생을 범하기 마련이라는 우려에서 금지되기 시작했다는 유래를 가지고 있다. 그렇지만 자이나교의 스승들은 설령 불을 켜고 먹는다고 하더라도 극미체(極微體)의 살생을 피할 수 없다고 하며 야식 금지를 준수해 왔고 이는 현대의 발전된 전력(電力) 상황에서도 지켜지고 있는 규범이다. 그러나 실제로 수행자는 하루 24시간 중 한 차례만 식사를 하는 일일 일식(一食, eka-bhakta)을 실천하고 있기 때문에 엄밀히 보자면 야식 금지는 일일 일식 규정에 포함된다고 볼 수 있다. 하지만 야식 금지가 불야식서라 하여 제6의 서로 불릴 만큼 중시되었던 까닭은 그것이 곧 불살생서의 실천과 다르지 않기 때문이다.

4. 단식 수행

극미의 유기체적 생명조차 해칠 가능성이 있다면 식물일지라도 금지의 대상으로 삼고 있는 자이나교의 식생활 원칙은 '살기 위해서 먹는다.'라는 기본적인 생존 원칙마저도 위협할 정도이다. 그런데 자이나교에서는 한 발 더 나아가 단식을 장려하고 있다.

(1) 수행자의 단식행

자이나교의 고행 수행을 특징짓는 것으로서 나체행과 더불어서 양대 고행법으로 꼽히는 것이 단식행이다.

아샤나(aśana)란 '음식 또는 음식을 먹는다.'라는 뜻인데, 그에 대한 부정이 아나샤나(anaśana), 즉 단식이다. 그 어의대로 본래 단식이란 음식뿐 아니라 물을 비롯한 모든 섭취를 완전히 끊는 것을 의미한다. 그러나 일반적인 용례로서는, 선택적인 식이 요법의 경우에도 단식이라고 하며, 종교적인 이유뿐만 아니라 어떤 목적 달성을 위한 수단으로서 단식이 감행되기도 한다.

단식은 신체적 건강상의 이점도 적지 않다고 알려져 있지만 무엇보다도 영혼의 정화를 위해 매우 효과적이라고 자이나교의 스승들은 강조한다. 이 점은 아나샤나가 곧 우파바사(upavāsa)와 같다고 하는 데서도 잘 알 수 있다.

우파바사란 원래 '근주(近住), 즉 영혼의 근처에서 사는 것'을 뜻하며, 음식의 섭취를 포함한 모든 신체적 활동을 포기하고 쉼 없이 영혼에 대해서 정관(靜觀)하는 것이다. 이러한 우파바사는 재계(齋戒)라고도 번역하며, '정신적인 단식'이라고 하는데 간단히 '단식'이라고 부른다. 그런데 이와 같이 몸과 마음을 정화시키기 위한 단식은 자이나교에만 국한된 것이 아니다.

St.에서는, '원인을 부정하는 자들'(ahetuka)이며, '행위의 결과도 부정하는 자들'(akriya)로서 이름 높던 아지비카뿐만 아니라, 차르바카(Cārvāka)라는 유물론자(唯物論者, Bhutavāda)를 비롯하여, 불교, 힌두교, 그 밖의 여러 종교에서도 수행 방법의 일종으로서 단식 또는 고정적인 단식 기간을 갖는 것은 거의 일반화되어 있던 심신 정화법이었다고 말한다.[29] 하지만 자이나교에서는 단식이란 '고행의 전당으로 들어가는 첫째 관문'이라 여겨질 정도로 기본적인 수행법이며 고대로부터 현대에 이르기까지 자이나 수행자라면 누구나 당연히 실천하는 수행법의 정석(定石)이다.

단식이 그만큼 중시되는 수행법으로 자리하게 된 첫째 이유는 살아가는 존재라면 결코 회피할 수 없는 것이 바로 '음식'이기 때문이다.

St. 4. 579.에서는 음식에 대한 욕망을 다음과 같이 분석한다.

음식에 대한 욕망에는 네 가지 이유가 있는데, 위가 비어 있는 공복, 허기의 고통을 야기하는 업, 먹을 수 있는 것에 대해 듣거나 보는 것, 음식에 대해 계속 생각하는 것이다.[30)]

음식에 대한 욕망은 살아 있는 모든 존재의 본능이다. 살기 위한 음식의 섭취는 불가피한 행위이지만 그것을 거부하고 단식하는 것은 무슨 까닭인가?

St. 6. 42.에서 규정하기를, "슈라마나 이계자가 여섯 가지의 이유로 음식을 포기한다면 바가바나(bhagavāna)라는 말을 금하지 않는다." 라고 하며 여섯 가지를 열거하고 있다.[31)]

첫째, 급성 발열이나 다른 병(āntaṃka) 때문에 먹지 않는 것이다.

둘째, 천신, 인간, 동물들의 고통(upasarga) 때문에 먹지 않는 것이다.

셋째, 금욕행(titikṣaṇa)을 지키기 위해서 먹지 않는 것이다.

넷째, 살아 있는 존재에 대한 연민(prāṇadayā)으로 먹지 않는 것이다.

다섯째, 고행(tapa)을 더 하기 위해서 먹지 않는 것이다.

여섯째, 몸을 포기(vyutsarga)하기 위해서 먹지 않는 것이다.

이러한 여섯 가지 이유 중에서 첫째와 둘째의 경우를 제외하고는 모두 고행과 직접적인 관련성을 가진 단식이라고 할 수 있다. 셋째의 경우에는 음식과 성욕이 밀접하게 연관되어 있다는 데서 그 이유를 찾을 수 있고, 넷째의 경우에는 오로지 불살생서를 엄격히 지키기 위해서 아예 단식을 감행하는 경우라고 볼 수 있다.

(2) 단식의 종류

수행자들이 전통적으로 실천했던 여러 가지 형태의 단식을 분류해 보면 다음과 같이 정리할 수 있다.

첫째, 제한적이고 주기적인 단식의 경우이다. 이는 단식 기간을 먼저 정한 뒤에, 다시 일정한 시간을 한정하여 주기적으로 단식을 실천하는 경우를 말한다. 예를 들면, 6개월마다 하루씩 단식을 반복하는 경우이다.

둘째, 전생(全生) 단식이다. 전 생애 동안 또는 죽는 날까지 단식하는 경우를 말한다. 여기에 정사(正死)가 포함된다.

셋째, 미덕의 보석 고행이라 불리는 단식 방법이다. 이 단식은 '일 년 내내 미덕의 보석으로 가득 찬 고행'(guṇaratna saṃvatsara tapa)이라고 불릴 정도로 중시되는 단식 방법이다. 미덕의 보석 고행은 총 16개월, 즉 480일 동안 지속되는데, 그 중에서 407일 동안은 단식하고, 73일 동안은 음식을 섭취한다. 이때 음식을 섭취하는 날은 파라나(pāraṇā), 단식하는 날은 브라타(vrata)라고 한다.[32)]

An.에 따른 구체적인 실천 방법은 다음과 같다.[33)]

> 첫 달에는 하루 단식하고 하루 먹는다.
> 둘째 달에는 이틀 단식하고 셋째 날 먹는다.
> 셋째 달에는 사흘 단식하고 넷째 날 먹는다.
> 그와 같이 점차로 단식하는 날을 늘려 간다.
> 열여섯째 달에는 16일 단식한 뒤 하루 먹는다.

이러한 내용을 표로 정리하자면 다음과 같다.

달 순서	브라타 기간	브라타 횟수	총 단식일	파라나 일수	총 일수
첫째 달	1일	15	15	15	30
둘째 달	2일	10	20	10	30
셋째 달	3일	8	24	8	32
넷째 달	4일	6	24	6	30
다섯째 달	5일	5	25	5	30
여섯째 달	6일	4	24	4	28
일곱째 달	7일	3	21	3	24
여덟째 달	8일	3	24	3	27
아홉째 달	9일	3	27	3	30
열째 달	10일	3	30	3	33
열한째 달	11일	3	33	3	36
열두째 달	12일	24	24	2	26
열셋째 달	13일	26	26	2	28
열넷째 달	14일	28	28	2	30
열다섯째 달	15일	30	30	2	32
열여섯째 달	16일	32	32	2	34
총계			407	73	480

〔표 26〕 미덕의 보석 고행

미덕의 보석 고행을 수행하는 동안 낮에는 햇빛 아래서 쪼그려 앉기(utkaṭika ; utkaṭuka) 자세로 앉아서 명상하고, 밤에는 옷을 다 벗고 영웅(vīra) 자세로 명상하는 것이 원칙이다.[34)]

쪼그려 앉기 자세는 두 발뒤꿈치를 땅에서 들고 발끝으로만 쪼그

〔그림 4〕 쪼그려 앉기 자세

〔그림 5〕 영웅 자세

〔그림 6〕 소젖을 짜는 모습을 새긴 조각, 마말라푸람(Mamallapuram)

려 앉는 모습을 취한다.[35] 그리고 등은 곧추 세워서 넓적다리와 90도 각도를 유지한다. 이 자세는 '소젖 짜기 자세'(godohāsana)라고도 하며 마하비라가 완전지(完全知)를 얻었던 때에 취했던 자세로도 잘 알려져 있다.[36]

미덕의 보석 고행은 총 480일 동안 지속되는 것 외에도 위와 같은 명상을 병행하기 때문에 매우 어려운 고행법이다. An.에서는 이 고행을 실천한 수행자의 예로서 가우타마 쿠마라(Gautama Kumara), 아티묵타(Atimukta) 등의 여덟 사례를 전하고 있다. An.에 따르면 그들은 모두 전지자(全知者)가 되어 해탈을 얻었다고 전한다.

이와 같이 여러 가지 단식 수행을 실천하는 경우에 주의할 점이 있다. 단순히 음식을 끊는 것이 모두 고행으로서의 단식이 되는가 하는 점이다.

자이나교에서는 단순히 음식을 끊는 단식이거나 음식을 먹지 못하여 허기진 상태를 견디고 있는 것만으로는 고행이라 할 수 없다고 한다. 반드시 자기 영혼의 정화를 위한 목적을 가지고서 단식을 실천하는 경우에만 '아나샤나(anaśana) 고행'이 완성된다고 강조한다. 그런 경우에 한하여 아나샤나 고행은 신체와 결합된 영혼의 정화가 동시에 이루어진다고 본다.[37] 그리고 단식을 통한 이점은 몸의 상태가 변함으로써 즉시 알 수 있을 뿐만 아니라 정신적인 이점(利點) 또한 수행자 스스로가 자기만족을 경험하는 것으로써 입증된다.

(3) 현대 단식 의례의 실제

현대 자이나교에서도 단식(upavāsa)은 중요한 의식의 하나로서 범교단적(汎教團的)으로 일정한 시기에 거행된다. 단식은 식욕을 조절함으로써 마음까지도 제어하여 궁극적으로 업을 정화해 나가는 과정으로서, 기본적으로는 12시간 또는 24시간 동안 지속되는 단식을 자주 행해야 한다. 수많은 자이나 교도들은 매달 2~4일 정도의 정기적인 단식을 행함으로써 음식에 대한 욕망을 제어하고자 노력한다.

일반적으로 매달 행해지는 정기적인 단식은 2일 동안 행해진다. 즉 매달 흑분(黑分, kṛṣṇa-pakṣa)과 백분(白分, śukla-pakṣa)의 제14일째에 단식하거나, 매달 4일 동안 단식한다.[38)]

자이나교의 행동 준칙에 따르면 단식이란 그 날 내내 한 방울의 물조차 입 속에 넣지 않는 것이며 말 그대로 온전히 단식해야 한다. 그렇지만 이렇게 완벽하게 실천하기란 매우 힘들기 때문에 어떤 사람들은 매달 규칙적으로 반단식(半斷食, ekāsana)만을 실천한다. 반단식이란 단식하는 하루 중에 단 한 차례의 음식과 물을 취하는 것을 말한다. 물론 완전한 단식이 반단식보다 더 가치가 있으며, 단식을 실행하는 경우에도 완전한 단식을 하는 것이 상례이기도 하다.[39)]

자이나 교단에서 행해지는 갖가지 단식 수행 중에서도 파리유샤나(paryūṣaṇa) 기간 동안 실행하는 단식이 가장 신성시된다.

파리유샤나는 자이나 교단의 대표적인 축제로서 다른 말로는 '파리유샤나 마하 파르바(paryūṣaṇa mahā parva)'라고도 한다. 파리유샤나라는 말은 'pari(모든 것) + ūṣaṇa(태우다, 떨치다)'에서 유래한 것이며 '모든 형태의 업들을 없애는 것'이라는 뜻이다. 그 목적은 정해진 기간 동안 영혼을 정화시키는 데 있으며 그 동안 자신이 저질렀던 모든 죄업들을 참회하고 용서를 구한다. 공의파와 백의파, 모두 엄격하게 파리유샤나 동안의 단식을 준수하지만 그 시기와 행하는 방식에서는 차이가 있다.

자이나 교도의 단식의 실상에 대해서 설문 조사를 마친 빌라스 아디나트 산가베는 다음과 같이 말한다.

> 단식을 준수하는 사람들 중 거의 2/3 가량이 1년에 한 차례 정도 단식을 하는데, 바로 파리유샤나의 마지막 날, 즉 백의파에게는 상밧사리(saṃvatsarī)라고 하는 날이고, 공의파에게는 아난타차투르다쉬(anantacaturdaśī) 날이다.
>
> 상밧사리 또는 아난타차투르다쉬 날의 단식이 널리 지켜지는 이유는 일 년 중 가장 신성한 날로 여기기 때문이다. 파리유샤나 축제는 다른 어떤 축제보다도 더 중요시된다. 통상적으로 파리유샤나의 첫째 날과 마지막 날은 단식을 행하는 것이 보통이다.[40)]

백의파의 파리유샤나는 슈라바나(śrāvaṇa) 달의 흑분 12일째에 시작하여 바드라파다(bhādrapada) 달의 백분 5일째에 끝난다. 이처럼 8일 동안 계속되는 파리유샤나를 지키는 특별한 목적은 일 년 동안의 죄를 용서받는 데 있으며 그 기간에 사람들은 갖가지 엄격한 방법으로 단식을 준수한다. 어떤 사람들은 8일 내내 단식하고 많은 이들은 그 중 어떤 날을 정해서 단식하거나 8일 동안 특별히 맛있는 음식을 격일로 섭취하기도 하지만, 마지막 날인 상밧사리 날에는 모두가 사원에 모여서 엄숙히 단식을 거행한다.

백의파의 8일 동안의 파리유샤나가 끝나는 마지막 날에 공의파의 다샤라크샤나 파르바(daśalakṣaṇa parva)가 시작된다. 공의파의 파리유샤나는 해마다 바드라파다 달의 백분의 5일부터 14일까지, 그 두 날을 포함하여 열흘 동안 계속된다.[41)] 이 기간 동안 모든 남녀는 각자 자신의 능력껏 단식을 행한다. 소수의 사람들은 열흘 내내 그 어떤 음식도 먹지 않고 단식을 하며, 많은 사람들이 그 기간 동안 하루 한 차례만 음식을 섭취한다. 파리유샤나의 마지막 날은 아난타차투르다쉬로 특별한 의식이 행해진다. 공의파에서도 모든 사람이 그 날 단식하며 온종일 사원에서 보낸다.

이러한 범교단적 단식 의식을 제외하고 일반적으로는 우기(雨期)의 넉 달 동안에 단식을 행하는 사람이 많다. 그 이유는 우기라는 특별한 기후 조건이 살생의 계를 범하기 가장 쉬운 달이라는 자이나교의 전통적 관념 때문이다. 자이나 교도들은 이 기간 동안에는 스스로 정한 규칙에 따라서 금욕하며 단식을 실천하는 경우가 많다.

그 외에 단식을 하지 않는 사람들도 고수풀(coriander)과 박하(mint)를 제외한 푸른 잎채소를 비롯하여, 양파·마늘·감자·근채류 등을 제한 식품으로 정하고 먹지 않는다. 그리고 보다 더 엄격한 이들은 최소한 첫 두 달 동안 특정한 푸른 잎채소(lilothri)와 같은 것을 전혀 먹지 않는 규칙을 정하고 실천하기도 한다.

5. 주생활 원리

(1) 일처 부주

자이나 수행자를 가리키는 이계자(離繫者, nirgrantha)라는 말은 본래 '집을 포기하는 것'을 뜻하는 말에서 비롯되었다.

슈라마나 전통에서 출가 생활이란 속박(granthi)을 의미하는 집(āgāra)을 벗어나서 수행에 전념한다는 것을 의미한다.[42] 또한 출가 생활은 집을 포기하는 동시에 일체의 소유물로부터 벗어난 생활을 하게 되므로, 이계자는 곧 불소유를 상징하며 불소유가 곧 불구속으로서 자유를 상징한다고 여겨졌다. 이러한 불소유, 불구속의 이상이 편력 부주(不住)라는 생활 형태를 낳았다.

고래로부터 한 곳에서 다른 한 곳으로 옮겨 다니는 편력 부주를 기본으로 하여 생활하던 슈라마나들의 수행도는 편력행과 독거주(獨居住), 두 가지로 요약할 수 있다.

일처(一處) 부주의 편력행과 인가에서 멀리 떨어진 장소에서의 독주(獨住), 이것은 주생활을 중심으로 하여 슈라마나의 수행도를 2종으로 구분한 것이다. 특히 편력행은 자이나 교단에 국한되지 않으며 모든 슈라마나에게 공통적인 특징이다.

예컨대 대표적인 5종 슈라마나로 열거되는 이계파(nirgrantha), 석가파(釋迦派, śākya), 고행파(tāpasa), 적의파(赤衣派, gaurika ; 遍歷派), 사명파(邪命派, ājīvika) 모두 편력행과 독거주라는 수행도에서 예외가 아니었다.[43]

이와 같이 편력 고행을 하던 수행자들은 예로부터 돌, 나무, 풀, 맨땅 등을 잠자리나 깔고 앉는 자리로 이용하였으며,[44] 맨바닥에서 잠을 자는 것(kṣiti śayana)은 수행자의 기본적인 의무 중 하나이다.

수행자는 어떠한 경우에도 집이나 건물을 사용해서는 안 되는데 그것은 그 집의 크기와는 전혀 상관없다. 그것이 금지되는 이유는 자기 제어와 다른 생명에 대한 불살생서를 준수하기가 어렵기 때문이다. 따라서 수행자는 그 누구도 자기 소유의 집이 없다. 그래서 '집이 없는 자'(anagāra)라고 불린다. 또한 이 말은 자연스럽게 재가자가 '집이 있는 자'(sāgāra)라고 불리는 것과 대비되어서, 집이 없다는 것이 곧 수행자 또는 고행자를 지칭하는 말로 자리 잡게 된 계기가 되었다. 그리고 아나가라(anagāra)는 같은 의미에서 니라가라(nirāgāra)라고도 하며, 니라가라에 대응하여 재가자는 아가라(āgāra)라고도 한다.

이처럼 한곳에 머물지 않는 자이나 수행자들의 편력행에는 지역적인 제한이 뒤따른다. 예컨대 고대 시대에는 동쪽으로 마가다, 남쪽으로 코삼비, 서쪽으로 투나, 북쪽으로 쿠날라까지만 움직일 수 있도록 지역적인 범위가 제한되어 있었다든지, 삼프라티(Samprati) 시대부터는 마가다, 앙가, 방가, 칼링가, 카쉬 …… 케가이앗다 등 25.5개 나라로 확대되었다든지 하는 제한이 있었다.[45]

편력 부주를 주생활 원칙으로 삼는 수행자들은 항상 보행 용심에 근거하여 편력행을 해야 한다. 따라서 보행 용심이 주생활 원칙의 근간을 이루는 규칙이라고 할 수 있다.

(2) 우기 안거

일처 부주를 주생활의 원칙으로 삼는 수행자들에게 예외적인 예가 바로 우기 안거 또는 우기 정주(定住)이다. 우기 동안 한곳에 머물러 정주하는 것은 슈라마나 전통에 따른 편력행 원칙과 상반되는 것이다.

일반적으로 자이나 교단은 우기(cāturmāsa ; cāturmāsya)에 안거를 시행한 최초의 교단이라고 알려져 있다. 그러고 나서 불교가 그에 영향을 받아서 안거를 시행하게 되었다고 전한다.[46)]

안거를 정하게 된 계기는 우기 동안에 생명체의 성장과 번식이 훨씬 더 활발히 이루어진다는 데 있었다. 이는 인도 특유의 기후 환경이 작용한 수행 원칙이라고 할 수 있다.

몬순 기간인 넉 달 동안 땅은 생명력을 회복하고 모든 생물들이 활발하게 생장하며 식물이 싹을 틔우는 시기이다. 따라서 편력하는 수행 방식은 살생을 범할 가능성을 높이게 된다. 이러한 우려 때문에 자이나교의 스승들은 편력행 원칙의 예외로서 1년 중 우기 넉 달 동안만 한곳에 머물러 정주 수행을 하는 것을 또 다른 원칙으로 삼았던 것이다.

안거는 우기의 기간을 어느 정도로 정하는가에 따라서 최소한의 안거, 중간의 안거, 최대한의 안거 등의 세 가지 구분이 있다.

첫째, 최소한의 우기 동안은 가장 극심하게 비가 지속되는 약 70일 동안 안거하는 것이다.

둘째, 중간의 우기 동안이란 약 120일 정도의 안거를 뜻하며 몬순 기간 동안 한곳에서 안거하는 것이다. 특히 이 기간은 1년을 3분하여 세 계절로 헤아리는 경우에 해당한다.

셋째, 최대한의 우기 동안이란 아샤다 달부터 므리가쉬라 달까지 약 6개월에 걸친 안거를 뜻한다.[47)]

이러한 우기 동안 수행자들이 안거하는 거처는 우파슈라야(upāśraya) 또는 바사티(vasati)라고 부른다. 본래 우파슈라야는 '머무는 곳, 집, 시설' 등을 뜻하고, 바사티는 '거처'를 가리킨다. 현재 자이나 교단에서는 우기 때뿐만 아니라 평상시에도 수행자들이 생활하거나 머물고 있는 건물을 가리켜 우파슈라야라고 한다. 이 호칭에는 일반적으로 성상이 봉안되어 있는 사원 건물과 구분하려는 의도가 들어 있다. 그러나 초기 교단에서는 수행자가 일정한 거처에 머무는 것은 안거 기간에 한정되며, 비록 몇 달 동안 지속되기는 하지만 어디까지나 일시적인 장소이므로 우파슈라야는 고정적인 거처가 될 수 없다.

Ac.의 우파슈라야 용례에서도 보듯이,[48] 재가자가 자신의 용도에 따라 어떤 시설이나 건물을 지어 놓았으나 수행자들이 우기 안거를 목적으로 그러한 곳에 머물게 되면 곧 우파슈라야가 된다. 그러한 전통이 이어져서 현대에는 수행자의 일상적 거처를 우파슈라야라고 부르거나 자이나 교단의 수행처를 가리키는 말로 쓰이고 있다.[49]

Ac.에서는 우파슈라야에 대한 세심한 규정들을 열거하고 있는데, 그 요체는 불살생서의 준수에 있다는 것을 쉽게 알 수 있다. 예컨대 수행자가 우기 동안 머무는 장소는 흠 없이 완전하고 깨끗한 곳이어야 하며 수행자의 고행 생활을 방해할 만한 것이 전혀 없어야 하고 살상을 범할 우려가 없어야 한다는 것 등이다. 특히 수행자가 살상을 범하지 않기 위해서는 우파슈라야를 선택할 때부터 주의해야 하는데 만약 어떤 생명체의 알이나 거미줄이 있는 경우에는 미리 피할 것을 권한다.

불살생서의 준수를 위해서 예외적으로 우기 안거를 허용한 만큼 수행자의 거처를 정하는 데에도 불살생 원리를 적용시키는 것은 매우 당연한 일이라 여겨진다.

6. 일상적 수행법

(1) 목욕과 양치의 금지

자이나 수행자는 아무리 더운 열기로 인해서 고통스럽더라도 목욕해서는 안 된다는 것을 원칙으로 삼고 있다. 그 이유는 물을 사용하는 것은 곧 오염시키는 것과 다르지 않고, 그로 인해서 수체(水體) 존재를 살상하기 때문이다. 이러한 '목욕 금지'(asnāna)의 원칙 때문에 자이나 수행자들이 더럽다는 오해를 받기도 하며, 다른 교단으로부터 비난을 받는 이유가 되기도 한다.

그렇지만 그와 반대로 자이나교에서는 특히 『아그니 푸라나』에 근거한 다섯 가지의 암소의 산물들(pañcāmṛta), 즉 우유, 응유(凝乳), 버터 기름, 소똥, 소 오줌 등으로 목욕하는 힌두 의례의 허망함에 대해서 신랄한 비난을 가한다.[50] 다시 말해서 힌두 교도들의 목욕을 통한 정죄(淨罪) 의례가 전혀 무용(無用)한 의식일 따름이며, 목욕을 통해서 죄를 씻어 주는 어떠한 신격(神格)도 존재하지 않으며 인정할 수도 없다고 한다. 따라서 힌두교의 목욕 의례는 부질없는 미신에 불과하다고 본다.

그리고 목욕 금지와 더불어서 '양치(養齒) 금지'(adantadhāvana)도 수행자의 의무 중의 하나이다. 원칙적으로 수행자는 교단에 입문한 이후로는 치아를 닦아서는 안 된다.

인도에서는 옛날부터 님(neem) 나뭇가지 등을 꺾어서 양치 도구로 사용해 왔으며 이는 지금도 흔히 볼 수 있는 관습 중 하나이기도 하다. 그런데 자이나 교도들은 양치할 목적으로 나뭇가지를 꺾어 내는 것은 식물체(植物體) 존재를 상해하는 결과를 낳기 때문에 불살생서에 위배된다고 보았다. 그렇지만 이 점 또한 엄밀한 의미에서 볼 때 완전히 준수되고 있다고 말하기 어려울 것이다.

(2) 삭발과 털 뽑기

인도 종교적 전통에서 출가자(pravrajita)가 되는 것은 인생의 한 단계에서 또 다른 단계로 옮아가는 입문 과정으로서, 특히 출가 양식은 슈라마나 교단을 대표하는 전통이다. 그런데 고래로부터 슈라마나 교단에의 입문을 상징하는 대표적인 특징 중 하나로서 삭발(削髮) 또는 체발(剃髮)이 꼽힌다.

St. 5. 조사의 절 234.에서는 24명의 조사들 중에서도 특히 스스로 삭발하고 고행자가 되었던 다섯 조사에 대해서 다음과 같이 열거하고 있다.

> 다섯 조사들은 스스로 삭발하고, 왕자였던 재가 신분을 포기한 뒤에 고행자가 되었는데, 그들은 바수푸지야, 말리, 아리슈타네미, 파르슈와, 마하비라이다.[51)]

다섯 조사들은 12대 바수푸지야(Vāsupūjya) 조사, 19대 말리(Mallī) 조사, 22대 아리슈타네미 조사, 23대 파르슈와 조사, 24대 마하비라 조사 등이다. 그런데 일반적으로 조사들은 모두 입문 당시에 의지하는 스승이 없는 상태였다고 여겨지고 있다. 그러므로 위의 다섯 조사뿐 아니라 나머지 조사들도 스승 없이 스스로 출가, 삭발을 단행한 것으로 보아도 무방할 것이다.

또한 인도에서는 고대로부터 케샨타(kešānta) 또는 고다나(godāna)라고 하여, 머리와 몸의 털들을 없애는 삭발 의식을 행하던 전통이 이어져 왔다. 특히 아지비카 교도들이 "야자수 잎사귀의 잎맥으로 자신의 머리카락을 뿌리째 뽑았다."라는 것을 볼 때,[52] 머리카락 등의 털을 뽑는 것이 자이나 교단에서만 행했던 수행법이 아니었다는 것을 알 수 있다.

그렇지만 자이나교에서는 삭발 또는 털 뽑기를 행하는 이유를 불살생서와 관련짓고 있다는 점에서 다른 학파의 수행과는 큰 차이가 있다.[53] 더욱이 이 수행법은 초기 교단에서부터 현대에 이르기까지 끊이지 않고 이어져 온 전통이기도 하다.

현대 자이나 교단에서는 출가자의 입문식 때 기본적으로 삭발과 털 뽑기를 시행하고 있으며, 이후에는 교단의 규정과 관례에 따라서 정기적으로 실행한다. 그리고 입문식 전에 머리 꼭대기의 털을 약간만 남겨 두고 모두 삭발해 둔 다음에 실제 입문식 의례 중에는 남겨 둔

〔그림 7〕 머리털을 뽑고 있는 마하비라

머리털을 상징적으로 뽑는 것이 일반화되어 있다. 평소에 공의파 수행자들은 아무 도구 없이 자발적으로 자기 손으로 머리털, 수염, 콧수염 등을 뽑는다. 일반적으로 석 달에 한 번씩 뽑는데, 그 날은 단식을 한다. 이는 마치 농부가 들판에서 잡초를 뽑듯이 털을 뽑는다는 식으로 비유를 들어 말하며 그와 동시에 우리 가슴속에서 악덕도 뽑아 내는 것이라고 한다.

또 한편으로 이 수행법은 빗과 비누를 사용하여 머리털을 감는다면 살상과 소유(parigraha)의 기회가 많아지기 때문에 생겨난 것이라고도 한다. 그 밖에도 머리털을 다듬고 장식하는 것은 결국 성적인 자극을 유발시키며 그 결과 불음행서도 지키기 어렵게 되기 마련이라고 설명하고 있다. 그런데 이와 같은 자이나 수행자들의 털 뽑기는 단식행과 함께 "자기 학대와 자기 절제의 극단적인 형태를 강조하고 있다는 것을 보여 준다."라는 식의 비난의 소재가 되기도 한다.[54)]

(3) 입 가리개와 털채

입 가리개(mukhapattī)와 털채(rajoharaṇa ; 羽根箒)는 불살생서의 준수를 직접적으로 표면에 드러나게 보여 주는 것으로서 자이나교의 불살생주의를 표징적(表徵的)으로 나타내고 있다고 해도 과언이 아니다. 그런 까닭에 특히 털채는 자이나교를 상징하는 도상에 탁발 그릇, 즉 발우와 함께 채용되기도 한다.

입 가리개는 풍체(風體) 존재에 대한 살생을 범하지 않기 위해서 채용된 것이며, 털채는 앉거나 걸을 때 미세한 생물들을 살상하지 않

도록 항상 소지(所持)하고 사용한다.[55)]

St. 5. 123.에서 다섯 가지의 현명한 태도 중에, 입 가리개와 털채를 사용하는 것을 열거하고 있다.[56)]

〔그림 8〕 입 가리개와 털채

따라서 입 가리개와 털채가 상당히 초기 교단에서부터 사용되어 온 것이 분명하다고 여겨지지만 정확히 마하비라 당대부터 또는 그 이전부터 사용되었는가 하는 점은 분명하지 않다.

입 가리개는 자이나 교파 중에서도 특히 스타나카바시 파와 테라판티(terāpanthī) 파의 수행자들은 필수적으로 착용하지만, 공의파 수행자들은 착용하지 않는다. 그러나 털채는 교파를 불문하고 대부분의 수행자들이 소지하고 다니는 필수품이다.

St. 5. 191.에서는 털채의 종류로 다섯 가지를 한정한다.

> 이계자와 이계녀는 다섯 가지의 털채를 지니고 사용할 수 있는데 아우르니카, 아우슈트리카, 사니카, 발와지야, 문지야이다.[57)]

각각의 털채는 재료에 따라 구분된 것이다. 즉 양털로 만들어진 아우르니카(aurṇika) 털채, 낙타털로 만들어진 아우슈트리카(auṣṭrika) 털채, 삼베로 만들어진 사니카(sānika) 털채, 발와자(valvaja) 풀로 만든 발와지야(valvajiya) 털채, 문자(muṃja) 풀로 만들어진 문지야(muṃjiya) 털채 등이다.

불소유라는 근본적인 서약에도 불구하고, 털채는 말 그대로 무엇인가를 털어 내기 위해서 수행자가 소지할 수 있도록 예외적으로 허용되는 물품이다. 하지만 현대에 이르러 털채의 소재 면에서 볼 때에는 경전의 규정과는 차이가 있다. 현재 자이나 교단의 어느 부파를 막론하고 털채의 손잡이는 주로 나무로 만들어진다. 그렇지만 털의 소재는 각기 다르다. 예컨대 현대 공의파에서는 공작의 꼬리털로 털채를 만든다. 전통적으로 공의파에서는 나체행만큼이나 털채를 소지하는 것을 중요시하고 있는데, 특히 공작의 꼬리털로 만든 털채는 백의파를 비롯한 여러 분파의 털채와도 확연히 구분되며 공의파의 외면적 특징으로 꼽히는 사항이다.

이와 관련된 한 가지 일화를 덧붙이자면, 카슈타(Kāṣṭha) 교단을 창시한 쿠마라세나(Kumārasena)가 공작 꼬리털을 황소 꼬리털로 바꾸려고 시도했던 적이 있었다고 한다.[58] 그 일을 계기로 하여 쿠마라세나는 교단에서 추방당하고 말았으나 그의 의도가 어디에 있었든지 간에, 공작 꼬리털이든지 황소 꼬리털이든지 동물 털 소재의 털채를 소지하는 것은 엄격한 불살생주의를 토대로 한 다른 수행법들과는 적잖은 괴리감이 느껴진다. 반면에 현대 백의파에서는 주로 모직술로 된 털채를 소지한다. 이는 경전에서 언급한 '양털로 만든 아우르니카 털채'에 해당한다. 그렇지만 이러한 백의파의 털채는 불살생주의 원칙과 조화를 이룬다고 볼 수는 없을 것이다. 털채 자체의 재료보다는 털채라는 도구를 통해서 실현하고자 하는 이념이 불살생서에 있다는 점이 보다 큰 의의라고 보아야 할 것이다.

7. 정사서

자이나교의 출가자와 재가자는 교단에 입문하여 5서를 받은 뒤에 선택적이며 부가적으로 할 수 있는 서약이 정사서(正死誓, sallekhanā-vrata ; saṃlekhanā-vrata)이다. 정사의 서약은 재가와 출가를 불문하고 누구나 할 수 있는 것이다. 정사의 완성은 바로 존재의 최종 단계라고 할 수 있는 '죽음'이며, 그것은 재가와 출가를 불문하고 예외가 없기 때문이다. 그런데 이러한 정사가 불살생 원리와 배치되는 자기 살해, 즉 자살이 아닌가 하는 논란이 끊임없이 제기되고 있다. 이 점은 불살생주의와의 괴리성뿐만 아니라 자이나교의 고행이 지나친 극단주의라는 비난과 맞물려서 진행되어 왔다.

(1) 정사의 정의

자이나교에서 이상적인 죽음이자 가장 올바른 죽음이라고 여기는 임종 방식이 바로 '살레카나'(sallekhanā)이다. 그런데 살레카나는 자이나교의 전문 용어로서, 타 학파에서는 쓰이지도 행해지지도 않는 자이나 고유의 수행 전통으로 알려져 있다. 그와 달리 일반적으로 죽음에 이르도록 음식을 끊는 것은 프라요파베샤나(prāyopaveśana)라고 하며 자이나교의 살레카나와는 엄밀히 구분하여 사용한다.

자이나교에서 살레카나라는 말은 다음과 같이 분석된다.

sallekhanā < saṃlekhanā = sat + lekhanā

여기서 '사트'(sat)란 '바르다, 옳다'라는 뜻이고 '레카나'(lekhanā)란 '축소하다, 황폐해지다, 여위게 하다'라는 뜻이다. 이 두 단어를 결합시킨 살레카나의 함의는 '자신의 예탁과 신체를 올바른 방식으로 축소시키는 것'이다.

앞서 설명했듯이 예탁(kaṣāya)에는 네 가지, 즉 분노 · 교만 · 기만 · 탐욕이 있다. 이러한 4종 예탁은 업을 야기하는 최대의 원인들로 간주되며 '근본 예탁'이라고 한다.

예탁과 몸은 업을 야기하는 주요 통로가 되기 때문에 무엇보다도 이것에 대한 제어와 조절을 중시하는 것은 자이나 철학의 기본 입장이다. 이러한 입장을 임종에 대해서도 확장시킨 수행 방안이 바로 살레카나라고 할 수 있을 것이다.

이러한 살레카나를 가리키는 여러 가지 다른 이름이 있다.

첫째, 삼매사(三昧死, samādhi-maraṇa)이다. 말 그대로 마음이 평정한 명상의 상태, 즉 삼매의 상태에서 임종을 맞는다는 것을 뜻한다.

둘째, 현인사(賢人死, paṇḍita-maraṇa)이다. 판디타, 즉 '학식 있고 존경받는 스승'의 죽음이라는 뜻에서 붙여진 이름이다. 누구에게나 제한 없이 열려 있기는 하지만 쉽사리 아무나 실행할 수 있는 것이 아니기 때문에, 고래로부터 지혜를 갖춘 탁월한 스승들이 해 왔던 것이라는 뜻이 담겨 있다.

셋째, 단식사(斷食死, anaśana-maraṇa)이다. 살레카나를 행하는 주된 방식이 단식이기 때문에 '단식을 통한 죽음'이라는 뜻에서 부르는 이름이다.

넷째, 임종사(臨終死, saṃthārā)이다. 상스타라카(saṃstāraka)에서 유래한 산타라의 본래 뜻은 '잠자리, 침상(寢牀)'이라는 뜻이다.[59] 그렇지만 살레카나와 동일한 용례로 쓰일 때에는 '단식'이라는 뜻을 갖는다. 그래서 스승으로부터 살레카나의 허락을 받은 뒤에 행하는 서약을 '살레카나 산타라 브라타'(sallekhanā saṃthārā vrata)라고도 한다. 일반적으로 '살레카나 산타라'라고 함께 붙여서 쓰고 있는데 이는 '단식으로 죽음에 임하는 것'이라고 풀이할 수 있다.

이상의 여러 가지 이름 외에도 살레카나는 흔히 제의사(祭儀死)라고도 한다. 제의를 통해서 죽음을 맞이한다는 뜻의 제의사에는 순사(殉死, satī)와 같이 제의(祭儀)를 통해서 희생되는 경우도 포함된다.[60]

필자는 자이나교에서의 살레카나라는 말의 본뜻도 그러하지만 자이나 교도들 사이에서 가장 '이상적으로 꼽히는 최상의 죽음의 형태'를 뜻하기 때문에 정사라고 번역하였다.

자이나교에서의 '올바른 죽음', 즉 정사에는 정견·정지·정행이라는 3보(ratnatraya)와 더불어서 최종적인 삶의 단계에서 실천하는 바른 수행법이라는 의미도 부여할 수 있으리라 본다.

그러나 이러한 이상적인 죽음과는 달리 일반적인 평범한 죽음은 범부사(凡夫死, bāla-maraṇa)라고 한다. 이는 지혜 없는 사람의 죽음 형태로서, 그 경우에 특징적인 것은 죽음 이후에 대한 공포심으로 인해서 죽음을 맞는 것이 고통일 뿐이고, 오로지 죽음을 회피하고자 애를 쓴다는 점이다. 범부사는 바라지 않는 죽음, 즉 무욕사(無欲死, akāma-maraṇa)라고도 한다.

자이나교의 스승들은 현대 과학과 의과(醫科) 학문의 발달로 인해서 늘어나게 된 것은 무지(無知) 속에서 고통만 늘리는 범부사일 뿐이라고 말하고 있다.

US. 제5장에서는 무욕사에 대해 설명하고 있는데, 야코비는 무욕사를 '자기 의지에 반하는 죽음'이라고 번역한다.[61]

이 장에서는 무지한 사람들은 자신의 의지와 달리 죽음에 이른다고 하면서, 현인의 죽음을 유욕사(有欲死, sakāma-maraṇa)라고 하며 양자를 대비시켜 설명하고 있다.[62]

특히 US. 5. 4.에서는 "무지한 사람들이 자기 의지에 반하여 죽는 이유는 쾌락에 집착해 있고 매우 잔인한 행위를 하기 때문"이라고 한다.[63]

여기서 우리는 범부사와 정사의 차이 또한 불살생서의 준수 여부에 따라 달라진다는 것을 재확인할 수 있다. 그리고 범부사의 경우에는 욕망에 집착한 상태로 죽음에 직면하기 때문에 죽기를 바라지 않으나 죽음에 이르게 되는 반면에, 현자의 경우에는 욕망에서 벗어나 있기 때문에 죽음을 거스르지 않는다는 뜻에서 '의지에 따른 죽음' (sakāma-maraṇa)이라고도 한다.

사카마 마라나는 무욕사(akāma-maraṇa)와 대비하여 유욕사라고 번역할 수 있지만, 이는 죽음 자체를 원하는 경우, 즉 자살(ātma-ghāta)을 의미하는 것은 결코 아니다.[64] 이와 관련하여 야코비는 US. 5. 3.에 대한 해설에서 사카마 마라나는 전지자(全知者, kevalin)의 경우에만 가능하다고 보았다.

US. 5. 3.은 다음과 같다.

> 자신의 의지에 반하는 죽음은 무지한 사람들의 죽음이며, 그것은 〔그 같은 사람에게〕 여러 번 일어난다. 자신의 의지에 따른 죽음은 현명한 사람들의 죽음이며, 그것은 잘 해야 단 한 번 일어난다.[65)]

야코비는 이 구절에 대해 전지자의 죽음은 단 한번이지만 다른 성인들은 해탈(mukti)에 도달하기까지 7~8회 정도 이 죽음을 경험한다고 주석하고 있다.

(2) 정사의 실행 절차와 실례

1) 실행 절차

정사를 수행의 방법으로서 서약한 경우에, 이를 실행하고자 하여도 갑자기 시작할 수는 없다. 자이나 교단에서는 정사를 원하는 경우에 반드시 엄격한 절차에 따라야 한다는 것이 관례로 되어 있다.

An.에 나오는 다양한 정사의 절차를 요약하면 다음과 같다.

첫째, 먼저 자기 몸의 상태를 잘 살핀다. 이때 자신의 몸은 매우 쇠약해져서 기력이 고갈되어 겨우 움직일 수 있을 뿐이며, 일상적인 소소한 일조차 혼자 힘으로 하기 어렵고, 수행 생활을 해 나가는 데 몸이 도움이 되기는커녕 장애가 된 상태이다.

둘째, 교단의 스승에게 자신의 상태를 알린다.

셋째, 스승은 그것을 허락할 만한 가치가 있는지 고려한다.

넷째, 정사를 허락할 경우에 스승은 수행자에게 '살레카나 산타라 브라타'(sallekhanā saṃthārā vrata)를 준다.

다섯째, 살레카나 산타라 브라타의 구체적인 절차에 따라서 정사가 진행되기 시작한다.

여섯째, 살레카나 산타라 브라타를 받은 수행자는 모든 존재에 대한 용서를 구하는 참회를 행하며, 모든 악의나 적의의 감정을 버리고 명상에 전념한다.

마지막으로, 수행자는 결코 죽음을 적극적으로 원해서도 안 되고 두려워해서도 안 된다.

슈리 수야샤 무니(Śrī Suyaśa Muni)는 이러한 정사의 절차는 자이나 교단에서 2,500여 년 동안 변함없이 지속되어 온 전통적인 방식이라고 말한다.[66)]

이러한 절차를 통해서 정사 의식이 진행되는데, 여기에는 수행자가 살아 있는 동안에 갖가지 자제와 고행을 통해서 견지해 왔던 모든 노력이 한데 집약되어 있다. 따라서 정사 의식을 통해서 업을 떨쳐 내고 평정한 마음 상태에서 몸을 포기하는 것, 즉 죽음에 이를 수 있다는 것은 영혼의 순수 청정을 회복하는 데 가장 빠른 지름길이 될 것이라는 점은 의심할 나위가 없다. 자이나 업론에 따른 죽음의 정의는 물질적인 업이 순수한 영혼과 분리되는 상태라고 보기 때문이다. 이와 같이 자이나 교도라면 누구나 원하는 가치의 정점에 있는 것이 정사이다.

2) 단식 과정

정사서의 수행을 완성하는 데 왜 반드시 단식을 수반해야 하는가? 또한 정사와 단식은 불가분의 관계인가?

An.에 나타나는 다양한 정사의 사례들에서 '몇 회의 식사를 거른 뒤에 해탈했다.'라는 식의 묘사가 거의 매번 수반되듯이 자이나교에서는 정사를 완성하는 데 단식은 거의 필수적 과정으로 알려져 있다.

정사를 행할 수행자가 스승의 허락을 받은 뒤 단식을 해 나가는 구체적인 과정은 다음과 같다.

> 첫째, 수행자는 음식을 점차적으로 줄여 나간다. 이때 해당되는 식품은 주식(主食, aśana), 음료(pāna), 일반 음식, 맛있는 음식 등이 모두 포함된다.
>
> 둘째, 몸이 점차 더 쇠약해진다.
>
> 셋째, 몸이 허약해질수록 예탁도 약해진다.
>
> 넷째, 몸 상태에 따라서 음식의 섭취를 더욱더 줄여 나가다가 완전히 끊는다.
>
> 다섯째, 죽는 순간만을 기다리면서 오로지 명상에 전념한다.
>
> 여섯째, 평정한 상태로 명상 속에서 임종을 맞이한다.

An.에서는 이러한 정사의 과정은 수행자의 상태에 따라서 15일이 걸리거나 한 달이 지나서야 해탈에 이른다고 한다.

단식을 통해서 존재를 구성하고 있는 여러 종류의 생기들이 점차로 약화되어 가는 동시에 생존의 가능성도 약화되어 간다. 그런데 그러한 생기 중에서도 최후의 순간까지 남아 있는 것이 바로 수명과 관련된 생기이며, 수명을 유지시키는 생기가 완전히 소멸되는 순간에 비로소 절명(絶命)에 이르게 된다. 이러한 자이나교의 철학적 견지는 현대 의학과도 크게 배치되지 않는 내용이라는 평가를 받고 있다.

현대에 행해진 정사의 경우에 4일 만에 해탈한 경우, 40일이 넘은 경우 등이 있으며, 정사 수행의 완성에 정해진 기간이 있다고 말할 수는 없다. 전통적으로 최장기 · 중기 · 단기 등으로 정사의 기간을 3분하기도 한다. 즉 최장기는 12년, 중기는 1년 내외, 단기는 6개월 미만이다.

분명한 것은 정사의 수행이 점차적이며 단계적인 단식사의 형태를 취하고 있으며 그 시작점부터 이미 예견된 임종 또는 임박한 죽음에 직면해 있는 상태이기 때문에 급작스런 돌연사와는 거리가 먼 '자연사'에 가까운 양상을 띤다는 점이다.

더구나 자이나교에서는 존재의 수명은 각자의 수명을 결정하는 '수량(壽量, āyu) 업'에 의해 정해질 뿐이며, 자신을 포함한 그 누구도 수명을 조절하거나 개변(改變)시킬 수 없다고 한다. 만약에 자신의 수량 업을 거슬러서 극단적으로 단식을 감행한다면 스스로 제어를 못할 만큼 허기와 갈증의 고통을 심하게 느낄 것이며 결국 순수한 의지와 감정도 퇴색하고 말 것이다. 그렇지만 실제로 정사의 경우에는 허기의 고통뿐만 아니라 음식이나 음료에 대한 욕망도 전혀 느끼지 못하는 것이 사실이라 한다.

3) 실례

제24대 조사 마하비라의 부모가 모두 자이나식의 정사 방식에 따라 세상을 떠났다는 일화는 잘 알려져 있다. 그리고 흔히 자이나교의 바티칸 성지라고도 비유되고 있는 슈라바나벨라골라에 있는 두 언덕 중 빈디야기리(Vindhyagiri)는 찬드라굽타가 왕위를 물려준 뒤 자이나 교단의 수행자로서 고행을 한 장소로도 유명하다.[67] 특히 찬드라굽타는 암굴에서 고행을 하였고 임종에 이르러서는 정사로 생을 마쳤다. 그러한 일화를 계기로 빈디야기리는 찬드라기리(Candragiri)라는 이름으로 불리게 되었다. 그 굴은 지금도 잘 보존되어 있으며 중요한 순례지이기도 하다.

현대에 이르러서 행해진 정사 중에서 이목을 끌었던 유명한 사례는 아차리야 샨티사가라(Ācārya Śāntisāgara, 1873~1955년)의 죽음이다. 그는 정사를 올바르게 실천한 경우로서 인구(人口)에 회자되고

〔그림 9〕 인드라기리에서 바라본 찬드라기리, 슈라바나벨라골라

있는 대표적인 사례이다.

1955년 8월이었다. 인도 마하라슈트라 주에 있는 쿤탈라기리(Kunthalagiri)라는 성스러운 언덕 위에서 평화의 바다라는 뜻의 샨티사가라(Śāntisāgara)라는 노인이 의식에 따라 죽기 위한 단식을 하고 있었다. 그는 공의파 교단의 영적 스승인 아차리야(ācārya)였다. 탁발 수행자로서 35년을 보낸 그는 약 2,500년 전의 위대한 성자 마하비라가 규정해 놓은 거룩한 방식대로 자신의 임종을 맞이하고자 했다.

샨티사가라는 1920년부터 아무것도 소유하지 않았는데, 심지어 허리에 걸치는 최소한의 옷조차 몸에 지니지 않았다. 그는 맨발로 인도 전역을 샅샅이 돌아다녔고, 음식 공양은 하루에 단 한 번만 받았다. 게다가 발우 대신에 오로지 자신의 맨손을 썼을 뿐이다. 그는 낮 시간에는 거의 말이 없었고, 해가 진 뒤에는 전혀 말을 하지 않았다. 8월 14일부터 9월 7일까지는 물만 받아먹었다. 그러나 다른 사람의 도움 없이는 마실 수도 없게 되자 그것마저도 그만두었다.

마침내 그는 완전한 의식을 지닌 채 자이나 기도문을 외우면서, 9월 18일 이른 아침에 세상을 떠났다. 그의 생애와 죽음에 대한 성스럽고 올바른 태도는 널리 알려졌으며 인도 전역의 자이나 교도들이 그를 칭송하였다.[68)]

이와 같은 아차리야 샨티사가라의 사례에서는 그가 정사를 행하게 되었던 보다 직접적인 사유, 예컨대 어떤 질병의 유무 등에 대해서 상세히 알기는 어렵다. 그렇지만 그의 나이가 82세에 이르렀다는 사실로 짐작하건대 일반적인 자연사의 범주에 든다고 말할 수 있을 것이다.

이러한 사례에서 알 수 있듯이 자이나식 정사에 해당하는 그 어떠한 경우에도 인위적인 수명의 단축이라고 볼 수 있는 단서는 거의 찾아보기 힘들다.

(3) 정사의 자살성 논쟁

라다크리슈난은 불교와 달리 자이나교에서는 자살에 대해서 긍정적인 입장을 취했다고 보았다.

> 불교가 자살을 비난함에 비하여 자이나교는 그것이 삶을 확장시킨다고 주장한다. 만일 고행이 실천하기 어려운 것이라면, 우리의 감정을 자제하고 시련을 견뎌 낼 수 없다면, 자살이 허용된다. 12년 동안의 고행을 통한 준비가 갖추어지면 열반이 보장되므로 자살을 받아들일 수 있다고 주장하기도 한다.[69)]

그러나 가우타마 붓다가 언제나 자살을 비난했던 것만은 아니라는 사실을 초기 불경 곳곳에서 찾아볼 수 있을 뿐더러, 자이나교에서 '자살이 확장된 삶'이라고 한다든가 '허용된 자살'의 형태로 정사를 인정하고 있는 것도 아니다. 게다가 '열반의 보장'과 '자살의 용인 가능성'을 연관 지어서 설명하는 라다크리슈난의 입장에 대한 어떠한 문헌적 근거도 찾아보기 힘들다.

일찍이 "살레카나는 자살이 아니다."라는 단정적인 언명으로 책을 썼던 이는 투콜(T. K. Tukol)이었다.[70] 그는 세간에서 자이나교를 비판하는 대표적인 논란거리인 정사에 대해서 그것이 왜 자살이 아닌지 해명하고 있다. 그렇지만 그 책이 나온 이후에도 정사에 대한 오해는 그치지 않고 비난 또는 왜곡의 대상이 되어 왔다.

실제로 자살은 어느 종교에서든지 또 어느 사회 문화에서든지 금지된 행위로서 비난받는 것이 상례이다. 그렇지만 인류사 이래로 완전히 단절된 적도 없는 죽음 형태의 한 가지이기도 하다.

『법론』에서도 자살자를 위해서는 장례 의식을 거행하지 않으며 애도할 필요도 없다고 비난하듯이, 브라마나 전통에서 원칙적으로 자살은 금지된 행위이다.

물론 예외적인 경우도 있다. 예컨대 브라마나 신분의 살인자라든지 일생의 과업을 다 마친 경우, 극심한 질병에 시달린 경우 등에는 자살이 허용되었다. 또한 프라야가(Prāyaga)를 비롯한 성소(聖所)와 여러 성지(聖地) 등지에서 단식을 통해 종교적인 자살을 감행할 경우에는 천상에 태어나고 구원받는다는 관념에 따라 관습적으로 허용되기도 하였다.[71] 그렇지만 이러한 예도 브라마나 전통상 극히 예외적인 경우에 한정되는 것이며 자이나교에서 정사를 통한 죽음이 최상의 임종 방식으로서 찬송과 선망을 받고 있는 것과는 매우 다른 양상을 보여 주는 것이 사실이다.

자이나 교단 밖에서는 일반적으로 정사는 자이나 전통에서 행해지는 단식을 통한 '종교적 자살'일 뿐이라고 한다. 따라서 정사는 자이나 교의의 기본인 불살생 원칙과 배치되는 것으로서 교리상 괴리되는 결과를 낳았다는 비판이 따른다. 그러한 비판론자들은 '종교적 자살'도 본질적으로 자살의 범주에서 벗어나지 않으며 '자기 살해'는 명백하게 살생(hiṃsā)이기 때문이라고 한다.

요컨대 정사는 자이나 교의에서 강조하는 불살생주의와 가장 큰 괴리를 이룬다는 것이 그 비난의 요점이다. 풀벌레도 죽이지 않을 뿐만 아니라 공기 중에 떠도는 극미 존재조차 해칠까 두려워 입 가리개를 하고 다니면서도 스스로 단식사를 감행하는 자살, 즉 자기 살해라는 죄를 두려워하지 않고 이상적인 죽음의 방식으로 여긴다는 것은 모순이라는 것이다.

자이나교에서도 일부에서는 정사를 '죽는 기술, 죽는 방법'이라고도 번역하고 있듯이, 정사는 죽음에 이르러서 수행자 또는 자이나 교도가 어떠한 태도를 취하는 것이 이상적인가 하는 점을 반영하고 있으며, 단순한 자살과는 많은 차이점이 있다.

양자의 차이를 정리하자면 다음과 같다.[72)]

첫째, 감정 상태이다. 자살은 분노와 좌절감 등 감정이 강력히 작용하여 그런 감정의 영향 아래서 죽는 것이다. 반면에, 정사는 4예탁을 비롯한 일체의 감정에서 벗어난 채로 지극히 평온한 심신 상태를 유지한다.

둘째, 실행 동기이다. 자살은 환경에 의해 동요되었거나 자신의 욕망을 충족시키지 못하기 때문에 죽는 것이다. 반면에 정사는 그러한 동요도 없고 욕망의 충족 여부와는 무관하다.

셋째, 죽음에 대한 의지이다. 자살은 죽으려 하는 강한 의지 아래 어떤 힘을 이용하여 죽는다. 그렇지만 정사는 죽고자 하는 강한 의지가 없다. 자이나교에서는 일상적으로도 죽음 자체에 대한 욕망, 즉 죽고 싶어 하는 마음조차 가져서는 안 된다고 항상 강조한다.

넷째, 실행 수단이다. 자살의 감행 과정에는 예외 없이 폭력적인 수단이 쓰인다. 예컨대 독극물 · 무기 · 밧줄 등을 사용하거나 높은 곳에서 추락하는 것 등은 모두 자해를 초래하며, 그 경우에는 명백히 살상에 해당한다. 반면에 정사는 어떠한 폭력적인 수단도 사용하지 않는다.

다섯째, 성격적 경향이다. 자살을 감행하는 사람은 죄를 지었거나 비겁한 마음 상태 또는 비열한 태도를 갖기 십상이다. 반면에 정사는 경건한 태도를 지니며 모든 이들이 그 수행자를 성스럽다고 느낀다.

그런 까닭에 자이나 학자들은 '정사는 결코 자살이 아니다.'라고 단언한다. 그러나 위와 같은 차이점에도 불구하고 정사가 자살이라고 보는 주장에서는 음식을 끊는 행위가 곧 소극적인 자살 행위와 다르지 않다고 말한다. 음식을 천천히 단절해 나가는 과정, 즉 단식은 고의적으로 죽음을 계획한 것으로 자살과 동일하다는 것이다.

그렇지만 자이나교에서는 정사에서 단식의 과정은 허약해진 신체의 상태와 밀접한 관련이 있을 뿐이라고 반박한다. 만약 자살을 위해서 단식을 감행한다면 항상 그리고 분명히 정사의 경우보다 급격히 이루어질 것이며, 위에서 말했듯이 감정의 상태도 정사의 예와는 확연히 다를 것이다.

중요한 것은, 정사의 과정으로서의 단식과 자살을 목적으로 감행하는 단식은 그 내용과 목적이 전혀 다르다는 것이다. 단지 외면상 '단식'이라는 방식을 취했을 뿐이며, 가장 중요한 마음과 감정 상태가 자살과는 다르기 때문에 정사는 결코 그 주체가 원하고 '바라는 죽음'이 아니다. 더구나 '바라지 않는 죽음'의 형태에 해당하는 것은 더더욱 아니다. 그러므로 정사는 불살생서를 위배하는 것은 아니라고 할 수 있다.

그리고 분명한 것은 자이나교에서 정사의 순수성은 일반적인 자살과는 비교할 수 없는 성스러움을 부여받고 있으며, 자이나 교의에 따른 모든 수행을 완성시키는 궁극적이고 최종적인 국면을 보여 준다는 점이다. 동시에 정사서는 그 수행자가 일생 동안 자신이 실천해 왔던 여러 가지 서와 수행 규칙들을 얼마나 올바르게 쌓았는지 그 높이를 증명해 내는 최후의 시험대이기도 하다.

정사의 핵심은 그것이 어떠한 두려움이나 공포감 없이 죽음에 이르게 되는 최선의 방법을 강구한 결과이며 결코 자살 행위 자체로서 금생의 삶을 종식하는 데만 목적이 있는 죽음과는 엄연히 다르다는 점이다. 따라서 당연한 귀결로서 정사는 '자기 살해'의 성질을 갖는 자살의 범주에 포함시킬 수 없다. 자살은 불살생 원리를 적극적으로 침범하고 업의 축적을 초래하지만 오히려 정사는 일생토록 쌓았던 업들을 제어하고 지멸시키는 결과로 나아간다는 데서 양자의 차이가 두드러진다.

죽음의 본질과 의미를 알지 못한 경우에는 두려움을 갖기 마련이다. 자이나교에서는 살아 있는 동안 죄를 많이 지었을 경우에 다음 생에 대한 염려로 인해서 죽음이 공포로 가득한 암흑으로 느껴진다고 한다. 그러나 자이나 교의에 따른 수행을 충실히 해 온 사람이라면 그러한 공포를 느끼지 않을 것이다. 왜냐하면 그는 더 이상 욕망이나 집착에 얽매이지 않을 만큼 감정을 제어할 수 있기 때문이다. 그리하여 마치 헌 옷을 새 옷으로 갈아입듯이 자연스러운 일상사처럼 평온하게 자신의 죽음을 수용하게 될 것이다.

더 나아가서 정사는 현세에서 수행자의 고행 생활을 최종적으로 정리하는 완성이라는 의의도 갖는다. 완전지(kevala-jñāna)를 얻지 못한 상태에서는 그 누구도 죽음 이후를 미리 알 수 없다. 그렇지만 임종의 자리, 현세에서의 삶의 마지막을 올바르고 성스럽게 마감하고자 하는 바람은 출가와 재가를 막론하고 그 누구도 예외가 아닐 것이다. 그와 같은 자이나 교인들의 바람이 정사라는 죽음의 의식으로 성스럽게 승화된 것이라고 볼 수 있을 것이다.

(4) 안락사 문제

근년에 논란이 되고 있는 안락사(svecchā-mṛtyu, 尊嚴死)와 정사의 비교가 주목을 끌고 있다. 안락사에 대한 논의는 그 정의에 대한 문제부터 단순하지 않으며 그 실상은 더 많은 복합적인 요인이 작용하고 있다.

필자가 동의하는 안락사의 정의는 다음과 같다.

> 진정한 안락사란 비교적 말기 단계의 현존하는 치명적 질병으로 육체적 죽음에 처한 경우, 그 고유한 생존적·정신적 고통을 회

피하기 위해 타인의 도움을 받거나 받지 않고 행하는 자살 행위를 의미한다.[73)]

안락사는 현재 네덜란드와 스웨덴 등에서는 이미 법적인 제한 아래 허용하고 있으며, 일부 국가에서는 특정한 조건 아래서만 안락사의 허용을 검토하고 있다. 물론 이러한 제한은 인간에게만 한정된 것이며, 동물의 경우에는 이미 제한 없이 두루 시행되고 있기도 하다. 그러나 엄밀히 말하자면 동물에 대한 안락사는 그것이 어떠한 상황에서든지 동물의 의사와는 무관하게 인간의 필요와 판단에 따라 자행되는 살해의 형식을 띠고 있다는 것을 부인하기 어렵다.

일반적으로 논의되는 안락사 문제는 회생할 가망이 없는 환자의 경우에 집중되어 있으며 그 이면에는 각종 첨단적 시술로 생명을 연장시키는 현대 의료 기술의 발달이라는 상황이 놓여 있다. 환자의 육체적 고통이 극심할 뿐만 아니라 환자 자신이 적극적으로 죽음을 원할 때, 그 고통을 경감시키는 것이 의무이자 목적이라 할 수 있는 의사는 자비로운 마음으로 안락사를 시행할 수 있다는 것이다.

그렇지만 이러한 경우에는 죽음의 형태로 볼 때 '스스로 원하는 죽음'에 해당할 것이다. 결국 안락사는 '자기 살해'의 형태를 벗어나지 못할 것이며 환자가 의사의 손을 빌려서 실행하는 '조력(助力) 자살'에 해당한다. 따라서 안락사는 결코 살상을 면할 수 없다는 귀결에 이른다. 반면에 정사의 경우에는 어떠한 고통도 수반하지 않으며 평화롭게 명상 속에서 임종하게 된다. 더 나아가서 정사서에 따른 임종 과정은 당사자뿐 아니라 주변 사람들에게도 자연스러운 의식이나 축제와 같은 여유로서 받아들여진다는 점이 큰 특징이라 할 수 있다.

살아 있는 존재는 죽음, 즉 체사(體死, body-dead)를 피할 수는 없다. 자이나교의 정사서에 따른 죽음은 자살도 아니며 안락사의 형태에 포함시킬 수도 없는 유례없는 임종 방식이다. 생명과 죽음은 한 동전의 양면처럼 결코 분리시킬 수 없는 일원성을 지닌다.

자이나교에서 불살생 원리에 따라 자제행의 목적이 되는 생명의 보전 가치는 죽음으로 종식되는 순간까지 동일하게 인정되며 어떠한 경우에도 인간이라는 이유만으로 다른 존재보다 우월적인 위치를 점하지도 않는다. 그러므로 동물에 대한 안락사는 어떠한 이유로도 허락되지 않으며 그러한 문제 이전에 동물 실험을 비롯한 일체의 동물 학대와 살해 등을 모두 금하는 것이 자이나교의 입장이다.

제7장
불살생론의 실천적 의의

1. 불살생 원리의 보편성

현대 인도의 급진적인 힌두 교파에서는 자이나교의 불살생주의가 인도 역사에 끼친 부정적인 효과에 대해서 다음과 같이 비난하기도 한다.

> 몇몇 현대 힌두들, 그들 가운데 우리는 라슈트리야 스바양세바카 상가(Rāshṭrīya Svayaṃsevaka Saṅgha ; R. S. S.)로 알려진 전투적인 신앙 부흥론자들을 포함해야만 하는데, 그들은 카우틸리야 차나키야(Kauṭilya Cāṇakya) 재상과 찬드라굽타 마우리야 왕의 통치 시대, 즉 알렉산더 대왕과 동시대였던 때를 고찰한 뒤, 아쇼카 시대 동안 아힝사를 위한 불교도와 자이나 교도들의 과도한 열의 때문에 인도의 군사력이 훼손되었다고 비난한다. 또한 아쇼카 제국의 갑작스런 쇠멸과 스키타이족과 훈족, 이슬람 세력 등의 손에 인도 왕조들이 잇달아 패퇴했던 것은 그들을 쇠약하게 만드는 비폭력이라는 메시지에서 초래되었다고 말한다.[1)]

그러나 아쇼카 왕을 비롯한 인도의 정치적 지배 세력이 불살생주의의 이념을 실천함으로써 군사력의 약화를 초래했다고 보는 것은 지나친 확대 해석이 아닐 수 없다.

위의 글에 이어지는 파드마나바 자이니의 해설에서도 물론 라슈트리야 스바양세바카 상가의 주장과는 달리, 불살생주의와 고행주의의 이념을 통한 마하트마 간디의 승리를 강조하고 있다. 또한 그는 인도 문명의 보편적인 가치들은 '형제애, 불살생, 모두를 위한 평화'에 있다고 말한다. 그러한 보편적인 가치들이 모두 불살생 원리의 또 다른 이름이라 할 만큼 밀접한 관련성을 갖고 있다는 것은 두말할 나위가 없는 사실이다.

실제로도 일부 소수의 의견을 제외하고는 불살생주의의 이념은 인도 역사뿐 아니라 인류 문명사에서도 보편적인 긍정적 가치를 지닌 것이라는 데 그다지 이견(異見)이 없을 것이다. 종교에 따라 불살생주의의 실천 규범상 그 정도의 차이가 있기는 하지만 불살생의 근본 취지가 '존재의 상호 존중을 통한 공존 공영'에 있다는 것은 조금도 다르지 않다.

특히 Ac. 4. 1. 4.에서 "이것이 진리이고, 진실로 자명하고, 그것은 여기서 바르게 설명된다."라고 선언하였듯이,[2] 불살생은 '진실로 자명한 진리'이다. 따라서 마하비라 스스로도 '그 자신이 말했기 때문에 수용해야 하는 원리'라고 하기보다는 역대 조사들이 선언한 보편적인 원리이므로 실천해야 한다고 말할 뿐이며 결코 강요하지는 않는다.[3]

불살생 원리가 지닌 보편성이라는 특성 때문에 그것이 자이나 교단의 수행 윤리로만 그치지 않고 전 인도의 보편적인 윤리 원칙으로 발전될 수 있었을 것이다. 그리고 장차 인도의 국경을 넘어 지구 생태학적인 요청에 따른 윤리 규범에도 적잖은 영향을 미칠 원리가 될 것이라는 점은 어렵지 않게 예견할 수 있다.

2. 민주적 평등과 비폭력의 이상

인간이 지닌 본성적인 야만성과 물리적 측면이 외적으로 표출되는 방식을 폭력이라 한다. 그렇지만 인간은 정신적 측면을 발달시킴으로써 폭력적 성향을 절제 또는 억제해 나가도록 훈육을 받아 왔다. 그럼에도 불구하고 현대에 이르러서도 폭력 현상은 소멸되지 않고 도리어 극악하고 무도한 형태로 늘어만 가고 있다.

자이나교에서는 모든 악의 근원에는 생명에 대한 살상이 있다고 본다. 그런데 흔히 아힝사는 단순히 어의적인 불살생이나 비폭력만을 의미한다고 말할 수 없고 훨씬 더 많은 뜻을 함축한다고 말하는데, 이렇게 말하는 까닭 중 첫째로는 정치 사회적인 측면에의 적용을 꼽을 수 있다.

인도 역사상 불살생 원리는 정치 사회적으로 평화주의를 표방하는 원리로서 두루 적용되어 왔다. 특히 인도의 근현대 역사 속에서 불살생 원리는 진보적인 이데올로기로서 그 영향력을 발휘하였고, 인도의 독립과 정부의 수립 과정에서 마하트마 간디의 행동 강령으로도 큰 역할을 하였다. 이와 같이 불살생 원리는 종교적 차원에만 적용되는 것이 아니라 정치 사회 전반에 영향을 미치는 중요한 이념으로서 그 영역이 확대되었다. 특히 비폭력의 이상은 곧 민주적 평등주의의 실현과 밀접한 관련성을 갖는다.

먼저 자이나교에서는 사회적인 신분이나 지위는 고정적인 것이 아니며 변경할 수 없는 것이 아니라고 주장한다. 그들은 그 누구도 사회적으로 불평등한 대우를 받아서는 안 된다고 하며 중요한 것은 개인적인 성품과 행동 양식이라고 강조한다. 그리고 신분상의 차별이 아니라 단지 생활 방식상의 차이만 인정할 수 있을 뿐이라고 한다.

빌라스 아디나트 상가베(Vilas Adinath Sangave)는 '마하비라를 비롯한 자이나교의 스승들이 브라마나 전통에 따라 구축되어 있던 기존의 사회적인 신분 차별을 부정하고 비판했던 것은 매우 큰 사회적 충격으로서 지대한 영향을 주었다.'라고 말한다.[4]

그렇지만 후대의 역사적 전개를 고려해 볼 때 그토록 충격적인 주장에 비하여 그 영향력도 컸다고 평가할 만큼 가시적이며 실제적인 개혁이 이루어졌다고 보기는 어려울 듯하다. 불살생서를 비롯한 윤리적 실천 조목들이 인도 사회에 오래도록 깊은 영향을 주었다고 보는 것은 틀림이 없으며 그 결과 인도 민중의 의식 개혁에도 적잖은 영향을 미쳤다고 보아야 할 것이다.

또한 민주주의는 개인들의 자유와 평등을 전제로 하여 성립한다. 자이나교의 가르침에 따르면 모든 영혼은 본질적으로 평등하며 완전한 개인적인 자유는 불살생서를 온전히 지켜 냈을 때 이루어지는 만큼 이상적인 민주주의는 불살생서 없이는 불가능하다고 말한다. 더 나아가서 어떠한 폭력도 일어나지 않는 최고의 유토피아를 표상하는 개념으로서 '지나 샤사나(jina-śāsana)'를 제시하고 있다.

지나 샤사나는 다양한 의미를 내포하고 있지만 '승리자의 지배, 또는 승리자의 정법' 등을 뜻하며, 특히 비폭력의 이상이 완전하게 구현된 최고선을 반영하고 있다.

아낭 프라디윰나 쿠마르는 "민주주의의 특성을 그대로 반영한 자이나적 유토피아 개념이 바로 지나 샤사나이다."라고 말하면서,[5] 서

구적 형태의 민주주의와 지나 샤사나가 모두 비폭력 원리에 기초를 두고 있다는 점에 주목하였다.

3. 간디의 비폭력주의

현대 인도 정부가 수립되기까지 마하트마 간디의 역할이 얼마나 지대했는지 그 영향력에 대한 평가는 '간디주의'(Gandhism)라는 사상적 이념의 정립만으로도 누구나 쉽게 짐작할 수 있을 것이다.

간디주의의 핵심적 이념은 정치, 경제, 사회, 교육, 철학 등 거의 모든 측면에 파급되었고 그 효과 또한 인도 국내에 한정된 것도 아니다. 그 영향력은 세계 각 나라에 미쳤으며 과거의 역사에 그치지 않고 확대 재생산을 거듭하는 '살아 있는 사상'이라는 평가가 전혀 무색하지 않다.

빈센트 세카르는 "간디 이전까지만 해도 인도 역사에서는 사회적인 선(善)을 증진시키기 위한 수단으로서의 폭력은 허용되었다."라고 하면서 『마하바라타』에 따른 두 가지 원칙을 제시하고 있다.[6] 그것은 '상해의 절제'와 '올바른 동기들에 의해 행해진 상해'라는 두 가지 행동 준칙이다. 물론 그에 따라 허용된 상해일지라도 항상 정의에 따라 이루어져야 하지만 사실상 허용된 폭력과 상해의 범위는 매우 넓었던 것이 역사적 현실이었다.

그러나 비폭력 원칙을 전면에 내세우고 최고 제일의 행동 준칙으로 삼았던 간디의 등장을 분기점으로 하여 인도에서 비폭력주의는 사회 전반에 걸쳐 최상의 도덕률이 되었다.

간디는 인도, 즉 '힌두'(hindu)라는 말을 'hi(hiṃsā)+du(do away : 없애다)'라고 분석한 뒤 '폭력으로부터 피하거나, 스스로를 지키는 사람'이 힌두라고 정의하였다.[7] 이러한 해석에서도 보듯이 간디는 비폭력주의를 인도의 모든 국민, 즉 힌두 민족의 이념으로 승화시켰다.

그런데 이러한 간디의 사상 전반에 끼친 자이나교의 영향력이 적지 않았다는 사실은 그다지 조명을 받지 못한 듯하다. 흔히 '간디의 비폭력주의'라 하여 간디가 주창했던 비폭력 사상만을 부각시킬 뿐이었고, 그의 사상적 뿌리에 자이나교의 불살생주의가 선재했다는 사실은 간과하기 쉽다. 하지만 그의 태생적 배경에도 자이나교의 영향이 배어 있을 뿐만 아니라 특히 자이나 수행자 슈리마드 라자 찬드라(Shrimad Raja Chandra, 1867~1900년)와의 교류를 통해서 받았던 영향도 적지 않았다.

그러나 간디는 자이나교 또는 불교에서 정립한 5서 또는 5계 중의 불살생 원리를 그대로 채용한 것은 아니었다. 그는 자신의 일상생활 속에서 불살생 원리를 실천하기 위해서 그 원칙을 보다 실용적으로 완화시켰으며, 결과적으로 볼 때 불살생 원리를 매우 강력하고 실천적인 무기로 치환시켰다는 평가를 받았다.[8]

간디가 일생 동안 고수했던 불살생 원리는 일반적으로 '비폭력' 또는 '비폭력주의'라는 말로써 보다 광범위하게 쓰이고 있다. 그 이유는 아힝사(ahiṃsā)의 개념에 대한 분석에서 고찰하였듯이 간디의 아힝사 용례를 고려해 볼 때 중요시되던 살상(hiṃsā)의 영역이 실체적 살생(dravya hiṃsā)보다는 정신적 상해(bhāva hiṃsā)에 보다 더 큰 비중이 놓여 있었기 때문이라고 해석할 수 있다. 물론 이러한 해석은 간디의 비폭력주의가 실체적 살상을 등한시했다는 의미는 결코 아니다. 비폭력은 살상의 양 측면을 모두 포섭하는 광의로서 채택되었다고 보아야 한다.

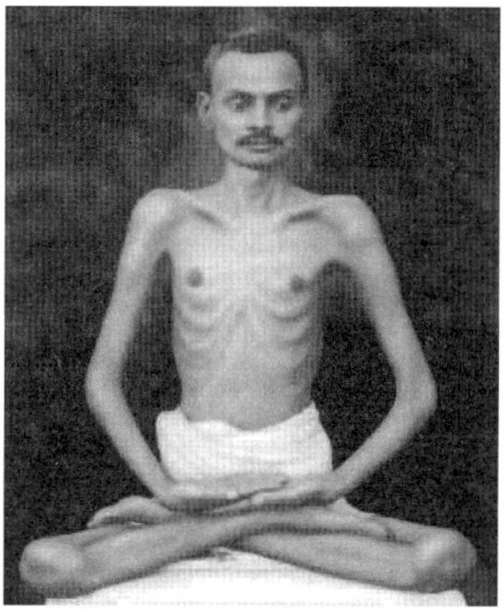
〔그림 10〕 슈리마드 라자 찬드라

간디가 실천 원리로서 비폭력주의를 강조했던 제1 동기는 독립 투쟁의 수단으로서 일체의 저항을 하지 않는다는 소극적인 투쟁의 길을 선택한 데 있었다. 그는 비폭력주의를 자신의 일상적 행동 강령으로 실천하는 데 그치지 않고 그것을 인도의 자유 독립 운동을 위한 무기로 행사하였다. 비폭력주의는 시기적으로 특히 1930년부터 1948년까지 인도 국민운동의 핵심적 이념으로 작용하였다.

그는 비폭력의 실천은 곧 진리의 실현이며 그것이 곧 신의 구현과 다르지 않다고 확신했다. 그러한 신념은 그가 전 생애에 걸쳐서 비폭력주의를 견지할 수 있었던 원동력으로 작용하였다. 그리하여 간디에게는 비폭력이 최상의 의무이자 진리 그 자체가 되었다. 그에게 비폭력과 진리는 서로 다른 것도 아니었고 결코 분리할 수도 없는 하나였기 때문이다.

그러나 비폭력 원리를 진리와 동일시하고, 인간의 존재 목적이 신에 있다고 믿었던 간디의 사상적 입장은 자이나교의 불살생서의 목적과는 적잖은 괴리가 있다. 자이나교에서 불살생 내지 비폭력을 중시하는 까닭은 존재의 살상 또는 생기의 상해를 억제하는 데 그 이유가 있으며 그것은 업 이론과 긴밀한 연관성을 지닐 뿐 어떠한 신성(神性)이나 신(神)과의 연관성을 두지 않는다. 이러한 차이점은 무신론적인 자이나교나 불교와 달리 간디의 사상이 힌두교적 신관(神觀)을 따르고 있는 데서 기인한다. 이와 같은 간디의 비폭력 사상은 그의 당대에 그치지 않았으며 그의 사후에는 간디주의라는 이념적 사상으로 정립되었다.

간디주의적 비폭력의 특징은 다음과 같이 요약할 수 있다.

첫째, 비폭력주의는 모든 선한 것을 다 포용하는 긍정적인 특성을 지닌다. '폭력의 회피 또는 억제'라는 개념상의 부정적 의미 요소는 광범위한 사랑의 개념을 내포하는 긍정적인 개념으로 다시 정의된다. 간디는 비폭력이란 단순히 '폭력의 결여'에 그치지 않으며 적극적인 사랑을 실천하는 것이라고 역설했다.

둘째, 비폭력은 수단이고 궁극적인 목적은 진리이다. 하지만 비폭력의 실천은 곧 진리의 실천과 동일하며, 비폭력의 길은 신성을 깨닫는 길이다.

셋째, 철저한 채식주의를 고수하며 모든 육식은 금한다. 간디가 지켰던 엄격한 채식주의와 미각에 대한 제어는 그의 자서전에도 잘 드러나 있거니와 그것은 자이나교의 영향이 매우 컸다는 것을 반증해 주기도 한다.

간디의 비폭력주의가 낳은 가장 중요한 공과(功課)로는 불살생 원리를 사회의 전반적 영역으로 확장시켰다는 점을 꼽을 수 있을 것이다. 간디로 인하여 비폭력주의는 자이나교와 불교를 비롯한 여러 종교 교단 내의 윤리적 규범에 그치지 않고 전 인도 또는 외국의 정치 사회 운동에도 적잖은 영향력을 지속적으로 발휘하게 되었다.

4. 환경 윤리와 불살생주의

환경 생태론의 제일 동기는 인간의 생존 환경인 지구의 조건 변화에 대한 자각이라고 할 수 있으며, 그러한 문제의식의 이면에는 인간 중심주의적 자연관이 배경으로 자리한다.[9] 그런 까닭에 인간 존재의 유지와 성장에 위협이 되고 있는 자연 생태계의 조건과 상태에 대한 자각이 환경 윤리의 필요성을 제기하는 주요 동인으로서 작용해 왔던 것이 사실이다. 물론 환경 생태론적 논의가 인간 중심주의에 대한 비판에 한정된 것만은 아니었다. 블라디미르 이바노비치 베르나드스키(Vladimir Ivanovich Veradsky, 1864~1945년)가 생물권 문제를 제기했던 것이 1926년이었다. 그렇지만 그의 문제 제기 이후에도 생물권 일반에 대해서 관심을 갖게 된 것은 오랜 시일이 지난 극히 최근의 일이었다.[10]

또한 환경 생태론의 전개에 따라서 다양하게 제기된 학설들 중에는 생물 중심주의라든지 전체주의 내지 전체론을 주장하는 예도 있다. 생물 중심주의란 살아 있는 생물, 즉 생명이 있는 자연을 환경 생태의 보호 대상으로서 논의하고 있는 반면에, 전체주의적 입장에서는 생명이 없는 자연의 경우에도 최소한의 가치를 갖고 있다고 보며 환경 윤리의 대상에 포함시켜야 한다고 주장한다.

그런데 인간 중심주의 또는 인본주의, 생물 중심주의 또는 전체주의 등, 이러한 다양한 논의의 핵심은 보호 가치의 중점을 인간을 기준으로 삼는가 또는 생물이나 무생물 전체로 확대하는가 하는 점에만 그 차이가 있는 것은 아니다. 환경 생태를 논의하는 관점 또는 그 주장이 포괄적으로 어느 측면에 더 중점을 두고 있는가 하는 점이 관건이다. 단순히 대상의 범위에만 한정하여 구분하는 것은 아니기 때문이다. 환경 윤리를 정립하는 데 가장 기초를 이루는 것은 그 대상이 되는 생명 또는 존재에 대한 가치관이라는 점은 두말할 나위가 없다.

자이나교에서는 인간 외에도 영혼을 지닌 모든 존재는 생명을 존속할 가치가 있다고 전제한다. 특히 최소한의 생명 단위인 생기조차 해치지 않고 유지 보호할 것을 목적으로 하는 불살생서를 최고의 실천 덕목으로 삼고 있다.

이와 같이 불살생서를 통해서 추구하는 이념은 환경 생태론의 목적과 본질적으로 크게 다르지는 않다. 하지만 환경 생태론에서는 환경의 가치에 주목하고 생명의 보호 필요성을 강조하면서도 인간 존재를 기준으로 하여 환경 윤리를 정립하는 데 주력해 왔다는 점을 고려해 볼 때, 자이나교의 논의 대상보다 훨씬 협소하다는 점을 간과할 수 없다. 그리고 환경 생태론은 자연 환경 또는 생태계의 침해나 파괴로 인해서 인간 존재의 생존 환경이 악화되거나 위협을 받게 된다는 논리 위에 성립되어 있다. 반면에 자이나교의 존재론을 토대로 하여 환경 생태론을 정립할 때에는 두 가지 측면에서 동시에 성과를 거둘 수 있다는 이점이 있다.

첫째, 보편적인 측면이다. 모든 존재의 공존공영이라는 보편적 가치를 중심으로 하여 환경 생태론을 전개할 수 있다. 그 토대가 되는 존재론은 앞서 불살생서의 대상에 대한 논의를 통해서 언급한 것과 같다.

둘째, 개인적인 측면이다. 불살생서를 실천하는 것은 각각의 개인에게 직접적인 효과, 즉 업의 제어와 지멸이라는 긍정적인 결과를 낳게 된다. 이를 통해서 실천 주체가 '해탈'이라는 목적을 향해 점차로 근접해 가는 동시에 환경 생태의 보존이라는 목적도 달성하게 된다.

이처럼 자이나교의 불살생주의를 환경 윤리에 적용시킬 때 두 가지 측면을 동시에 성취할 수 있다. 개개인이 불살생서를 실천함으로써 사회적 공동체적 이익도 동시에 얻게 되는 것이다. 이에 대하여 보다 구체적으로 언급하자면 자이나교의 불살생 원리가 본질적으로 생태학적인 친화성을 지니고 있다는 점을 들 수 있다.

불살생 원리는 모든 형태의 생명에 대한 외경심이 그 기조를 이루고 있기 때문에 환경 생태론과 관련된 자이나교의 관점은 환경 교육적 측면에도 매우 유용하다는 평가를 받고 있으며, 이는 실제에도 적용되고 있다. 예컨대 자이나 교도들은 오랫동안 그들의 상업 활동 속에도 동물의 생명을 침해하는 것과 관련된 상품들조차 취급하지 않았으며 그들은 주로 '녹색 친화적인 품목들'을 개발하여 상업화하였다.

또한 환경 공해를 일으키는 산업은 살상에 해당하므로 자이나 교도는 그와 관련된 모든 유해 산업에 관여하는 것을 기피한다. 왜냐하면 지·수·화·풍 자체가 생기를 지닌 생명체이므로 소위 환경 공해를 유발하는 산업은 살상을 범하기 마련이며, 그에 따라 업을 증장시키는 원인이 되기 때문이다.

그 밖에도 불소유서를 실천함으로써 최소한의 물품과 소유물만으로 만족하는 생활은 불필요한 과잉 소비를 억제하는 동시에 천연자원의 소비를 극소화하는 미덕을 실천하는 것이다. 이것은 환경 윤리에서 강조하는 욕망의 절제라는 덕목을 직접 실천하는 것과 다르지 않다고 말할 수 있다.

그리고 이 문제와 관련하여 주목할 만한 견해로서 생태 연구의 체계화에 전력을 쏟았던 헨릭 스콜리모우스키가 정립한 신개념들이 있다. 그는 생태 철학의 기초자로 불릴 정도로 선구적인 연구를 하였던 만큼 매우 독창적인 개념들을 제시하였다. 예컨대 그는 '생태 요가(eco-yoga), 생태 요기(eco-yogi), 생태 업(eco-karma)' 등의 개념을 내세우고 생태 철학의 실천 원리를 인도 요가에서 찾고자 노력하였다.[11] 그 중에서 특히 생태 업이라는 개념은 불살생 원리의 실천과 연관을 지어 고찰해 볼 수 있는 신개념이라고 본다.

불살생주의가 '환경 생태'라는 개념과는 무관하게 발달한 것은 사실이다. 그러나 불살생주의의 실천 이념이 환경 생태론의 추구 목적과 크게 다르지 않다고 인정한다면 불살생 원리의 파생적 논의로서 생태 업을 인정하고 새로운 개념으로 이를 수용하는 것도 불합리한 것만은 아닐 것이다. 그러므로 불살생 원리에 따라 존재의 살상을 최소한으로 줄이게 됨으로써 제어하게 되는 업, 그것이 곧 생태 업이며 생태 업을 최소한으로 제어하는 것은 곧 불살생서를 통한 업의 제어와 동일한 결과를 낳는다고 말할 수 있다.

자이나교에 따르자면 환경의 위기는 곧 인간 정신의 위기라고 볼 수 있다. 인간의 자기중심적 탐욕은 결국 환경의 오염을 야기하고 생태계의 파괴를 초래하는 근원적인 뿌리가 된다는 것이 자이나 철학자들의 통찰이다. 인간은 자연 생태계를 떠나서 존재할 수 없다는 것은 자명한 사실이다. 이미 오늘날 인간이 겪고 있고 또한 앞으로 예상되는 자연 생태계의 위험과 그로 인해 인간이 고통에 직면하게 된 그 첫째 원인은 극대화된 인간 욕망에서 비롯된다는 것을 깨달아야 한다.

자이나 수행법에 따른 실천행들이 환경 생태론에 의해 제기된 환경 윤리의 세칙들과 상당히 많은 유사성을 보이고 있다는 것 또한 자이나 교의의 유용성을 확인시켜 주는 면이라고 평가할 수 있다. 이처럼 그 어느 종교보다도 더 환경 친화적인 교리를 선양하고 있다고 말할 수 있는 자이나교는 '녹색 자이나교'(Green Jainism)라는 별칭도 전혀 어색함이 없을 정도이다. 따라서 자이나 교의가 환경 윤리 교육에도 적잖은 몫으로 일조할 수 있을 것이라고 기대하고 있다.

제8장
불살생론과 수행법의 조화

불살생 원리는 '자이나교의 3A'로서 중시되는 '아힝사(ahiṃsā), 아파리그라하(aparigraha), 아네칸타바다(anekāntavāda)' 중에서도 자이나교를 대표하는 최고의 사상으로 널리 알려져 있다.[1)]

불살생 원리에 대한 올바른 이해는 자이나교의 수행론뿐만 아니라 자이나 철학의 정수를 아는 데에도 매우 긴요하며, 그 보편적인 가치는 현대 사회의 윤리 정립에도 영향을 미치고 있다. 그럼에도 불구하고 자이나교의 불살생론에 대한 심도 있는 논의가 아직 이루어지지 못했다. 따라서 이 책에서는 전통적으로 자이나 교단에서 실천해 왔던 다양한 수행법을 중심으로 하여 그 속에 불살생 원리가 어떻게 반영되고 구현되고 있는지 고찰해 보았다.

구체적으로 각 장별 논의 내용을 요약하면 다음과 같다.

먼저 제1장에서는 불살생의 개념과 그 기원에 대해서 논하였다.

자이나교에서 불살생 원리는 상대적인 원리에 그치지 않으며, 절대적이고 보편적인 원리로서 자이나 교의의 전반을 꿰뚫고 있는 만큼 그 개념을 정립하는 것이 필요하다. 따라서 불살생의 어의뿐 아니라 그 결과적인 효과로서 필연적으로 수반되는 다원적인 의미에 대해서 분석해 보았다.

자이나교의 모든 윤리적 덕목들의 초석이자 종합적 얼개를 제공하는 불살생주의는 존재의 종류나 상태라든지 시간과 공간 등 어떠한 제약에서도 엄격히 고수되어야 하는 최상의 이념이다. 그러한 가치와 지위는 불살생 원리가 등장한 이래로 조금도 변함없이 유지되어 왔다. 이 점은 불살생 원리가 자이나 교단 내에서 실천적인 윤리인 동시에 절대적인 이념으로서 그 역할과 기능을 담당해 왔다는 것을 반증해 준다. 또한 이로써 다른 교단이나 학파에서 불살생 원리가 상대적인 상황 윤리로서 기능하고 있는 것과는 확연한 차이가 난다는 것을 알 수 있다.

그리고 인도 전통은 브라마나와 슈라마나의 전통으로 크게 양분되는데, 그 기준으로 삼는 것 중 하나가 불살생 원리이기도 하다. 슈라마나 전통에 속하는 대표적인 3교파는 자이나교, 불교, 아지비카교인데, 그 중에서도 자이나교의 불살생주의는 가장 엄격한 원칙을 고수하고 있는 것으로 정평이 나 있다. 그 세부적인 수행 내용에 대해서는 제5장과 제6장에서 상세히 논의하였다.

불살생 원리가 인도 문화에 끼친 영향이 지대한 만큼 그 기원에 대한 논의 또한 매우 다기(多岐)한 양상을 보인다. 그러나 본론에서 고찰한 결과에 따라 분명해진 한 가지 사실은, 어떠한 학설에 따를지라도 불살생 원리는 자이나교와 무관한 채로 또는 완전히 괴리된 채로 전개되지는 않았다는 점이다.

또한 중요한 것은, 종전의 학설에 따르면 불살생 원리의 등장이 브라마나 전통의 유혈 희생과 깊은 관련이 있다고 하지만, 필자는 자이나교의 불살생론은 단순히 동물 희생에 대한 반대에서 기인한 것이라고 보지 않는다. 왜냐하면 자이나교의 철학적 입장, 즉 존재론과 업론 등이 보다 근원적인 동기로서 작용했다고 보기 때문이다.

그렇기 때문에 필자는 불살생의 기원을 어느 시점으로 잡느냐 하는 문제보다도 불살생 원리가 구체적인 수행을 통해 어떻게 구현되는지, 그 실천 내용에 주의를 기울여야 한다고 생각한다. 사실 가장 중요한 논점은 불살생의 기원을 밝히는 데 있다기보다는 어떤 이념과 배경 아래 어떠한 실천 수행이 이루어졌는가를 밝히는 것이고, 여러 교단 사이의 상호 영향력을 분간하는 것이기 때문이다.

제2장에서는 불살생 원리의 철학적 기반에 대해서 고찰하였다.

자이나교에서는 불살생 원리가 모든 생류(生類) 존재뿐만 아니라 마음 · 말 · 몸, 3행에도 직접적으로 적용된다고 규정하고 있다. 그 이유는 마음 · 말 · 몸이라는 3행에도 각각의 생기를 인정하고 있기 때문이다. 10종의 생기, 즉 프라나에 대한 자이나의 이해는 다른 학파와 해석을 달리하는 매우 독특한 입장을 보여 준다.

프라나의 정의에 대한 차이는 결국 생명에 대한 정의가 달라지게 만들었고 자연스레 생명에 대한 살상의 범위, 즉 불살생 원리의 적용 범위가 광범위해지는 결과를 낳았다. 이 점은 다른 학파에서 논의하는 불살생론과 확연히 구별되는 것으로서 이를 '생기주의'(生氣主義, prāṇaism)라는 말로 집약시킬 수 있다. 자이나교에서는 생기주의 원칙에 따라 매우 엄격한 불살생서가 고수되는 것이다.

특히 촉각이라는 1감각만을 지니고 있는 지체, 수체, 화체, 풍체, 식물체 존재 등이 모두 4생기를 지닌 생류이기 때문에 그에 대한 살상도 다른 상위 존재와 다를 것 없이 악덕이라고 규정한다. 이처럼 생류 존재에 대한 자이나교의 정의는 다른 철학파에서 유례를 찾을 수 없을 만큼 특이성을 갖고 있으며, 그것이 자이나 불살생주의의 기초를 이루고 있다는 점을 다양한 존재의 분류와 더불어서 상세히 논하였다.

제3장에서는 5서와 불살생의 관계를 해명하는 데 주력하였다. 여기서 필자는 어떠한 형태로든지 최대한 살상을 범하지 않도록 노력하는 자이나 교도의 수행 윤리는 5서로 체계화되어 있으며, 그 중 제1서인 불살생서가 나머지 서들을 포섭하는 관계에 있다는 것을 해명하였다. 다시 말해서 불허언서·불투도서·불음행서·불소유서 등은 제1서를 완벽하게 준수하기 위한 보장적 조목으로서 포섭 관계가 성립된다. 그 결과 불허언서·불투도서·불음행서·불소유서 등의 세부 내용도 불살생서에 뿌리를 두고 있다는 것을 예시하였다.

또한 불교의 5계와 자이나교의 5서를 비교한 뒤 양자의 조목상의 차이에 주목하기보다는 슈라마나 전통의 4금계를 이어받은 규범적 공통성을 찾는 것이 보다 합리적인 해석이라는 것을 밝혔다. 왜냐하면 5서와 5계를 통해서 성취하고자 하는 각각의 경지는 특정한 조목의 유무나 그 수에 따라 달라지는 것이 아니며 수행 주체의 총체적인 인격 수련의 결과, 다시 말해서 수행의 정도라든지 수행력의 질적인 차이에 따라 결정되기 때문이다.

제4장에서는 존재의 살상과 절제에 대해 논하였다. 살상의 대상이 되는 존재는 동시에 살상의 주체가 될 수 있다는 것을 명시한 뒤, 살상의 유형과 그에 따른 처벌과 절제에 대해서 설명하였다.

자이나교에서는 살상(hiṃsā)에 대해, 정신적 상해(bhāva hiṃsā)

와 실체적 살생(dravya hiṃsā)으로 구분하고 두 부문 모두 금지의 대상으로 삼고 있다. 그에 따라 살아 있는 존재를 죽이거나 포획하는 것뿐만 아니라 어떤 형태의 정신적인 위해를 가하는 경우도 살상에 해당된다고 보며, 양 측면을 모두 수행론의 핵심적인 기준으로 삼고 있다.

그러므로 불살생 원리의 실천은 행위적인 상해를 자제 또는 금지하는 것에 그치지 않으며 '상해, 또는 살해한다'라는 바로 그 관념의 부재를 전제로 한다. 이는 행위에 앞서서 생각이나 마음이 먼저 생겨난 다음에 행위가 뒤따른다는 철학적 입장을 반영한 것이라고 해석할 수 있다.

제5장에서는 자제행을 중심으로 하여 고행의 실천과 불살생이 어떠한 관련성을 갖고 있는지 논의하였다.

총 17종으로 나누어지는 자제행 중에서 제3장에서 살펴본 5서를 제외한 나머지에 대해서 다루었는데, 그 중 4예탁은 특히 자기 살상(sva-hiṃsā)과 긴밀한 관련성을 갖고 있기 때문에 더욱더 자제할 것이 요청되는 항목으로 꼽힌다. 또한 12종의 고행을 외적인 고행과 내적인 고행으로 나누어서 고찰한 뒤 고행을 통한 정화가 어떻게 성립되는지 논하였다.

DS.에서 자이나 다르마는 '불살생, 자제, 고행'이라는 세 요소가 핵심을 이룬다고 정의하였으나, 필자는 수행론적 측면에서 볼 때 궁극적으로 '고행'이라는 한 요소에 모두 포섭된다고 본다. 다만 일반적으로 내적 고행보다 외적 고행이 보다 효과적인 수행법이라고 강조되어 왔던 것과는 달리, 실제 수행에서는 내적 고행이 차지하는 비중이 매우 크다는 점 또한 간과해서는 안 될 점이다.

제6장에서는 여러 가지 수행 세칙들을 토대로 하여 불살생 원리가 어떻게 반영되어 실천적 정신으로 구현되고 있는지 알아보았으며, 산발적으로 흩어져 있는 수행 세칙들을 의식주 생활을 토대로 하여 정리한 뒤 논의하였다. 그 결과 불살생 원리는 출가와 재가를 막론하고 모든 자이나 교도들을 궁극적인 해탈로 이끌어 주는 최상의 수단인 동시에 수행의 목적 그 자체로서 작용한다는 것을 밝혔다.

필자는 특히 현대 우리 사회에 급속히 퍼지고 있는 '웰빙'(well-being, 참살이) 문화와 더불어서 새롭게 등장한 '웰다잉'(well-dying) 문제는 자이나 수행법들 중에서도 정사서와 연관 지어서 숙고해 볼 만한 가치가 있다고 본다.

자이나교의 생사관이 일회적인 일생만을 전제하는 것이 아니라는 점은 다른 인도 종교와 동일하지만 정사서를 통해 정립된 죽음에 대한 의식과 대응법은 다른 어떤 종파에서도 찾아보기 힘든 전통이다.

누구든지 자기 삶의 주체로서 인생을 살아가고 종국에는 임종의 순간을 맞이한다. 자이나교에서 정사서는 의무적인 수행법은 아니지만 자신의 죽음마저도 수행의 완성 단계로 승화시킬 수 있는 말 그대로 '잘 죽는 법'이 아닌가 생각한다.

제7장에서는 불살생론의 실천적인 의의에 대해서 다양한 각도로 접근하여 고찰하였다.

먼저 불살생 원리의 보편성에 대해 논리적인 해명을 전개하였고, 사회 민주적 평등을 실현하는 데 있어서 비폭력주의가 끼친 영향을 재론하였다. 그리고 인도 독립에 큰 공헌을 했던 마하트마 간디의 비폭력주의에 대한 자이나교의 영향과 현대 간디주의의 특징에 대해서 요약하였다.

더 나아가서 필자는 급속한 발전을 이루고 있는 현대의 환경 윤리학을 정립하는 데에도 불살생론이 중요한 이념적 토대로서 중요한 역할을 해낼 수 있으리라고 본다.

현대 자이나교를 상징하는 기본 도상에는 경전 구절 하나가 따라 붙는다.[2] TS. 5. 21.에 나오는 구절로서 "영혼들은 서로 영향을 준다."라는 말이다.[3]

자이나교의 대전제는 모든 영혼은 상호간에 영향을 주면서 존재한다는 것이다. 위 구절도 모든 존재가 서로 상처 입히지 않고 이익이 되며 우호적으로 공존해야 한다는 이념을 표상하고 있다. 위 구절은 "살고, 살리고!"(Live and Let Live!)라는 표어로 요약되기도 한다. 만약 우리가 살기 위해

Live and Let Live
परस्परोपग्रहो जीवानाम्
〔그림 11〕 자이나교의 상징

서 자신의 권리를 행사하고자 한다면 우리는 그와 마찬가지로 다른 존재들에게도 똑같은 권리를 인정해야 한다. 이것은 간명한 도덕적 상호 작용의 원칙이다.

우리 모두가 살기를 원하며 고통을 피하고 쾌락을 즐기는 것처럼 다른 모든 살아 있는 것들도 살고자 원하며 안락을 즐기고 고통을 피한다. 그러므로 살아 있는 다른 존재를 해치는 것이 곧 죄업이라는 것이 자이나교의 불살생론의 대전제이자 기본적인 윤리 원칙이다.

이와 같은 불살생 이론을 토대로 정립되어 있는 수행자와 재가자의 의식주 생활상의 수많은 수행 세칙들은 단 한 점의 피라미드 정점(頂點)을 향해 쌓아 올려진다. 바로 '불살생서의 완전한 준수'이다. 그리고 그 정점은 자이나교의 상징 도상의 최상단에 그려져 있는 성취자의 1점, 즉 성취자계(成就者界, siddhaśilā ; siddhaloka) 속의 한 점으로 표현되며, 그 점에 이르러서 모든 존재는 완전한 해탈을 얻게 된다.

끝으로 필자는 자이나교의 수행론과 불살생주의라는 철학적 이념뿐만 아니라 불교를 비롯한 인도 종교의 수행 문화를 이해하는 데 이 책이 적으나마 도움이 되기를 기대한다.

부록

영혼의 정화 단계

인도력

아리슈타네미 설화

인도어의 음역 표기법

주석

참고 문헌

찾아보기

영혼의 정화 단계

필자는 본문 중에서 영혼의 정화(淨化) 단계(guṇasthāna)와 각종 수행 내용을 관련지어서 언급하였는데, 보다 상세한 내용을 여기에서 보충하고자 한다.

자이나교에서는 영혼을 그 정화의 상태에 따라서 다음과 같이 총 14단계로 구분하여 설명하고 있다.[1)]

제1 단계 - 사견(邪見) 상태(mithyādṛṣṭi)

이 단계는 영혼의 단계 중 가장 낮은 차원이다. 업에 따른 영혼의 오염이 가장 극심한 상태이다. 여기에는 방생, 즉 동물과 식물뿐만 아니라 무지(無知)에 빠져 있는 모든 존재들의 영혼이 해당한다. 무지의 정도는 자이나교의 진리를 기준으로 하여 판단한다. 따라서 불교나 브라마나교 등 타 학파의 지식을 믿고 따를 경우에도 사견(邪見)을 지닌 영혼에 포함시킨다.

영혼이 사견의 상태를 벗어나지 못하는 가장 큰 원인으로는 4예탁을 꼽는다. 즉 분노·교만·기만·탐욕 등의 감정으로 인한 영혼의 오염 정도가 가장 심하기 때문에 그 존재가 받는 고통도 매우 극심한 상태이다.

제2 단계 - 과도기 상태(sāsvādana)

이 단계는 실재에 대한 그릇된 견해를 가진 영혼의 상태이다. 과도기 상태의 영혼이기 때문에 제2 단계는 그 지속 상태가 매우 일시적이라는 것이 특징이다. 이 단계의 영혼은 6아발리카, 즉 극미세(極微細) 시간

(sūkṣmakāla) 동안만 머물다가 이내 제1 단계로 하락한다.[2)]

제2 단계는 제1 단계에서 곧장 상승하는 단계가 아니며, 제3 단계 이상에서 하락할 때 잠시 거쳐 가는 단계일 뿐이다. 영혼이 제3 단계 이상의 상태에 머물다가 탐욕 등의 업에 의해 정견이 흐려져서 다시 하락한 경우이다.

제3 단계 - 정사(正邪)의 혼합 상태(samyak-mithyātva)

영혼이 제1 단계에서 제4 단계로 올라가기 직전에 잠시 머무는 단계로서 영혼이 약간 정화된 상태, 즉 정견과 사견이 혼합된 상태이다. 또한 제4 단계에 머물던 영혼이 다시 제1 단계로 하락할 경우에도 머물다 가는 단계이다.

사견 상태의 영혼을 지닌 존재가 자이나교의 가르침을 듣고서 진리라고 알게 되는 단계이다. 그래서 이 단계의 영혼은 정견과 사견이 혼합 상태에 있다.

제4 단계 - 정견 상태(samyak-dṛṣṭi)

이 단계의 영혼은 정견을 얻은 상태이며 비로소 영혼의 정화가 시작된다.

자이나교에 입문한 재가자의 영혼 상태가 여기에 해당한다. 그렇지만 이 단계에서는 완전한 자기 제어는 불가능하기 때문에 업의 속박이 아직 강한 상태이다.

제4 단계에 들어선 존재는 보다 높은 단계의 정화를 추구하며 궁극적인 해탈을 얻기 위해서 수행에 힘쓴다.

제5 단계 - 부분적 자제 상태(deśa-virata)

이 단계에는 5소서를 포함한 11단계(pratimā)의 재가자 수행법을 완성한 상태의 영혼이 해당한다. 다만 제5 단계의 영혼은 정행을 방해하는 업으로 인해서 부분적인 자제에 머물러 있다.

제6 단계 - 완전 자제 상태(sarva-virata)

이 단계에는 5대서를 비롯하여 출가 수행자들이 지켜야 할 덕목들을 따라 자제(saṃyama)를 달성한 상태의 영혼이 해당한다.

5성위(聖位) 중에서 수행자(sādhu)가 여기에 해당한다. 다만, 현대 자이나 교단에서 수행자는 주로 백의파의 수행자(sādhu)를 가리키는 말로 쓰이며, 공의파의 경우에는 고행자(muni)라는 호칭이 보다 일반적으로 사용된다.

그렇지만 이 단계의 영혼은 근본 예탁(saṃjvalana-kaṣāya)과 부수(附隨) 예탁(no-kaṣāya)의 영향을 받으며 부주의로 인해서 5대서를 완전히

- 웃음(hāsya)
- 성적 쾌락(rati)
- 성적 불만족(arati : 우수, 비애로 인한 불쾌)
- 슬픔(śoka)
- 두려움(bhaya)
- 남성의 성적 갈망(puṃ-veda)
- 여성의 성적 갈망(strī-veda)
- 거세자의 성적 갈망(napuṃsaka-veda)

(남성의·여성의·거세자의 성적 갈망 → 성적 갈망)

〔표 27〕 9종 부수 예탁

지키지 못하는 상태이다.

부수 예탁은 9가지로 나누어지며 그 내용은 앞의 표와 같다.

특히 성적 갈망에 대해서, 남성은 여성에 대한 성적 욕망을 갖고, 여성은 남성에 대한 성적인 욕망을 갖는 반면에, 거세자는 남성 또는 여성에 대한 성적 욕망을 갖는다고 설명한다. 경우에 따라서 거세자는 중성이라고도 한다.

제7 단계 – 분노 제거 단계(apramatta-virata)

이 단계에 다다른 수행자는 5대서를 온전히 지키며 어떠한 경우에도 부주의한 상태에 빠지지 않는다. 제7 단계에서는 특히 미망과 무절제를 완전히 극복하고, 4예탁 중 분노를 완전히 제거하여 높은 수준의 정화를 달성한다.

5성위 중에서 우파디야야(upādhyāya)가 제7 단계의 정화를 성취한 영혼의 상태에 해당한다.

제8 단계 – 교만 제거 단계(apūrva-karaṇa)

이전의 제7 단계까지 사견, 무절제, 부주의 등의 업이 제거된 후 새로운 의욕이 일어나는데, 이때부터 제8 단계에 해당한다. 여기서는 4예탁 중 교만이 제거되어 보다 높은 정화가 이루어진다.

5성위 중에서 아차리야(ācārya)가 제8 단계에 해당한다. 이 단계에 들어서서야 비로소 고행자들의 지도자, 즉 교단의 지도자가 될 수 있다.

제9 단계 - 기만 제거 단계(anivṛtti-karaṇa)

이 단계는 제8 단계의 의욕이 궁극적인 해탈을 원하는 의욕으로 발전한 상태이다. 구체적으로는 4예탁 중 기만으로 인한 업이 완전히 제거된 상태이다.

5성위 중에서 아르하트(arhat)가 여기에 해당한다. 일반적으로 이 단계부터 '승리자'라고 불린다.

제10 단계 - 탐욕 잔존 상태(sūkṣma-sāmparāya)

이 단계는 근본 4예탁 중 탐욕만이 완전히 제거되지 못하고 가라앉아 있는 상태이다. 제10 단계는 부수 예탁을 비롯한 그 외의 업들도 제어할 수는 있지만 완전히 소멸시키지는 못한 영혼이 해당한다.

제11 단계 - 부분적 탐욕 제거 상태(upaśānta-moha)

정행을 방해하는 업을 억제하기는 하지만 제12 단계보다는 그 정도가 덜한 단계이다.

제11 단계에는 일시적으로 머무를 수 있을 뿐이며 지속적인 상태로 유지되는 단계가 아니다. 이 단계에서 영혼의 상태에 따라 더 낮은 단계로 하락할 수 있다.

제12 단계 - 탐욕 제거 상태(kṣīṇa-moha)

짧은 시간 동안 모든 예탁이 제거되는 상태를 영혼이 경험하는 단계이다. 따라서 정행을 방해하는 업이 모두 사라진다.

이 단계에서는 영혼이 위로 상승하는 것만 남아 있을 뿐 더 이상 하강하지 않는다.

제13 단계 - 전지 상태(sayoga-kevalin)

영혼의 활동성(yoga)이 남아 있는 해탈 상태이며 네 가지 유해 업을 모두 제거한 단계이다.

이제 남은 것은 영혼의 진동으로 인해 영혼과 결합하고 있는 육신과 관련된 것뿐이다. 정견과 정지, 정행은 모두 완성되었고, 영혼과 육신의 분리만이 남아 있는 상태이다.

5성위 중에서 성취자(siddha)의 영혼이 여기에 해당한다. 때로는 해탈을 성취한 이, 즉 티르탕카라(tīrthaṃkara) 24명과 일반적 성취자(sāmānya siddha)를 구분하여 말하기도 한다.

제14 단계 - 정적(靜的) 전지 상태(ayoga-kevalin)

이 단계에는 영혼의 활동성, 즉 진동(yoga)이 정지된 완전한 해탈 상태의 영혼이 해당한다.

제14 단계 이후는 해탈, 즉 완전한 자유를 의미한다. 이 단계에 이르러 모든 업의 유입이 멈추며, 업의 굴레에서 해방되고, 영혼의 진동마저 없는 완전한 승자가 된다.

이 단계의 존재 상태는 육체적으로는 죽음과 다르지 않다. 그렇지만 영혼은 영원한 자유의 상태로 돌아간다. 경전에서는 이 단계에 대해서 "마치 바위산처럼 움직임이 없다."라고 말한다.

위와 같이 제1 단계부터 최종적인 제14 단계는 영혼이 업으로 인한 오염에서 벗어나서 완전히 정화되는 상태에 이르러서 궁극적인 해탈을 성

〔그림 12〕 영혼이 정화되는 단계

취하는 과정을 보여 주고 있다. 이러한 영혼의 정화 단계는 자이나 수행의 과정과 궁극적인 목적을 명쾌하게 제시해 주고 있다는 데서 그 의의를 찾을 수 있다.

인도력

<table>
<tr><th>한 달</th><th>월별</th><th>달 이름</th><th>6계(季)</th><th>3제(際)</th></tr>
<tr><td>흑분</td><td rowspan="2">1월</td><td rowspan="2">차이트라
(caitra)</td><td rowspan="4">춘계
vasañta</td><td rowspan="8">열제
(熱際)
열기
(熱期)</td></tr>
<tr><td>백분</td></tr>
<tr><td>흑분</td><td rowspan="2">2월</td><td rowspan="2">바이샤카
(vaiśākha)</td></tr>
<tr><td>백분</td></tr>
<tr><td>흑분</td><td rowspan="2">3월</td><td rowspan="2">지예슈타
(jyeṣṭha)</td><td rowspan="4">하계
grīṣma</td></tr>
<tr><td>백분</td></tr>
<tr><td>흑분</td><td rowspan="2">4월</td><td rowspan="2">아샤다
(āṣāḍha)</td></tr>
<tr><td>백분</td></tr>
<tr><td>흑분</td><td rowspan="2">5월</td><td rowspan="2">슈라바나
(śrāvaṇa)</td><td rowspan="4">우계(雨季)
varṣā</td><td rowspan="8">우제
(雨際)
우기
(雨期)</td></tr>
<tr><td>백분</td></tr>
<tr><td>흑분</td><td rowspan="2">6월</td><td rowspan="2">바드라파다
(bhādrapada)</td></tr>
<tr><td>백분</td></tr>
<tr><td>흑분</td><td rowspan="2">7월</td><td rowspan="2">아슈와유자
(aśvayuja)</td><td rowspan="4">추계
śarat</td></tr>
<tr><td>백분</td></tr>
<tr><td>흑분</td><td rowspan="2">8월</td><td rowspan="2">카릇티카
(kārttika)</td></tr>
<tr><td>백분</td></tr>
<tr><td>흑분</td><td rowspan="2">9월</td><td rowspan="2">므리가쉬라
(mṛgaśira)</td><td rowspan="4">동계
hemañta</td><td rowspan="8">한제
(寒際)
한기
(寒期)</td></tr>
<tr><td>백분</td></tr>
<tr><td>흑분</td><td rowspan="2">10월</td><td rowspan="2">파우샤
(pauṣa)</td></tr>
<tr><td>백분</td></tr>
<tr><td>흑분</td><td rowspan="2">11월</td><td rowspan="2">마가
(māgha)</td><td rowspan="4">한계(寒季)
śiśira</td></tr>
<tr><td>백분</td></tr>
<tr><td>흑분</td><td rowspan="2">12월</td><td rowspan="2">팔구나
(phālguna)</td></tr>
<tr><td>백분</td></tr>
</table>

〔표 28〕 인도력

위의 표는 인도력을 정리한 것이다.[3)]

고대로부터 현대에 이르기까지 단식을 비롯한 여러 자이나 수행법의 시기적 기준은 인도 고래의 음력, 즉 샤카(śaka)력이다. 이는 범력(梵曆) 또는 힌두력이라고도 하며 다양한 인도력들 중에서도 가장 널리 쓰이는 달력이다.

인도력의 한 달(māsa)은 크게 둘로 나누어진다. 흑월 또는 흑분(kṛṣṇapakṣa)과 백월 또는 백분(śuklapakṣa)이라 구분한다. 흑분은 달이 이지러지기 시작하는 16일부터 30일까지를 말하고 한 달의 전반부에 위치시킨다. 백분은 달이 차기 시작하는 1일부터 15일까지이며 한 달의 후반부를 가리킨다. 하지만 흑분을 16일부터 30일까지라고 하는 것은 편의상 구분한 것이며, 실제 달력상으로는 그렇게 간명한 것만은 아니다.[4)]

인도력의 기준이 되는 삭망월(朔望月)은 보름달이 된 때로부터 다음 보름달이 될 때까지의 시간을 한 달로 계산하는 것이 일반적이다. 때로는 초승달이 된 때로부터 다음 초승달이 될 때까지라고 헤아리기도 하는데, 그 경우에는 한 달의 구분은 '백분 + 흑분'으로 그 순서가 바뀐다.

자이나 교단에서는 전통적으로 날짜를 헤아려 말할 때에는, 무슨 달 흑분의 제 몇째 날이라고 말하거나, 무슨 달 백분의 제 몇째 날이라고 말한다.

다음 인용 구절은 KS.의 '아리슈타네미의 일생'이라는 장의 일부분이다.

> 그 시대, 그 시기, 우기의 넷째 달, 카룻티카(kārttika)의 흑분〔2주간〕의 제7일, 그로부터 12일째에, 아르하트 아리슈타네미는 그가 36사가로파마 동안 살았던 아파라지타라고 불리는 위대한 비마나에서, 이곳 잠부드위파 대륙, 바라타바르샤, 샤우리푸라로 하강했다. 한밤중 달이 키트라 성좌와 합삭을 이루었을 때, 그는 사무드라비자야

왕의 부인, 쉬바 여왕의 자궁 속에서 태아 형태가 되어서, 등 〔재산이 증대하는 것 등의 꿈들을 꾼 것이, 여기서 반복되어야 한다〕.(171)

그 시대, 그 시기에 아르하트 아리슈타네미는 — 아홉 달 7일 반날이 흐른 뒤, 우기의 첫째 달, 슈라바나(śrāvaṇa)의 백분 〔2주간〕의 제2일, 그로부터 다섯째 날 등 — 〔쉬바〕, 완벽하게 건강한 그녀 스스로 완전히 건강한 아들을 낳았다. 〔사무드라비자야라는 이름만 대체하여 탄생에 대한 설명을 완전히 똑같이 반복하라.〕 그리하여 우리 아들의 이름을 아리슈타네미라고 한다.[5)]

위의 인용문에서도 보듯이, 야코비는 흑분과 백분에 대해서 각각 2주간, 즉 14일씩이라는 역주를 보충하고 있다. 그렇지만 위에서 설명하였듯이 일반적으로 흑분은 15일 또는 16일이며, 백분은 15일로 계산하고 있다.

『수슈루타 상히타』 1. 6. 5.에서 정의하는 시간(kāla)의 단위를 참조하면 다음과 같이 정리할 수 있다.[6)]

1아호라트나(ahorātra) = 30무후르타 = 24시간 = 1일

1파크샤(pakṣa) = 15아호라트나 = 15일

1마사(māsa) = 2파크샤 = 백분 + 흑분 = 1개월 = 30일

아리슈타네미 설화

자이나교의 제22대 조사인 아리슈타네미의 일생에는 불살생의 기원과 밀접한 관련이 있는 일화가 담겨 있는 것으로 잘 알려져 있다. 이 일화는 불살생의 기원을 아리슈타네미 대부터 시작된 것이라고 주장하는 입장의 근거가 되기도 한다. 다음 내용은 US. 제22장에 실려 있는 아리슈타네미의 설화이다.[7)]

샤우리야푸라라는 도시에는 강력한 힘을 가진 왕이 있었다. 그의 이름은 바수데바였고, 왕으로서의 표징을 지니고 있었다.(1)

그에게는 두 아내, 로히니와 데바키가 있었다. 그들에게는 각각 라마와 케사바라는 사랑스런 아들이 있었다.(2)

샤우리야푸라 시에는 〔또 다른〕 강력한 힘을 가진 왕이 있었다. 그의 이름은 사무드라비자야였고, 왕으로서의 표징을 지니고 있었다.(3)

그의 부인 이름은 쉬바였고, 유명한 그녀 아들은 존경받는 아리슈타네미였다. 그는 세상의 구제자였고 고행자들의 수장이었다.(4)

아리슈타네미는 탁월한 음성을 타고났으며 1,008가지의 상서로운 표징을 몸에 지니고 있었고, 가우타마(Gautama)였으며, 그의 피부는 검은 빛이었다.(5)

그의 몸은 황소처럼 힘셌고, 강철처럼 단단했다. 그는 균형이 잘 잡힌 몸을 가졌고, 마치 물고기의 배처럼 불룩한 배를 지녔다.

케사바는 소녀 라지마티에게 결혼하자고 청했다.(6)

탁월한 왕 〔우그라세나(Ugrasena)〕의 딸이었던 그녀는 덕이 높고 잘 생겼으며, 모든 상서로운 표징을 몸에 지녔고, 번쩍이는 사우다마니처럼 환히 빛났다.(7)

그녀의 아버지는 힘센 바수데바에게 말하기를, '내 딸을 줄 테니, 왕자를 이리로 오게 하라.'라고 하였다.(8)

그는 온갖 〔행운이 깃든〕 약초들을 넣고 목욕을 하고, 관례적인 의식들을 거행했다. 그는 천상의 옷 한 벌을 갖춰 입고 온갖 장식으로 치장했다.(9)

바수데바의 가장 크고 훌륭한 코끼리에 올라탄 그는 마치 머리에 쓴 보석처럼 아름답게 보였다.(10)

그는 높이 치켜든 일산 아래 앉았는데, 차우리(chowry) 두 개가 바람을 내고, 그의 주위는 많은 다샤르하(Daśārha)들이 에워싸고 있었고, 숙련된 군대가 대오를 지어 정렬해 있었다. 또한 악기들이 내는 천상의 소리는 하늘에 이르렀다.(11, 12)

그토록 화려하고 장려하게 갖추고, 브리슈니의 영웅은 자신의 궁전을 출발했다.(13)

가는 도중에 그는 동물들을 보았는데, 우리와 울타리 속에 갇혀서 두려움으로 맥을 못 추는 모습이 매우 불쌍해 보였다.(14)

고기를 위해 살해되고 그런 뒤에 먹히게 되는 그들을 보자, 위대한 현자는 자신의 전차를 모는 전사에게 이렇게 말했다.(15)

'행복해지기를 바라는, 이 모든 동물들이 왜 우리와 울타리 속에 갇혀 있느냐?'(16)

그러자 그 전사는 대답하기를, '이 동물들은 운 좋게도 전하의 결혼

식에서 많은 사람들을 위한 음식으로 제공될 것입니다.'(17)

많은 동물들이 살해된다는 말을 듣고서, 생명에 대한 동정심과 호의로 가득한 위대한 현자는 상념에 잠겨 이렇게 말했다.(18)

'만약에 날 위해서 수많은 생명들이 살해된다면, 나는 다음 세상에서 행복을 얻을 수 없을 것이다.'(19)

그러고 나서 훌륭한 그 사람은 전사에게 자신의 귀걸이와 목걸이, 모든 장신구들을 선물했다.(20)

그가 결단을 내렸을 때, 〔하늘에서〕 신들이 내려와서, 그가 포기한 것을, 이전의 관례에 따라, 그들을 수행하는 이들과 함께, 매우 화려하게 축복하였다.(21)

신들과 사람들에게 둘러싸인 채, 멋진 가마에 앉은 훌륭한 이는 드와라카를 떠나서 라이바타카 산으로 갔다.(22)

산에 도착하자마자, 그는 멋진 가마에서 내렸고, 수천 명의 군중에 둘러싸여서, 그의 포기가 이루어졌다. 달이 키트라와 합삭을 이루는 때였다.(23)

그리고 그는 기분 좋게 향내가 나는 부드럽고 곱슬곱슬한 머리칼을 스스로 다섯 움큼 뽑아 냈다.(24)

그러자 바수데바가 말하기를, 자기 머리털을 뽑아 낸 그는 감각들을 정복한 자라고 하였다. '오 고행자들의 수장이여, 네가 원하고 바라는 것을 곧 얻을 것이다.'(25)

'지식, 교의, 올바른 행위, 자제와 완전성이 증진되리라!'(26)

이와 같이 라마, 케사바, 다샤르하들을 비롯하여 많은 사람들이 아리슈타네미에게 경의를 표하고 나서 드와라카 시로 되돌아갔다.(27)

공주는 지나(Jina)의 입문식에 대해 들었을 때, 웃음과 즐거움을 잃었고, 고통으로 어찌할 줄 몰랐다.(28)

라지마티는 생각하기를, '그에게 버림받은 내 인생이 수치스럽구나! 차라리 수행자가 되는 편이 낫겠다.'(29)

확고하게 결심한 그녀는 마치 벌들처럼 검은 빛을 띠고 솔빗과 얼레빗으로 다듬어 치장했던 머리채를 잘라 냈다.(30)

그러자 바수데바는 자기 머리털을 자른 그녀에게 감각들을 정복했다고 말했다. '아가씨, 윤회의 무서운 바다를 어떤 어려움도 없이 건너리라!'(31)

그녀가 교단에 들어갔을 때, 덕 높고 아주 학식이 높던 아가씨는 그곳으로 많은 사람들과 자기 친척들과 하인들을 불러서 그들 역시 교단에 들어오게 하였다.(32)

라이바타카 산으로 가는 도중에 비가 내리기 시작하여 옷이 젖자 그녀는 동굴로 들어가서 비가 내리는 동안 어두컴컴한 그곳에서 기다렸다.(33)

그녀는 옷을 벗고 마치 갓난아이처럼 알몸이 되었고, 그런 모습으로 그녀는 라타네미의 눈에 뜨이게 되었고, 그녀의 마음〔의 평화〕가 〔그로 인해서〕 깨뜨려지게 되었고, 그런 뒤에야 그녀가 그를 보았다.(34)

그녀는 자신이 홀로 남자 수행자와 같이 있다는 것을 알고 매우 놀랐으며, 자신의 팔로 가슴을 가리면서 벌벌 떨었다.(35)

사무드라비자야의 아들인 그 왕자는 그녀가 놀라서 떨고 있는 모습을 보고서 이렇게 말했다.(36)

‘저는 라타네미랍니다. 아 이봐요, 아름답고 사랑스레 말하는 아가씨! 당신의 애인으로 날 받아 주세요, 오 멋진 사람, 당신은 우는 소리할 필요가 없어요.’(37)

‘이리 와요, 우리 쾌락을 즐겨요, 사람으로 태어나서 흔하지 않은 기회니까. 우리가 쾌락을 즐긴 뒤에, 우리는 지나의 길로 들어갈 것입니다.’(38)

라타네미의 의지력이 무너지고 그가 유혹에 사로잡혔다는 것을 알아챈 라지마티는 침착한 마음을 잃지 않고, 그 상황에서 자신을 지켰다.(39)

자기 제어와 자신의 서약들에 진실한, 최상의 왕의 딸은 씨족과 가족의 명예와 자신의 정절을 지켰고, 그에게 말하였다.(40)

‘만약 날라쿠바라를 기쁘게 하는 식의 바이슈라마나의 미덕을 당신이 가지고 있다면, 만약 당신이 바로 푸란다라 그 자신이라면, 난 당신에 대해 어떤 욕망도 갖지 않을 텐데.’(41)

‘이거 참 기분 나쁜데, 유명한 무사님, 이 목숨을 위해 게워 낸 물을 들이키려 하는데, 당신이 죽는 편이 훨씬 나을 것입니다.’(42)

‘나는 보가 왕의 딸이며, 당신은 안다카브리슈니입니다. 고귀한 집안에서 태어났으니 우리 간다나 뱀들처럼 되지는 맙시다. 똑바로 자기 제어를 실천하세요!’(43)

‘만약 당신이 보는 모든 여자와 사랑에 빠진다면, 당신은 마치 바람에 쓰러지는 하타 풀처럼 견디지 못할 것입니다.’(44)

‘마치 목동이나 물건 보관자는 무엇인가를 〔지키고 돌볼 뿐이고〕 소유할 수 없는 것과 마찬가지로, 당신은 진실로 슈라마나 자격을 갖

지 못할 것입니다.'(45)

덕 있는 아가씨가 이렇게 훌륭히 말하는 것을 듣고 나서, 그는 마치 갈고리로 부려지는 코끼리처럼 법으로 되돌아갔다.(46)

생각, 말, 행위에서 보호되고, 자신의 감각들을 억제하고, 서약들을 지키면서, 그는 일생 동안 진실한 슈라마나로서 수행했다.(47)

그 둘 다 극심한 고행들을 실천한 뒤에 케발린이 되었고, 자신의 카르마를 완전히 절멸시키고, 최상의 완전성에 도달했다.(48)

그리하여 깨닫고 현명하고 훌륭한 이들답게 행동했다. 그들은 쾌락으로 향하는 마음을 돌려서 이처럼 사람들 중 최상으로 행동했다.(49)

이와 같이 나는 말한다.

인도어의 음역 표기법

이 책에서는 인도어, 예컨대 산스크리트(saṃskṛt)와 팔리(pāli), 아르다마가디(ardhamāgadhī), 프라크리트(prākṛt) 등의 한글 표기를 다음과 같은 원칙에 따라 통일하였다.

1. 표기의 기본 원칙

제1항 불교 원어의 음역은 원칙적으로 1986년 1월 7일 문교부 고시 제85-11호로 고시된 '외래어 표기법'의 '제1장 표기의 기본 원칙'에 준하여 표기한다. 여기서 말하는 '불교 원어'란 인도에서 불전(佛典)을 전승하는 데 사용된 팔리와 산스크리트를 가리킨다.

(참고 : 외래어 표기법 제1장 표기의 기본 원칙)

① 외래어는 국어의 현용 24자모만으로 적는다.

② 외래어의 1음운은 원칙적으로 1기호로 적는다.

③ 받침에는 'ㄱ, ㄴ, ㄹ, ㅁ, ㅂ, ㅅ, ㅇ'만을 쓴다.

④ 파열음 표기에는 된소리를 쓰지 않는 것을 원칙으로 한다.

⑤ 이미 굳어진 외래어는 관용을 존중하되 그 범위와 용례는 따로 정한다.

(유의 사항)

① 현행 24자모 이외의 특수한 기호를 사용하지 않는다. 이 원칙은

"1음운은 원칙적으로 1기호로 적는다."라는 원칙을 포함한 다른 모든 원칙에 우선한다.

② 발음상 된소리(경음)로 들리는 자음도 거센소리(격음)로 표기한다. 이는 발음의 구분이 모호하기 때문만이 아니라, 된소리의 빈도가 지나칠 경우에 야기되는 국어와의 마찰을 최소화하는 데 그 목적이 있다.

③ 국어에서 실제 발음상의 음가를 갖지 못하는 받침은 그대로 사용하지 않고, 가장 가깝게 발음되는 받침으로 대체한다.

④ 불교 원어의 장모음과 단모음을 구분하여 적지 않는다.

제2항 불교 원어의 자모 배합에 따른 발음의 특성상 제1항으로 해결하기 어려운 경우의 표기는 따로 정하는 '관용적 표기의 세칙'을 따른다.

2. 모음의 표기

a 아 / garuḍa 가루다.

ā 아 / gāthā 가타.

i 이 / licchavī 릿차비.

ī 이 / gotamī 고타미.

u 우 / rāhula 라훌라.

ū 우 / virūḍhaka 비루다카.

ṛ 리 / hotṛ 호트리, rājagṛha 라자그리하.

ṝ 리 / kṝ 크리.

ḷ ㄹ리 / kḷpta 클립타, kāḷodāyin 칼로다윈.

ḹ ㄹ리 / ḷ와 동일하게 취급한다.

e 에 / prasenajit 프라세나지트.

ai 아이 / nairañjanā 나이란자나.

o 오 / lokāyata 로카야타.

au 아우 / kauśika 카우쉬카.

3. 자음과 반모음의 표기

자음은 기본 원칙의 제1항에 따라 아래와 같이 표기하되, 받침으로 표기되는 경우, 자음의 음가에 국어의 '으' 음을 결합하는 경우, 특수한 복합 자음의 표기, 기타 병행이 가능한 표기 등은 '관용적 표기의 세칙'에서 정한다.

ka 카 / naraka 나라카, cakra 차크라, bhakti 박티. / 실제의 발음은 경음인 '까'에 가깝게 들리지만, 표기의 기본 원칙 제1항에 따라 격음인 '카'로 적는다. 받침으로 사용될 경우에는 'ㄱ'으로 적는다.

kha 카 / duḥkha 두카, khitaka 키타카. / ka의 경우와 동일하게 적는다. 받침으로 표기되지는 않는다.

ga 가 / gandharva 간다르바, gṛha 그리하.

gha 가 / ghoṣaka 고샤카. / ga의 경우와 동일하게 적는다. 받침으로 표기되지는 않는다.

ṅ 받침 ㅇ / laṅkā 랑카. / 국어의 받침 'ㅇ'에 상당하는 비음이다. 항

상 받침 'ㅇ'으로 적는다.

ca 차 / candrakīrti 찬드라키르티, krakucchanda 크라쿳찬다. / 실제의 발음은 경음인 '짜'에 가깝게 들리지만, 표기의 기본 원칙 제1항에 따라 격음인 '차'로 적는다. 받침으로 사용될 경우에는 'ㅅ'으로 적는다.

cha 차 / chanda 찬다. ca의 경우와 동일하게 적는다. 받침으로 표기되지는 않는다.

ja 자 / jati 자티, avijjā 아빗자. / 받침으로 사용될 경우에는 'ㅅ'으로 적는다. 'ñ'가 뒤따를 때는 이 음가를 상실하고 특수하게 발음되는데, 이 경우는 '제5장 관용적 표기의 세칙' 제3항의 1에 따라 적는다.

jha 자 / gijjhakūṭa 깃자쿠타. / ja의 경우와 동일하게 적는다. 받침으로 표기되지는 않는다.

ña 냐 / yajaña 야자냐, ñānasaṃvara 냐나상와라, sañjaya 산자야. / 국어의 받침 'ㄴ'에 상당하는 비음이지만, 모음 'a'가 뒤따를 때는 '냐'로 적는다. 자음 앞이나 어말에서는 받침 'ㄴ'으로 적는다. 'j'가 선행할 때는 이 음가를 상실하고 특수하게 발음되는데, 이 경우는 제5장 제3항의 1에 따라 적는다.

ṭa 타 / ghaṇṭā 간타, aṭṭhaṅgika 앗탕기카. / 국어에는 상당하는 음가가 없는 권설음 즉 혀말음소리이다. 받침으로 사용될 경우에는 'ㅅ'으로 적는다.

ṭha 타 / kaṇṭhaka 칸타카. / ṭa의 경우와 동일하게 적는다. 받침으로 표기되지는 않는다.

ḍa 다 / daṇḍaka 단다카. / 국어에는 상당하는 음가가 없는 권설음

이다. 받침으로 사용될 경우에는 'ㅅ'으로 적는다.

ḍha 다 / virūḍhaka 비루다카 / ḍa의 경우와 동일하게 적는다. 받침으로 표기되지는 않는다.

ṇa 나 / dhāraṇī 다라니, kaṇṭhaka 칸타카. / 국어의 받침 'ㄴ'에 상당하는 비음이다. 자음 앞이나 어말에서는 받침 'ㄴ'으로 적는다.

ta 타 / tamas 타마스, uttara 웃타라. / 실제의 발음은 경음인 '따'에 가깝게 들리지만, 표기의 기본 원칙 제1항에 따라 격음인 '타'로 적는다. 받침으로 사용될 경우에는 'ㅅ'으로 적는다.

tha 타 / gāthā 가타. / ta의 경우와 동일하게 적는다. 받침으로 표기되지는 않는다.

da 다 / dantikā 단티카, khuddaka 쿳다카. / 받침으로 사용될 경우에는 'ㅅ'으로 적는다.

dha 다 / dhaniya 다니야 / da의 경우와 동일하게 적는다. 받침으로 표기되지는 않는다.

na 나 / nandā 난다, chanda 찬다. / 국어의 받침 'ㄴ'에 상당하는 비음이다. 자음 앞이나 어말에서는 받침 'ㄴ'으로 적는다.

pa 파 / pañcika 판치카, abhippasādo 아빗파사도, dharmagupta 다르마굽타. / 실제의 발음은 경음인 '빠'에 가깝게 들리지만, 표기의 기본 원칙 제1항에 따라 격음인 '파'로 적는다. 동일 계열의 자음(p, ph) 앞에서는 받침 'ㅅ'으로, 이 밖의 받침으로 사용될 경우에는 'ㅂ'으로 적는다.

pha 파 / phala 팔라. / pa의 경우와 동일하게 적는다. 받침으로 표기되지는 않는다.

ba 바 / bauddha 바웃다, śabda 샤브다. / 받침으로 표기되지는 않는다.

bha 바 / bharata 바라타. / ba의 경우와 동일하게 적는다. 받침으로 표기되지는 않는다.

ma 마 / mahāvīra 마하비라, kumbhāṇḍa 쿰반다. / 국어의 받침 'ㅁ'에 상당하는 비음이다. 자음 앞이나 어말에서는 받침 'ㅁ'으로 적는다.

ya 야 / yoga 요가, gomayī 고마위, āraṇyaka 아란야카, saṃkhya 상키야, nairātmya 나이라트미야, manuṣya, 마누쉬야, geyya 게이야. / 어두에서, 모음 뒤에서, 받침으로 표기되는 비음 뒤에서는 뒤따르는 모음에 따라 '야', '위'(yi), '유'(yu), 예(ye), '요'(yo) 등으로 적는다. 그러나 자음 뒤, 또는 받침으로 표기되지 않는 비음 뒤에 있을 때는 그 자음의 음가를 '이'와 결합하고 나서 이 발음, 즉 '야' '유' 등을 첨가하여 적는다. 비음을 받침으로 적는 경우는 제5장 제2항의 3에서 제시한다. y가 중복될 때 앞의 y는 '이'로 적는다.

ra 라 / ratna 라트나, karma 카르마. / 받침으로 표기되지는 않는다.

la ㄹ라 / lohita 로히타, maṇḍala 만달라, tamil 타밀. / 어두에서는 ra의 경우와 동일하나, 어두에 오지 않는 경우에는 선행하는 음가에 'ㄹ'을 받침으로 첨가하고 나서 ra의 경우를 적용한다. 어말에서는 단지 'ㄹ' 받침으로 적는다.

va 바 또는 와 / veda 베다, sarva 사르바, svāmī 스와미. / 모음과 반모음 r, l 다음이나 어두에 있을 때는 '바'로 적는다. 그러나 자음 뒤에 있을 때는 '와'로 적는다. 이처럼 '와'로 적는 것은 관용적 표기에 속한다. 자음 뒤의 vi와 ve는 각각 '위'와 '웨'로 적는다.

śa 샤 / āśrama 아슈라마, śiva 쉬바, pariśuddhi 파리슛디, leśyā 레쉬야. / 모음이 뒤따르지 않을 경우에는 '슈'로 적는다. 그러나 뒤따르는 모음이 'a, i, u, e, o'일 경우에는 각각 '샤, 쉬, 슈, 셰, 쇼'로 적는다. 또 'y'가 후속하여 '이' 음가와 결합할 때는 '쉬'로 적는다. 받침으로 표기되지는 않는다.

ṣa 샤 / viṣṇu 비슈누, dveṣa 드웨샤. / ś의 경우와 완전히 동일하게 적는다.

sa 사 / somā 소마, vipassanā 비팟사나. / 인도어에서는 치찰음에 속하여 '싸'에 가깝게 들리지만, 표기의 기본 원칙 제1항에 따라 '사'로 적는다. 중복될 경우에는 앞의 발음을 받침 'ㅅ'으로 적는다.

ha 하 / harṣa 하르샤, hṛdaya 흐리다야, brahman 브라만. / 받침으로 표기되지는 않는다. 반모음 y나 모음이 뒤따르지 않는 h는 그 음가의 특성상 따로 모음을 주지 않고 묵음으로 처리한다. 모음이 뒤따르지 않는 h를 '흐'로 표기하는 것은 유사한 다른 경우, 즉 대기음에서 기음(-h)을 따로 표기하지 않는다는 원칙이나 말미에 오지 않는 비사르가(ḥ)를 묵음으로 처리한다는 원칙과 일관되지 않는다.

4. 특수음의 표기

ṃ, ḥ. / 산스크리트 어에서 '아누스와라'라고 불리는 'ṃ'과 '비사르가'라고 불리는 'ḥ'는 앞이나 뒤의 음가에 따라 다르게 발음되는 특수음이다. 비음인 ṃ은 'ㄴ, ㅁ, ㅇ' 중의 어느 것이라도 받침으로 선택하

여 적을 수 있으며, 기음인 ḥ는 어말에서 '하'로 통일하여 적을 수 있다. 특히 산스크리트 자음의 음성적 구조를 모를 경우에는 ṃ의 발음을 구별하여 표기할 수 없을 뿐만 아니라, 실제의 발음에서 ṃ은 종종 다른 비음으로 대체될 수 있기 때문이다.

그러나 산스크리트 자음의 음성적 구조에 따라 아래와 같이 구분하여 적는 것을 원칙으로 삼는다.

제1항 아누스와라(ṃ)는 뒤따르는 자음의 계열에 속하는 비음으로 적는다. 이 밖의 경우에는 받침 'ㅇ'으로 적는다. 어말에서는 항상 받침 'ㅁ'으로 적는다.

saṃgha 상가. / 'k, kh, g, gh, ṅ'가 뒤따를 때는 받침 'ㅇ'으로 적는다. 이 경우, ṃ는 ṅ과 동일하다.

saṃjaya 산자야. / 'c, ch, j, jh, ñ'가 뒤따를 때는 받침 'ㄴ'으로 적는다. 이 경우, ṃ는 ñ과 동일하다.

saṃḍīvin 산디빈. / 'ṭ, ṭh, ḍ, ḍh, ṇ'가 뒤따를 때는 받침 'ㄴ'으로 적는다. 이 경우, ṃ는 ṇ과 동일하다. 그러나 ṃ이 이처럼 위치하는 경우는 매우 드물다.

saṃtāna 산타나, kiṃnara 킨나라. / 't, th, d, dh, n'가 뒤따를 때는 받침 'ㄴ'으로 적는다. 이 경우, ṃ는 n과 동일하다.

saṃbodhi 삼보디. / 'p, ph, b, bh, m'가 뒤따를 때는 받침 'ㅁ'으로 적는다. 이 경우, ṃ는 m과 동일하다.

saṃskāra 상스카라, aṃśa 앙샤, saṃvara 상와라, siṃha 싱하, saṃyutta 상윳타. / 앞의 다섯 가지 예에 속하지 않으면서 어말에 있지 않을 때에는 받침 'ㅇ'으로 적는다. 이 경우에 ṃ는 ṅ과 동일하다.

제2항 어말의 비사르가(ḥ)는 바로 앞에 있는 모음의 음가를 'ㅎ'과 결합하여 '하'(-aḥ), '히'(-iḥ), '후'(-uḥ), '헤'(-eḥ), '호'(-oḥ) 등으로 적는다. 어말에 있지 않은 경우에는 묵음으로 처리하여 적지 않는다.

puruṣaḥ 푸루샤하, kaviḥ 카비히, dhenuḥ 데누후, mateḥ 마테헤, matyoḥ 마티요호.

duḥkha 두카, naiḥsargika 나이사르기카.

5. 관용적 표기의 세칙

다양한 자모의 배합과 인도어 특유의 발성으로 인해, 앞의 4장에서 제시한 원칙만으로는 그 구체적인 표기법이 불충분하거나 선명하지 않는 경우는 아래의 세칙에 따라 적는다.

제1항 비음과 비사르가(ḥ)를 제외하고 아래의 경우에 해당하는 자음들은 받침으로 적지 않고 국어의 '으' 음가와 결합하여 적는다. 'ś'와 'ṣ'는 여기에 적용되지 않는다.

① 어말에 있는 자음.

marut 마루트, vāk 바크. / 산스크리트 문장에서 어말에 올 수 있는 자음은 극히 한정되어 있으므로 이 원칙에 적용되는 자음은 'k, ṭ, t, p'에 불과하다. 그러나 낱개의 단어를 표기할 경우에는 다른 자음들도 어말에 올 수 있다. 'l'의 경우는 자음 표기의 원칙에 따라 받침으로 적는다.

② 기본적으로 모음 뒤 또는 어두에서 서로 다른 계열의 자음이 겹칠 경우, 앞에 오는 자음. 여기에 적용되지 않는 예외는 따로 정한다.

krama 크라마, prastha 프라스타, śabda 샤브다, ātman 아트만. / 자음 앞의 비음, 빈번히 사용되는 복합 자음인 jñ와 kṣ, 아래의 제2항이 여기에 적용되지 않는 예외가 된다.

③ 'ㄹ' 음가를 갖는 모음(ṛ, ṝ, ḷ, ḹ)이나 반모음(r, l) 앞의 자음.

prakṛti 프라크리티, pratiṣṭhita 프라티슈티타, mṛta 므리타.

제2항 받침은 아래의 원칙에 따라 적는다.

① 모음 다음에서 동일 계열의 자음이 겹칠 경우에는 '외래어 표기법'의 기본 원칙에 따라 앞의 자음을 받침으로 표기하되, 국어에서 그 받침의 음가가 분명하지 않을 때는 'ㅅ'으로 표기한다.

mokkha 목카, buddha 붓다, abhippasādo 아빗파사도.

② 모음 뒤에서, 국어의 발음으로 'ㅋ, ㅌ, ㅍ'의 음가를 지니는 자음 'k, t, p'가 비음 이외의 다른 자음 앞에 있을 경우에는 각각 'ㄱ, ㅅ, ㅂ' 등으로 적는다. 그러나 kṣ의 경우는 여기에 적용되지 않는다.

bhakti 박티, gupta 굽타, vātsalya 밧살리야. / 'kṣ'의 표기는 아래 제3항의 ②에서 따로 제시한다.

③ 반모음 ya 또는 자음 앞의 비음이 모음 뒤에 있을 경우에는 원칙적으로 받침으로 적는다. 그러나 모음 다음의 비음에 모음이 뒤따르면, 그

비음은 받침으로 적지 않고 뒤따르는 모음과 결합하여 적는다.

puṇya 푼야, samākhyā 사마키야, amṛta 아므리타. / nairātmya의 경우는 '나이라트미야'라고 적는다. 이는 비음 'm'이 자음 't'의 뒤에 있기 때문이며, 제1항 ②와 제2항 ②의 원칙에 적용되는 것이다. amṛta(아므리타)는 앞의 제1항 ③에도 해당한다.

제3항 jñ와 kṣ는 빈번히 사용되는 복합 자음으로서 발성의 습관에 따라 아래와 같이 적는다.

① jñ는 뒤따르는 모음에 따라 '갸'(jña), '기'(jñi), '계'(jñe) 등으로 적는다.

jñāna 갸나, saṃjñin 산긴, jñeya 계야.

② kṣ는 뒤따르는 모음에 따라 항상 '크샤'(kṣa), '크쉬'(kṣi), '크슈'(kṣu), '크셰'(kṣe), '크쇼'(kṣo) 등으로 적는다.

kṣatriya 크샤트리야, dakṣiṇā 다크쉬나, cakṣus 차크슈스, kṣema 크셰마, akṣobhya 아크쇼비야, lakṣmīdhara 라크슈미다라. / kṣ의 'k'와 'ṣ'는 앞뒤의 자모와 무관하게 독립된 음가를 유지한다.

제4항 복합어를 표기할 경우에는 접두어나 구성 단어를 분리하여 적을 수도 있다. 이 경우에는 원어를 표기하는 발음 기호에 복합어의 구성 요소를 표시하는 기호(-)가 있어야 하며, 국어의 표기에서는 그 기호를 띄어쓰기로 표시한다. 이 때, 연성 법칙에 의해 본래의 음가가 변한 경우에는 본래의 음가로 표기한다.

ṛgveda 리그웨다 ; ṛg-veda 리그 베다.

samākhyā 사마키야 ; sam-ākhyā 삼 아키야.

bṛhadāraṇyaka 브리하다란야카 ; bṛhad-āraṇyaka 브리하드 아란야카.

samyaksambodhi 삼약삼보디 ; samyak-sambodhi 삼야크 삼보디.

부칙 : 중국 음역어의 한글 표기

제1항 한자(漢字)로 표기된 음역어의 한글 표기는 그 동안 통용되어 온 관례에 따른다.

波羅蜜多(pāramitā) : 파라밀다(×), 바라밀다(○).

菩提(bodhi) : 보제(×), 보리(○).

제2항 제1항을 적용하기가 모호한 경우에 한하여, 하나의 한자에 대한 한글 음이 둘 이상일 때에는 원어의 발음에 가장 가까운 한글 음을 선택하여 적는다. 한글 음을 선택할 때는 전문 학자를 위한 특수한 옥편이 아니라, 일반인에게 통용되는 옥편을 기준으로 삼는다.

鳩摩羅什(kumārajiva) : 구마라습(×), 구마라집(○).

僧佉(sāṃkhya) : 승카(×), 승가(○).

주석

서론

1) 14원경(元經)은 제12번째의 주지로서 드리슈티바다(Dṛṣṭivāda)라고 한다. 여기에 34외주지(外主支)를 합하여 총 46종의 성전(聖典)이라고 헤아린다.
2) 현재 비하르(Bihar) 주의 파트나(Patna) 지역에 해당한다.
3) 셋잠바바(Sejjaṃbhava)라고도 하며 기원전 491~429년에 생존했던 것으로 알려져 있다.
4) 라다크리슈난은 자이나 경전들은 아르다마가디로 쓰여 있으나, 서력 기원 이후에는 산스크리트가 자이나교의 주요 언어로 자리 잡았다고 말한다. 라다크리슈난(1996), p. 63, 참조. 그러나 그의 말에 동의할 자이나 학자는 거의 찾아보기 힘들 것이다. 지금도 여전히 아르다마가디 어는 자이나교의 성전 언어로서 확고한 위치를 차지하고 있기 때문이다.

제1장 불상생의 개념과 기원

1) Monier-Williams(1982), p. 125 b, 참조.
2) han : to injury, harm, wound, kill, destroy, slay. Monier-Williams(1982), p. 1297 c, 참조.
3) Mehta(2000), p. 49.
4) PuSi. 44. : aprādurbhāvaḥ khalu rāgādīnāṃ bhavatyahiṃseti, teṣāmevotpattirhiṃseti jināgamastha saṃkṣepaḥ. Prasada(1974), p. 28.
5) Dinshah(1987), p. 8.
6) Stevenson(1984), p. 116.
7) Shashi(1998a), p. 832, 참조.
8) Misra(1998), p. 191.
9) Handiqui(1949), p. 264, 참조.
10) 마하비라와 가우타마 붓다 이전에 성립한 고(古)우파니샤드로 꼽히는

것은 브리하다란야카 우파니샤드(*Bṛhadāraṇyaka Upaniṣad*), 찬도기야 우파니샤드(*Chāndogya Upaniṣad*), 타잇티리야 우파니샤드(*Taittirīya Upaniṣad*), 카우타쉬타키 우파니샤드(*Kauśītaki Upaniṣad*), 아이트레야 우파니샤드(*Aitreya Upaniṣad*) 등이다. Jain, Ram Chandra(2003), p. 113, 참조.

11) 크로포드는 "이것이 우파니샤드 속에서 아힝사에 관해 언급하는 유일한 예라고 지적하고 있다."라고 말하였지만, 유일하다고 단정하기에는 무리인 듯하다. Crawford(1982), p. 43. 왜냐하면 ChUp. 8. 15. 1.에서는 "경전에 금지한 대로 생물을 해하지 않으면서 생애 끝까지 그와 같이 살지니, 드디어 그는 브라만의 세계를 얻는다. 그리고 다시 돌아오지 않는다."라는 경우처럼 살생, 상해 등을 금지하는 의미를 내포한 구절도 적잖이 발견되기 때문이다. 이재숙(1996), p. 416. '브라만'은 일관성을 위해서 필자가 교정하였다.

12) ChUp. 3. 17. 4. : atha yat tapo dānam ārjavam ahiṃsā satya-vacanam iti, tā asya dakṣināḥ. Radhakrishnan(1968), p. 396.

13) 이재숙(1996), p. 301.

14) 이재숙(1996), p. 297. "puruṣo vāva yajñaḥ, ……." Radhakrishnan(1968), p. 394.

15) 이재숙(1996), p. 301.

16) 이와 관련된 출전은 RV. 1. 18. 5.이다. 그 내용에 따르자면, 제사를 통해서 다크쉬나 여신의 보호를 얻게 되는 구조를 이루며, 구원을 위해서는 제사와 다크쉬나가 반드시 필요하게 된다.

17) Shashi(1998a), p. 139, 참조.

18) Singh, Dharmdeo N.(1999), p. 165.

19) Dasgupta(1975), p. 208.

20) Chakravarti(1982), p. 414.

21) 자이나 교단에서는 마하비라의 생존 연대를 기원전 599~527년으로 정하고서, 그에 따라 1974년 11월 13일에 마하비라 열반 2,500주년 기념행사를 범교단적으로 거행하였다. 가우타마 붓다의 생존 연대에 대해서는 에드워드 토마스를 비롯한 여러 학자들이 이 설을 지지하고 있다.

Thomas, Edward J.(1992), p. 15.

22) 일설에서는 파르슈와의 생존 연대를 기원전 872~772년으로 보거나, 기원전 950~850년이라고도 한다. 크리스티 윌리는 후자를 택한다. Wiley(2004), p. 165, 참조.

23) Jain, Ram Chandra(2003), p. 110, 참조. 또한 지요티 프라사드 자인도 동일한 견해를 취한다. Jain, Jyoti Prasad(1999), p. 15.

24) 대서사시 『마하바라타』(*Mahābhārata*)의 중심 주제는 사촌 간이었던 판다바(Pāṇḍava) 형제들과 카우라바(Kaurava) 형제들이 쿠루(Kuru)국에 있는 하스티나푸라(Hāstinapura) 왕국을 놓고 벌였던 경쟁이다. 『마하바라타』 문헌은 대략 기원전 600년경에 쓰였으나, 실제로 전쟁이 일어났던 것은 그보다 수세기 이전이었을 것으로 추정하고 있다.

25) 루스 레이나는 바라타 전쟁의 연대가 기원전 1414년경이었다고 주장한다. Reyna(1971), p. 16. 현대 학자들 중 다수가 기원전 15세기경이라는데 동의하고 있다. Jain, Jyoti Prasad(1999), p. 15, 참조.

26) Macdonell & Keith(1982), p. 146, 참조.

27) Chakravarti(1982), p. 414.

28) Joshi(1970), p. 32, 참조.

29) Hercus(1984), p. xiv , 참조.

30) Hercus(1984), p. xiv , 참조.

31) Singh, Ramjee(1998), p. 68, 참조.

32) Goyal(1995), p. 36, 참조.

33) Joshi(1970), p. 28.

34) Sekhar(2003), p. 23, 참조.

35) 황색의 염의에 대해 호레이스 헤이만 윌슨은 '나무껍질〔樹皮〕로 된 옷'이라고 부연하고 있다. Wilson(2002), p. 364. 윌슨의 견해는, 수피로 염색한 옷을 의미하는지, 아니면 거친 수피로 옷을 입었다는 것인지는 분명하지 않다.

36) RV. 10. 136. 2. : mūnayo vắtaraśanāḥ piśáṅgā vasate málā. vắtasyắnu dhrắjiṃ yanti yád devắso ávikṣata. Nooten & Holland(1994), p. 557.

37) RV.의 muni-sūkta에 나오는 'vātasrana munyo'라는 말은 『우파니샤드』

에 나오는 '슈라마나'와 같다고 본다. Sekhar(2003), p. 23, 참조.

38) Gupta(1992), p. 221, 참조.

39) Peter & Manihara(2001), p. 12.

40) Macdonell & Keith(1982), p. 145, 참조.

41) Rengarajan(2004), p. 97, 참조.

42) Jain, Jagdishchandra(1984), p. 15, 참조.

43) 유성민은 고대 이스라엘의 희생 제의에 대한 논고에서, "희생 제의는 계약의 준수를 보장하는 메커니즘으로 작용했다고 볼 수 있는데, 곧 희생물에 대한 폭력을 통해 폭력에의 충동을 해소함으로써 부족들 간의 갈등을 해소하고 희생물을 함께 먹음으로써 유대를 강화할 수 있었고, 그렇게 함으로써 계약의 준수가 보장되었다고 볼 수 있다. 이러한 이유에서 계약을 선포할 때에는 항상 희생 제의가 수반되었던 것이다."라고 하였다. 유성민(1990), p. 190.

44) Jaini, Padmanabh S.(1990), p. 76.

45) 자이나 업론에서 더 이상 업이 유입되지 않도록 막고 업 물질을 영혼과 분리시켜서 그 결합을 약화시키는 것을 제어(saṃvara) 단계라 부른다.

46) Macdonell & Keith(1982), p. 145.

47) Bhattacharya(1987), p. 103, 참조.

48) Handiqui(1949), p. 377, 참조.

49) Handiqui(1949), p. 125, 참조.

50) Handiqui(1949), p. 316, 참조.

51) Handiqui(1949), p. 325.

52) mā hiṃsāt sarvabhutāṇi.

53) Misra(1998), p. 192, 참조.

54) 아직도 힌두교의 소수 종파로서 맥을 잇고 있는 쉬바파 계통에서는 유혈의 공희가 시행되고 있다.

55) 꿀에 해당하는 마두(madhu)란 본래 '벌꿀 술' 또는 '벌꿀 등의 달콤한 식품'이나 소마(soma) 또는 우유 등을 두루 가리키는 말로서 RV.에도 자주 나오는 말이다. 그러나 후대에 이르러서 마두라는 말은 벌꿀만을 의미하게 되었다. Macdonell & Keith(1982), pp. 123~124, 참조. 자이나교에서

는 무혈의 공희물 중에서도 꿀은 특히 불살생 원리와 배치되는 것이라 하여 금지 대상으로 여긴다.

56) 프리야다르쉬(Priyadarśi)는 아쇼카의 별칭이다.

57) Tatia(2000), p. 11.

58) 자(2004), p. 82.

59) Bhattacharya(1987), pp. 101~109, 참조.

50) 『마하바라타』에서는 주로 동물 희생제와 함께 불살생주의를 언급하고 있다. 다시 말해서 동물 희생제를 시행하는 것에 대한 반론의 핵심 개념이 곧 불살생이다. 그리고 불살생의 미덕은 곧 동물에 대한 동정심과 자비심의 발로라고 역설하는 내용이 대부분이다.

61) Jain, Jyoti Prasad(1999), p. 15, 참조.

62) 아리슈타네미는 네미(Nemi) 또는 네미나타(Neminātha)라고도 부른다. 이 책의 부록에 아리슈타네미와 관련된 설화를 실어 놓았다.

63) 샤우리야푸라는 지금의 아그라 근처에 있는 소리야푸라(Soriyapura)를 가리킨다.

64) Gupta(1992), p. 221, 참조.

65) Barlingay(1987), p. 163.

66) Barlingay(1987), p. 170.

67) 정태혁(1991), p. 249.

68) 막스 뮐러는 연민(compassion)이라고 번역하였다. Müller(1980), p. 73.

69) "8. supraudhu praujhati imi gotamaṣavaka yeṣa diva ya rati ca ahiṅsai rato mano." Barua & Mitra(1988), p. 107.

40) "104. suprauddhu praujadi, imi godama-ṣabaka, yeṣe diva ya radica, ahitsai rado maṇo." Bhaskar(1990), pp. 18, 122.

71) Fausböll(1881), pp. 345~346.

72) 1045. : "Ye kec'ime isayo manujā - icc-āyasmā Puṇṇako - khattiyā brāhmaṇā devatānaṃ / yaññam akappayiṃsu puthu idha loke, / kacciṃ su te Bhagavā yaññapathe appamattā atāru jātiñ ca jarañ ca mārisa, / pucchāmi taṃ Bhagavā, brūhi me taṃ." 1046. : Āsiṃsanti thomayanti abhijappanti juhanti - Puṇṇakā ti Bhagavā - kāmâbhi-jappanti paṭicca

lābhaṃ, / te yājayogā bhavarāgarattā / nâtarimsu jātijaran ti brūmi. Andersen & Smith(1984), p. 200.

73) Davids & Carpenter(1975), pp. 127~149, 참조. 大正新脩大藏經刊行會(1962), pp. 96 하~101 중, 참조.

74) 필자는 고대 연표 특히 자이나교의 연대에 대해서는 주로 지요티 프라사드 자인(Jyoti Prasad Jain)의 연구 결과를 따르고 있다. 인도 고대사에 대한 그의 연구 결과는 자이나 교단과 자이나 학자들 사이에서도 가장 많은 지지를 받고 있다. Jain, Jyoti Prasad(1964), 참조.

75) Carpenter(1976), pp. 209~210, 참조.

76) 中村 元(1969), p. 35.

77) Bhattacharyya(1999), p. 177.

78) 아쇼카의 재위 시기는 기원전 268~232년(사망)으로 보고 있다. Kapoor & Gupta & Gupta(2003), p. 296, 연표 참조. 라나 싱은 아쇼카 왕의 생존 연대는 기원전 304~232년이며, 기원전 270년에 마우리야 왕조의 제3대 왕위에 올랐다고 보았다. Singh, Rana P. B.(2003), p. 290. 그 밖에도 아쇼카가 왕위를 계승한 연도에 대한 다양한 학설들이 제기되어 있는데, 기원전 274년 설, 273년 설, 272년 설, 232년 설 등으로 매우 다기(多岐)하다.

79) Basham(1987), pp. 3~4, 참조.

80) Thomas(1995), p. 23, 참조. 정사(正死)에 대해서는 '제6장 7. 정사서(正死誓)'에서 상세히 설명하였다.

81) 빈두사라는 'Vindusâra'라고도 표기한다. Thomas(1995), p. 29. 일설에 따르면 빈두사라는 아지비카 교도였다고도 한다.

82) Kapoor & Gupta & Gupta(2003), p. 297.

83) 일설에 따르면, 아쇼카 왕은 자이나 교도를 '니간타'라고 불렀다고 한다. Chanchreek & Jain(2005), Vol. 1, p. xxi, 참조.

84) Thomas(1995), pp. 30~32, 참조. 여기서는 'jina sâsana'라고 표기되어 있다.

제2장 불살생 원리의 철학적 기반

1) "athāto brahma-jijñāsā."

2) "athāto ātma-jijnāsā."

3) 프라나(prāṇa)는 시간(kāla)의 기본 단위 중 하나로도 쓰인다. 예컨대 무수한 사마야(samaya)는 1아발리카(āvalikā)이고, 4,446 $\frac{2}{3}$아발리카가 1프라나, 즉 1호흡이다. 그 다음 단위는 7프라나 = 1스토카(stoka), 7스토카 = 1라바(lava), 77라바 = 1무후르타(muhūrta ; 48분) ……. 건강한 사람은 1무후르타 동안 3,773프라나를 거듭한다고 말한다.

4) Rengarajan(2003), p. 640.

5) St. 5. 144. : savva pāṇabhūyajīvasattāṇaṃ asamārabhamāṇassa paṃcavihe saṃjame kajjati, taṃ jahā — egiṃdiyasaṃjame, 〔beiṃdiyasaṃjame, teiṃdiyasaṃjame, cauriṃdiyasaṃjame〕, paṃciṃdiyasaṃjame.
St. 5. 145. : savva pāṇabhūjīvasattāṇaṃ samārabhamāṇassa paṃcavihe asaṃjame kajjati, taṃ jahā — egiṃdiyaasaṃjame, 〔beiṃdiyaasaṃjame, teiṃdiyaasaṃjame〕, paṃciṃdiyaasaṃjame. Maharaj(2004), Vol. 2, pp. 165~166.

6) St. 2. dvipadāvatāra-pada 1. : jadatthi ṇaṃ lone taṃ savvaṃ dupaoāraṃ, taṃ jahā — jīvacceva ajīvacceva. tasacceva, thāvaracceva. sajoṇiyacceva, ajoṇiyacceva. sāuyacceva, aṇaāuyacceva. saiṃdiyacceva, aṇiṃdiyacceva. saveyagā ceva, aveyagā ceva. sapoggalā ceva, apoggalā ceva. saṃsārasamāvaṇṇagā ceva, asaṃsārasamāvaṇṇagā ceva. sāsayā ceva, asāsayā ceva. āgāse ceva, ṇoāgāse ceva. dhamme ceva, adhamme ceva. baṃdhe ceva, mokkhe ceva. puṇṇe ceva, pāve ceva. āsave ceva, saṃvare ceva. veyaṇā ceva, ṇijjarā ceva. Maharaj(2004), Vol. 1, p. 43.

7) St. 2. jīva-pada 409. : duvihā savvajīva paṇṇattā, taṃ jahā — siddhā ceva, asiddhā ceva. Maharaj(2004), Vol. 1, p. 157.

8) St. 2. jīva-nikāya-pada : 123. duvihā puḍhavikāiyā paṇṇattā, taṃ jahā — suhumā ceva, bāyarā ceva. 124. duvihā āukāiyā paṇṇattā, taṃ jahā — suhumā ceva, bāyarā ceva. 125. duvihā teukāiyā paṇṇattā, taṃ jahā — suhumā ceva, bāyarā ceva. 126. duvihā vāukāiyā paṇṇattā, taṃ jahā — suhumā ceva, bāyarā ceva. 127. duvihā vaṇassaikāiyā paṇṇattā, taṃ jahā — suhumā ceva, bāyarā ceva. 128. duvihā puḍhavikāiyā paṇṇattā, taṃ

jahā — pajjattagā ceva, apajjattagā ceva. 129. duvihā āukāiyā paṇṇattā, taṃ jahā — pajjattagā ceva, apajjattagā ceva. 130. duvihā teukāiyā paṇṇattā, taṃ jahā — pajjattagā ceva, apajjattagā ceva. 131. duvihā vaukāiyā paṇṇattā, taṃ jahā — pajjattagā ceva, apajjattagā ceva. 132. duvihā vaṇassaikāiyā paṇṇattā, taṃ jahā — pajjattagā ceva, apajjattagā ceva. 133. duvihā puḍhavikāiyā paṇṇattā, taṃ jahā — pariṇayā ceva, apariṇayā ceva. 134. duvihā āukāiyā paṇṇattā, taṃ jahā — pariṇayā ceva, apariṇayā ceva. 135. duvihā teukāiyā paṇṇattā, taṃ, jahā — pariṇayā ceva, apariṇayā ceva. 136. duvihā vāukāiyā paṇṇattā, taṃ jahā — pariṇayā ceva, apariṇayā ceva. 137. duvihā vaṇassaikāiyā paṇṇattā, taṃ jahā — pariṇayā ceva, apariṇayā ceva. Maharaj(2004), Vol. 1, p. 74.

9) St. 2. jīva-pada 410. : duvihā savvajīvā paṇṇattā, taṃ jahā — saiṃdiyā ceva, aṇiṃdiyā ceva ……. Maharaj(2004), Vol. 1, p. 157.

10) St. 5. bādara-pada 180. : tiriyaloge ṇaṃ paṃca bāyarā paṇṇattā, taṃ jahā — egiṃdiyā, 〔beiṃdiyā, teiṃdiyā, cauriṃdiyā〕 paṃciṃdiyā. Maharaj(2004), Vol. 2, p. 186.

11) Tatia(1994), pp. 45~46, 참조.

12) Chakravarti(1989), p. 97.

13) Chakravarti(1989), p. 98.

14) St. 5. muṃḍa-pada 177. : paṃca muṃḍā paṇṇattā, taṃ jahā — sotiṃdiyamuṃḍe, cakkhiṃdiyamuṃḍe, ghāṇiṃdiyamuṃḍe, jibbhiṃdiyamuṃḍe, phāsiṃdiyamuṃḍe. Maharaj(2004), Vol. 2, p. 185.

15) Vinaysagar(1988), p. 137.

16) 高木 訷元(1983), p. 347.

17) St. 4. jīva-pada 608. : cauvvihā saṃsārasamāvaṇṇagā jīvā paṇṇattā, taṃ jahā — ṇeraiyā tirikkhajoṇiyā, maṇussā, devā. Maharaj(2004), Vol. 2, p. 66.

18) St. 5. gati-pada 175. : paṃca gatīo paṇṇattāo, taṃ jahā — ṇirayagatī, tiriyagatī, maṇuyagatī, devagatī, siddhigatī. Maharaj(2004), Vol. 2, p. 184.

19) St. 5. jīva-pada 208. : paṃcavidhā savvajīvā paṇṇattā, taṃ jahā — kohakasāī, (māṇakasāī, māyākasāī), lobhakasāī, akasāī. ahavā — paṃcavidhā savvajīvā paṇṇattā, taṃ jahā — ṇeraiyā, (tirikkhajoṇiyā, maṇussā), devā, siddhā. Maharaj(2004), Vol. 2, p. 202.

20) Maharaj(2004), Vol. 2, p. 185, 참조.

21) St. 5. jīvapradeśa-niryāṇamārga-pada 214. : paṃcavidhe jīvassa ṇijjāṇamagge paṇṇatte, taṃ jahā — pāehiṃ, ūrūhiṃ, ureṇaṃ, sireṇaṃ, savvaṃgehiṃ. pāehiṃ ṇijjāyamāṇe ṇirayagāmī bhavati, ūrūhiṃ ṇijjāyamāṇe tiriyagāmī bhavati, ureṇaṃ ṇijjāyamāṇe maṇuyagāmī bhavati, sireṇaṃ ṇijjāyamāṇe devagāmī bhavati, savvaṃgehiṃ ṇijjāyamāṇe siddhigatipajjavasāṇe paṇṇatte. Maharaj(2004), Vol. 2, p. 205.

22) Maharaj(2004), Vol. 2, p. 206.

23) US. 20. 55. : tujjhaṃ suladdhaṃ khu maṇussajammaṃ / lābhā suladdhā ya tume mahesī! / tubbhe suṇāhā ya sabaṃdhavā ya / jaṃ bhe ṭhiyā magge jiṇuttamāṇaṃ. Tulasi, Acarya vācanāpramukha, Mahaprajna(2000), p. 337.

24) 자이나교에서는 인간과 달리 천신들은 자기 수련을 할 수 없다고 본다. 왜냐하면 인간만이 5서를 지킬 수 있을 뿐이며, 천신을 포함하여 다른 존재 형태들은 고행을 할 수도 없고 서계(誓戒)를 지킬 수도 없기 때문이라 한다. Muni, Acharya Devendra(1995), p. 191, 참조.

25) St. 10. śatāyuṣka daśā-pada 154. : vāsasatāuyassa ṇaṃ purisassa dasa dasāo paṇṇattāo, taṃ jahā — bālā kiḍḍā ya maṃdā ya, balā paṇṇā ya, hāyaṇī, pavaṃcā pabbhārā ya mummuhī sāyanī tadhā. Maharaj(2004), Vol. 2, p. 552.

26) St. 4. anukampaka-pada 558. : cattāri purisajāyā paṇṇattā, taṃ jahā — āyāṇukaṃpae ṇāmamege ṇo parāṇukaṃpae, parāṇukaṃpae ṇāmamege ṇo āyāṇukaṃpae, ege āyāṇukaṃpaevi parāṇukaṃpaevi, ege ṇo āyāṇu kaṃpae ṇo parāṇukaṃpae. Maharaj(2004), Vol. 2, p. 36.

27) 지나칼피(jinakalpī)란 '승리자가 그러했듯이 출가하여 수행하는 이들'이라는 뜻이다. 이는 마하비라 당대의 수행자들이 두 부류로 나누어졌

던 것에서 유래한다. 즉 혼자 또는 소수의 수행자들이 고립 생활을 유지하며 편력 고행을 했는데 이들을 지나칼피라고 불렀다. 그와는 달리 조직적인 교단 내에서 수행 생활을 해 나가는 출가자들은 스타비라칼피(sthavirakalpī)라고 불렀다.

28) 프라티예카붓다(pratyekabuddha)는 프라크리티 '팟테야붓다'(patteya-buddha)와 상응하는 말이다. 프라티예카붓다라는 용어는 불교에서도 '무소의 뿔처럼 홀로 수행하는 이'라는 뜻으로 쓰이는 말로서 '독각'(獨覺)이라고 번역한다. 노먼(K. R. Norman)은 이 말의 기원에 대해서 논증하기를, 프라티예카붓다는 자이나교와 불교에서 쓰이기 전에 이미 고대부터 사용해 온 말이라고 한다. Norman(1983), pp. 92~106.

29) 휴즈(1998), p. 254, 참조.

30) Sekhar(2003), p. xviii .

31) 中村 元(1969), p. 144, 참조.

32) St. 3. 243.와 St. 3. 244.에는 '비를 머금은 구름'이라는 표현이 나온다. Maharaj(2004), Vol. 1, pp. 250~251, 참조.

33) Handiqui(1949), p. 253, 참조.

제3장 오서와 불살생의 관계

1) Monier-Williams(1982), p. 1042 b, 참조.

2) Jain, Hiralal & Jain, Dharam Chand(2002), p. 308, 참조.

3) Dutt(2002), p. vii, 참조.

4) Bhattacharyya(1998), p. 405, 참조. Sādhanā(2005), p. 27에서도 'vrātya'라고 쓴다. Rengarajan(2004), p. 316에서도 vrātya는 출가자 또는 유행자를 가리키는 말이라 한다.

5) Kesari(1999), p. 5, 참조.

6) 사드위 사다나는 "브라타(vrata)와 불살생의 전통은 리샤바데바의 공헌이다."라고 말한다. Sādhanā(2005), p. 27.

7) 이와 관련하여, 바르마는 "『아타르바베다』에 언급된 vrātyas(희생제 등의 의무를 벗어 버린 수행자)는 종교 세계의 또 다른 단체를 대표한다. ……

몇몇 자이나 연구자들은 이 베다의 언급이 자이나교의 사두(일종의 수행자)와 연관된다고 주장한다."라고 말한다. 바르마(1996), p. 314.

8) Dutt(2002), p. vii, 참조.

9) 현대 힌두교에서 '브라타'라는 용례는 '단식'(斷食) 또는 '축제와 함께 이루어지는 단식 의례'를 가리키는 예가 많다.

10) 나카무라 하지메는 그의 저서에서 브라타에 대해서 서계(誓戒)로 통일하여 사용하고 있다. 그는 또한 불교의 쉴라(śīla)와 대비해서는 쉴라는 계(戒)라고 번역하고, 브라타는 금(禁)이라고 번역한다. 中村 元(1991), 참조. 반면에 스즈키 시게노부는 자이나교의 브라타를 계(戒)라고 번역하였다. 鈴木 重信(1930), p. 149, 참조.

11) DS. 2. 5. : kāme kamāhī kamiyaṃ khu dukkhaṃ. Muni, Amar(1997), p. 20.

12) 아지비카(Ājīvika)란 말의 연원에 대해서는 학자마다 설을 달리한다. 그중에서 프라나바난다 자쉬는 아지비카란 말이 아지비야(ājīviya)에서 유래된 것이라고 추정하면서 '일생 동안 어떤 규율들을 따르는 사람들'이라고 보았다. Jash(1989), pp. 100~101, 115~116, 참조.

13) Sekhar(2003), p. 38, 참조.

14) '4금계의 법'은 'cāujjāma dhamma, cāturyāma dharma, cāturyāma saṃvara' 등으로 다양하게 표현된다.

15) Barua(1981), p. 383, 참조.

16) St. 4. cāturyāma-pada 136. : bharaheravaesu ṇaṃ vāsesu purima-pacchimavajjjā majjhigā bāvīsaṃ arahaṃtā bhagavaṃto cāujjāmaṃ dhammaṃ paṇṇavemti, taṃ jahā — savvāo bahiddhādāṇāo veramaṇaṃ. Maharaj(2004), Vol. 1, p. 386.

17) 마하비데하(mahāvideha)에 대해 St. 4. mahāvideha-pada 308.에서 규정하고 있다. "잠부 드위파의 비데하 지역은 네 부분으로 나누어지는데, 푸르바비데하(pūrvavideha), 아파라비데하(aparavideha), 데바쿠루(devakuru), 웃타라쿠루(uttarakuru)이다." St. 4. mahāvideha-pada 308. : jaṃbudvīve dīve mahāvidehe vāse cauvvihe paṇṇatte, taṃ jahā — puvvavidehe, avaravidehe, deva.kurā, uttarakurā. Maharaj(2004), Vol. 1, p. 462.

18) St. 4. cāturyāma-pada 137 : savvesu ṇaṃ mahāvidehesu arahaṃtā bhagavaṃto cāujjāmaṃ dhammaṃ paṇṇaveṃti, taṃ jahā — savvāo pāṇātivāyāo veramaṇaṃ, jāva 〔savvāo musāvāyāo veramaṇaṃ savvāo adiṇṇādāṇāo veramaṇaṃ savvāo bahiddhādāṇao veramaṇaṃ〕. Maharaj(2004), Vol. 1, p. 386.

19) Jain, Sagarmal(1988), p. 17, 참조.

20) Jain, Sagarmal(1988), p. 5, 참조.

21) IS. 1. 2. : pāṇātipātaṃ tivihaṃ tiviheṇaṃ ṇeva kujjā ṇa kāraveḥ paḍhamaṃ soyavvalakkhaṇaṃ. musāvādaṃ tivihaṃ tiviheṇaṃ ṇeva būyā ṇa bhāsaeḥ bitiyaṃ soyavvalakkhaṇaṃ. adattādāṇaṃ tivihaṃ tiviheṇaṃ ṇeva kujjā ṇa kāraveḥ tatiyaṃ soyavvalakkhaṇaṃ. abbambhapariggahaṃ tivihaṃ tiviheṇaṃ ṇeva kujjā ṇa kāraveḥ cautyaṃ soyavvalakkhaṇaṃ. Vinaysagar(1988), p. 97.

22) Santideva(2000), p. 174.

23) Jash(1989), p. 34.

24) Jacobi(1968), p. 122, 각주 3, 참조.

25) 高木 訷元(1983), p. 349, 참조.

26) Stevenson(1984), p. 49.

27) 高木 訷元(1983), p. 353, 참조.

28) Vinaysagar(1988), pp. 102~103, 참조.

29) Chand,(1987), pp. 16~17, 참조.

30) 재가자의 12서에 대해서는 '제3장 4. 재가자의 오소서'에서 상세히 설명하였다.

31) 파르슈와의 4금계에 마하비라가 다섯째 서원으로서 금욕을 더하여 5서를 세웠다는 것은 자이나 교단의 안팎에서 두루 회자되는 다수설의 입장이다.

32) US. 21. 12. : ahiṃsa saccaṃ ca ateṇagaṃ ca tatto / ya baṃbhaṃ apariggahaṃ ca, / paḍivajjiyā paṃca mahavvayāṇi / carijja dhammaṃ jiṇadesiyaṃ viū. Mahaprajna(2000), p. 348. Jacobi(1968), p. 109, 참조.

33) Jacobi(1909), p. 63.

34) St. 10. śramaṇa darma-pada 16. : dasavidhe samaṇadhamme paṇṇatte, taṃ jahā — khaṃti, puttī, ajjave, maddave, lāghave, sacce, saṃjame, tave, ciyāe, baṃbhaaceravāse. Maharaj(2004), Vol. 2, p. 476.

35) "śramaṇa nirgrantha < samaṇa ṇiggaṃtha."

36) "śramaṇa nirgranthī < samaṇa ṇiggaṃthī."

37) Maharaj(2004), Vol. 1, pp. 528~533, 참조.

38) 이러한 의미를 반영하여 마하브라타(mahāvrata)는 '출가자서'로, 아누브라타(aṇuvrata)는 '재가자서'라고 번역하기도 한다.

39) 정태혁(1991), p. 212.

40) 이지관은 "석존께서 성도 12년까지에는 별다른 계율이 없고 다만, '善護於口言 自淨其志意 身莫作諸惡 此三業道淨 能得如是行 是大仙人道'라고 하여 黑月과 白月에 이것만으로써 포살하여 오다가 12년 후에 비로소 須提那子가 婬戒를, 檀尼迦 비구가 盜戒를, 勿力迦 비구가 殺人戒를, 婆裘河邊 비구들의 詐稱 得道 등으로 말미암아 制戒하기 시작"했다고 한다. 이지관(1975), pp. 1~2. 바구하변(婆裘河邊, vaggumudātiriya) 비구들이란, 박구(vaggu) 강변에서 안거하며 지냈던 비구들을 총칭한 말이다.

41) 이와 관련된 부분은 다음과 같다. Sn. 961 : Ky-āssa vyappathayo assu, ky-āss' assu idha gocarā, / kāni sīlabbatān' assu pahitattassa bhikkhuno. Andersen & Smith(1984), p. 86.

42) 中村 元(1991), p. 762.

43) 中村 元(1991), p. 762.

44) 남궁 선(2004), p. 181.

45) 『법구경』에서는 "비록 수행자가 얻은 것이 적더라도 / 스스로 얻은 것을 만족하게 여기면 / 깨끗하고 부지런한 자라 칭찬받으리. / …… 이름과 형태 있는 모든 것들을 / 나의 것이라고 생각하지 말고, 가진 것이 없다고 근심하지 않으면 / 그야말로 수행자라 말해지나니."라고 불소유행(不所有行)을 권하고 있다. 정태혁(1991), pp. 296~297. 다만, 한역된 불교 경전에서는 '불소유'라는 용례는 찾기 힘들고 '무소유'라는 단어가 많이 쓰이고 있다. 하지만 계와 서의 조목들은 각각의 행위를 전제한 것이며, 일반적인 용법을 고려할 때 '~을 하지 않는다, 금한다, 자제한다'라는 용례

에 어울리는 '불'이라는 단어가 '무(~이 없다)'라는 단어보다 적절하다고 생각한다. 물론 '무'를 '~을 하지 말라'라는 금지 용법으로 해석해야 한다고 볼 수도 있겠으나, 이것은 보편적인 용례가 아니라고 본다. 김성철은 이와 관련하여, "한자나 우리말의 경우 부정을 표현하는 방식이 세 가지가 있다. '없다〔無〕'와 '아니다〔非〕' '않다〔不〕'가 그것이다."라고 정리하였다. 김성철(2012), p. 85. 이 또한 필자의 해석과 다르지 않다. 필자는 다른 용례와 달리 '불소유'보다 '무소유'라는 용어가 일반화된 까닭은 소유물(所有物)이라는 용어를 통해서 금지 행위의 대상인 객체가 부각되었기 때문이라고 추정한다.

46) Singh, Nagendra Kr.(2001), Vol. 18, p. 4977, 참조.

47) 차크라바르티(2004), p. 67.

48) "lajjā na sajjā kuśalaṃ na śīlaṃ na pūtaṃ na varaḥ pracāraḥ. madyena mandīkṛtamānasānaṃ vivekanāśācca piśācabhāvaḥ." Handiqui(1949), p. 321.

49) St. 5. mahāvrata-aṇuvrata-pada 1. : paṃca mahavvayā paṇṇattā, taṃ jahā — savvāo pāṇativāyāo veramaṇaṃ jāva 〔savvāo musāvāyāo veramaṇaṃ, savvāo adiṇṇādāṇāo veramaṇaṃ, savvāo mehuṇāo veramaṇaṃ〕, savvāo pariggahāo veramaṇaṃ. Maharaj(2004), Vol. 2, p. 89.

50) Mahaprajna(2000), pp. 401~402. Jacobi(1968), p. 139에서는 각 절의 번호가 한 번호씩 뒤로 밀려나 있다.

51) US. 25. 22. : trasaprāṇino vijñāya / saṃgraheṇa ca sthāvarān, / yo na hinsti trividhena / taṃ vayaṃ brūmo māhanam. Mahaprajna(2000), p. 401. 여기서 세 가지 방법이란 마음·말·몸 등의 3행을 말한다.

52) US. 25. 23. : krodhād vā yadi vā hāsāt / lobhād vā yadi vā bhayāt / mṛṣāṃ na vadati yastu / taṃ vayaṃ brūmo māhanam. Mahaprajna(2000), p. 401.

53) US. 25. 24. : cittavadacittaṃ vā / alpaṃ vā yadi vā bahum, / na gahṇātyadattaṃ yaḥ / taṃ vayaṃ brūmo māhanam. Mahaprajna(2000), p. 401.

54) US. 25. 25. : divyamānuṣatairaścaṃ / yo na sevate maithunam, / manasā

kāyavākyena / taṃ vayaṃ brūmo māhanam. Mahaprajna(2000), p. 401.

55) US. 25. 26. : yathā padmaṃ jale jātaṃ / nopalipyate vāriṇā, / evamaliptaḥ kāmaiḥ / taṃ vayaṃ brūmo māhanam. Mahaprajna(2000), p. 401.

56) US. 25. 27. : alolupaṃ mudhājīvinaṃ / anagāramakiṃcanam / asaṃsaktaṃ gṛhastheṣu / taṃ vayaṃ brūmo māhanam. Mahaprajna(2000), p. 402.

57) 세 가지 수단이란 마음 · 말 · 몸을 말하고, 세 가지 방법이란 '스스로 하거나, 남에게 권하거나, 남이 하도록 용납하는 경우'를 가리킨다.

58) Ac. 2. prathama mahāvrata 15. 389. : paḍhamaṃ bhaṃte! mahavvayaṃ paccakkhāmi savvaṃ pāṇāivāyaṃ. se suhumaṃ bāyaraṃ vā tasaṃ vā thāvaraṃ vā ṇeva sayaṃ pāṇāivāyaṃ karejjā 3 jāvajjīvāe tivihaṃ tiviheṇaṃ maṇasā vayasā kāyasā. tassa bhaṃte! paḍikkamāmī nindāmi garihāmi appāṇaṃ vosirāmī. Muni, Śrī Amar(1999a), Vol. 2, p. 525.

59) Chapple(1993), p. 129.

60) Schmithausen, Lambert, *Buddhism and Nature : The Lecture delivered on the Occasion of the EXPO* 1990 — *An Enlarged Version with Notes*(Tokyo : The International Institute for Buddhism Studies, 1991), pp. 38~39 : Waldau, Paul, "Buddhism and Animal Rights" Keown(2000), p. 87에서 재인용.

61) Jacobi(1968), p. 248, 각주 1.

62) Jacobi(1968), pp. 247~248.

63) Jain, Kamla(1983), p. 37.

64) DS. 8. 20. : bahuṃ suṇei kaṇṇehiṃ bahuṃ acchīhiṃ picchai, na ya diṭṭhaṃ suyaṃ savvaṃ bhikkhū akkhāumarihai. Muni, Amar(1997), p. 270.

65) 판데 또한 "진실에 대한 강조는 그 역사가 길고 베다 전통에서 주요 미덕들 중 하나였다."라고 한다. Pande(1978), p. 40.

66) St. 7. vikathā-pada 80. : satta vikahāo paṇṇattāo, taṃ jahā — itthikahā, bhattakahā, desakahā, rāyakahā, miukāluṇiyā, daṃsaṇabheyaṇī, carittabheyaṇī. Maharaj(2004), Vol. 2, p. 321.

67) 자이나 교단에서 여성의 비율은 전통적으로 수행자와 재가자 모두 남성의 수보다 많은 것으로 잘 알려져 있다. 예컨대 1999년 백의파의 통계

에 따르면, 총 11,000명의 출가 수행자들 중에서 남성은 2,400명, 여성은 8,600명에 달한다. Wiley(2004), p. 17, 참조.

68) St. 7. vacana-vikalpa-pada 129. : sattavihe vayaṇavikappe paṇṇatte, taṃ jahā — ālāve, aṇālāve, ullāve, aṇullāve, saṃlāve, palāve, vippalāve. Maharaj(2004), Vol. 2, p. 338.

69) Ac. 2. 1. 4. 6. Jacobi(1909), p. 151.

70) Ac. 2. 4. 184. : se bhikkhū vā 2 se jaṃ puṇa jāṇījjā — jā ya bhūsā saccā 1, jā ya bhāsā mosā 2, jā ya bhāsā saccāmosā 3, jā ya bhāsā asaccā' mosā 4, tahappagāraṃ bhāsaṃ sāvajjaṃ sakiriyaṃ kakkasaṃ kaḍuyaṃ ṇiṭṭhuraṃ pharusaṃ aṇhayakariṃ cheyaṇakariṃ bheyaṇakariṃ pariyāvaṇakariṃ uddavaṇakariṃ bhūtovaghāiyaṃ abhikaṃkha ṇo bhāsejjā. Muni, Śrī Amar(1999a), Vol. 2, p. 285.

71) St. 10. bhāṣā-pada 89. : dasavihe sacce paṇṇatte, taṃ jahā — / jaṇavaya sammaya ṭavaṇā, ṇāme rūve paḍuccasacce ya. / vavahāra bhāva joge, dasame ovammasacce ya.(saṃgrahaṇī gāthā) Maharaj(2004), Vol. 2, p. 508.

72) St. 10. 90. : dasavidhe mose paṇṇatte, taṃ jahā — / kodhe māṇe māyā, lobhe pijje taheva dose ya / hāsa bhae akkhāiya, uvaghāta ṇissiate dasame. Maharaj(2004), Vol. 2, p. 509.

73) Muni, Acharya Devendra(1995), p. 68.

74) Bakshi & Mittra(2002), p. 148.

75) St. 3. 11.에서는 천신·인간·동물 등 세 부류의 존재들이 성행위를 즐긴다고 한다. Maharaj(2004), Vol. 1, p. 177.

76) St. 4. saṃjñā-pada 578. : cattāri saṇṇāo paṇṇattāo, taṃ jahā — āhārasaṇṇā, bhayasaṇṇā, mehuṇasaṇṇā, pariggāhasaṇṇā. Maharaj(2004), Vol. 2, p. 46.

77) St. 4. saṃjñā-pada 581. : cauhiṃ ṭāṇehiṃ mehuṇasaṇṇā samuppajjati, taṃ jahā — citamaṃsasoṇiyayāe, mohaṇijjassa kammassa udaeṇaṃ, matīe, tadaṭṭhovaogeṇaṃ. Maharaj(2004), Vol. 2, p. 46.

78) St. 5. 101. : 다섯 가지 참회가 있는데, 수음(手淫), 성교(性交), 야식(夜食), 재가 남자가 주는 음식을 먹는 것, 왕이 제공한 음식을 먹는 것이

다. St. 5. anudghātya-pada 101. : paṃca aṇugghātiyā paṇṇattā, taṃ jahā — hatthakammaṃ karemāṇe, mehuṇaṃ paḍisevemāṇe, rātībhoyaṇaṃ bhuṃjemāṇe, sāgāriyapiṃḍaṃ bhuṃjemāṇe, rāyapiṃḍaṃ bhuṃjemāṇe. Maharaj(2004), Vol. 2, p. 142.

79) St. 5. garbha-dhāraṇa-pada 104. : paṃcahiṃ ṭāṇehiṃ itthī puriseṇa saddhiṃ asaṃvasamāṇīvi gabbhaṃ dharejjā, taṃ jahā — ① itthī duvviyaḍā duṇṇisaṇṇā sukkapoggale adhiṭṭhijjā. ② sukkapoggalasaṃsiṭṭheva se vatthe aṃto joṇīe aṇupavesejjā. ③ saiṃ vā se sukkapoggale aṇupavesejjā. ④ paro va se sukkapoggale aṇupavesejja. ⑤ sīodagaviyaḍeṇa vā se āyamamāṇīe sukkapoggalā aṇupavesejjā. / iccetehiṃ paṃcahiṃ ṭāṇehiṃ (itthī puriseṇa saddhiṃ asaṃvasamāṇīvi gabbhaṃ) dharejjā. Maharaj(2004), Vol. 2, p. 147.

80) 주석에 따르면, 반드시 옷은 아닐지라도 이러한 사례가 가능하다고 한다. 예컨대 케쉬 쿠마라(Keśī Kumāra)의 어머니가 성욕을 진정시키고자 그랬든지, 또는 피가 흐르는 것을 지혈시키고자 그랬든지 간에, 머리카락 한 뭉치를 자기 성기 속에 집어넣었다고 한다. 그런데 그 머리카락 뭉치에는 정액이 묻어 있었고, 결국 임신하게 된 그녀는 케쉬 쿠마라를 낳았다고 전한다. Maharaj(2004), Vol. 2, p. 146, 참조.

81) 이러한 규정을 통해서 추정할 수 있는 점은, 고대로부터 자이나 교단에서는 여성 수행자와 남성 수행자가 항상 근거리 또는 같은 공간에서 함께 수행해 왔다는 사실이다. 더구나 마하비라 당대부터 자이나 교단 내의 여성 비율이 남성보다 높았다는 것은 잘 알려져 있다. 경전에 따르면 마하비라가 열반할 당시에 교단의 구성원은 사두 1만 4천 명, 사드위 3만 6천 명, 재가 남자 신도 5만 5천 명, 재가 여자 신도가 31만 8천 명에 이르렀다고 전한다. Jain, S. C.(2006), p. 12, 참조.

82) 1아호라트라(ahorātra)는 30무후르타(muhūrta)이다. 즉 1무후르타는 하루의 시간을 30등분으로 나눈 단위로서 약 48분에 해당한다. 때로는 '잠시 동안'을 뜻하기도 하며 수유(須臾), 일순간(一瞬間) 등으로 번역되기도 한다.

83) Maharaj(2004), Vol. 2, p. 146, 참조.

84) Pruthi & Sharma(1995), p. 158.

85) St. 5. 165.에서는 남성 수행자가 예외적으로 여성 수행자와 접촉할 수 있는 경우를 열거하고 있다. Maharaj(2004), Vol. 2, p. 173, 참조.

86) DS. 6. 20. : mucchā pariggaho vutto. Lalwani(1973), p. 119.

87) 長崎 法潤(1981), p. 54, 참조.

88) 高木 訷元(1983), pp. 352~355, 참조.

89) Maharaj, Ratanchandraji(1988), Vol. 3, p. 465 b, 참조.

90) Mehta(2000), p. 168.

91) Singh, Nagendra Kr.(2001), Vol. 22, p. 5971.

92) St. 3. parigraha-pada 95. : tivihe pariggahe paṇṇatte, taṃ jahā — kammapariggahe, sarīrapariggahe, bāhirabhaṃḍamattapariggahe. evaṃ — asurakumārāṇaṃ. evaṃ — egiṃdiyaṇeraiyavajjaṃ. jāva vemāṇiyāṇaṃ. ahavā, tivihe pariggahe paṇṇatte, taṃ jahā — sacitte, acitte, mīsae. evaṃ — ṇeraiyāṇaṃ ṇiraṃtaraṃ jāva vemāṇīyāṇaṃ. Maharaj(2004), Vol. 1, pp. 201~202.

93) St. 4. saṃjñā-pada 582. : cauhiṃ ṭāṇehiṃ pariggahasaṇṇā samuppajjati, taṃ jahā — avimuttayāe, lobhaveyaṇijjassa kammassa udaeṇaṃ, matīe tadaṭṭhovaogeṇaṃ. Maharaj(2004), Vol. 2, p. 47.

94) St. 5. mahāvrata-aṇuvrata-pada 2. : paṃcāṇuvvayā paṇṇattā, taṃ jahā — thūlāo pāṇāivāyāo veramaṇaṃ, thūlāo musāvāyāo veramaṇaṃ, thūlāo adiṇṇādāṇāo veramaṇaṃ, sadārasaṃtose, icchāparimāne. Maharaj(2004), Vol. 2, p. 89.

95) 영혼의 정화 단계에 대해서는 부록에 설명해 놓았다.

96) Sekhar(2003), p. 171.

97) Singh, Nagendra Kr.(2001), Vol. 18, p. 4929, 참조.

98) Handiqui(1949), p. 276, 참조.

99) 사마위카(sāmāyika)는 프라크리트로 '마음의 평정'을 뜻한다. 탈신, 즉 카욧사르가(kāyotsarga)는 프라크리티 '카웃삭가(kāussagga)'에서 유래한 말로서 "몸(kāya) + 없애다(utsarga)", 즉 '몸을 없애는 것'을 뜻한다. 외면적으로 볼 때에는, 명상을 통해서 몸이 전혀 움직이지 않는 상태에

이르는 것을 목표로 하는 것이 탈신 명상이다.

100) 보시서는 "현재 백의파에서는 승려(僧侶), 니승(尼僧), 신남(信男), 신녀(信女), 지나 상(像), 사원, 종교 교육 등 일곱 가지를 7전(田)이라고 하고, 거기에 매년 일정한 금액을 헌납하는 것으로 변하고 있다."라고 한다. 松濤誠廉(1967), p. 208.

101) 인도의 국목(國木)으로 지정되어 있는 반얀(banyan) 나무의 학명은 *Ficus benghalensis*이다. 이 나무는 땅을 향해 자라나는 무성한 공중 뿌리〔氣根〕로 인해 매우 특이한 형상을 자아내며 흔히 힌두교의 특성을 상징하는 나무로 예시되고 있다.

102) Sogani(1967), p. 84.

103) Dasgupta(1975), p. 200.

104) Chakravarti(1989), p. 102.

제4장 존재의 살상과 절제

1) Jacobi(1968), pp. 403~404, 참조.

2) Shah(2004), p. 109, 참조.

3) 고의(故意) 살상은 anārambhaja hiṃsā라고도 한다.

4) Kesari(1999), pp. 17~18, 참조.

5) Jindal(1988), p. 76, 참조.

6) St. 5. daṇḍa-pada 111. : paṃca daṃḍā paṇṇattā, jahā — aṭṭhādaṃḍe, aṇaṭṭhādaṃḍe, hiṃsādaṃḍe, akasmādaṃḍe, diṭṭhīvippariyāsiyādaṃḍe. Maharaj(2004), Vol. 2, p. 152.

7) St. 10. śastra-pada 93. : dasavidhe satthe paṇṇatte, taṃ jahā — satthamaggī visaṃ loṇaṃ, siṇeho khāramaṃbilaṃ / duppautto maṇo vāyā, kāo bhāvo ya avirati.(saṃgraha-gāthā) Maharaj(2004), Vol. 2, p. 513.

제5장 자제 고행의 실천과 불살생의 관계

1) Maharaj(2004), Vol. 2, pp. 165~166.

2) St. 4. saṃyama-asaṃyama-pada 617. : beiṃdiyā ṇaṃ jīvā samārabha-māṇassa cauvihe asaṃjame kajjati, taṃ jahā — jibbhāmayāto sokkhāto vavarovittā bhavati, jibbhāmaeṇaṃ dukkheṇaṃ saṃjogittā bhavati, phāsāmayāto sokkhāto vavarovettā bhavati, (phāsāmaeṇaṃ dukkheṇaṃ saṃjogittā bhavati). St. 4. saṃyama-asaṃyama-pada 616. : beiṃdiyāṇaṃ jīvā asamārabhamāṇassa cauccihe saṃjame kajjati, taṃ jahā — jibbhāmayāto sokkhāto avavarovittā bhavati, jibbhāmaeṇaṃ dukkheṇaṃ asaṃjogettā bhavati, phāsāmayāto sokkhāto avavarovitta bhavati, jibbhāmaeṇaṃ dukkheṇaṃ asaṃjogettā bhavati, phāsāmayāto sokkhāto avavarovettā bhavati, phāsamaeṇaṃ dukkheṇaṃ asaṃjogittā bhavati. Maharaj(2004), Vol. 2, p. 71. St. 4. 616.과 St. 4. 617.의 순서의 역전은 문맥의 필요상 필자가 바꾸어 놓은 것이다.

3) US. 21. 13. : savvehiṃ bhūehiṃ dayāṇukaṃpī / khaṃtikkhame saṃjaya-baṃbhayārī, / sāvajjajogaṃ parivajjayaṃto / carijja bhikkhū susamāhi-iṃdie. Mahaprajna(2000), p. 348.

4) St. 4. saṃjñā-pada 105. : dasa saṇṇāo paṇṇattāo, taṃ jahā — āhārasaṇṇā, (bhayasaṇṇā, mehuṇasaṇṇā), pariggāhasaṇṇā, kohasaṇṇa, (māṇasaṇṇā, māyāsaṇṇā), lobhasaṇṇa, logasaṇṇā, ohasaṇṇa. Maharaj(2004), Vol. 1, p. 370. 그 중 '세계에 대한 욕망, 축적에 대한 욕망'에 대해서 스리 아마르 무니 지 마하라즈(Shri Amar Muni Ji Maharaj)는 로카산갸(lokasaṃjñā)는 '일반적인 지식'이라고 번역하며, 오가산갸(oghasaṃjñā)는 '비범한 자각'이라고 번역하고, '어떤 사람들은 그것을 제6 감각 또는 초감각적 지각(ESP)이라고도 한다.'라고 설명한다. 필자는 단어의 1차적 의미만을 취하여 번역하였다.

5) St. 10. krodhotpattisthāna-pada 7. : dasahiṃ tāṇeṃhiṃ kodhuppattī siyā, (1-2) taṃ jahā — maṇuṇṇāiṃ me sadda-pharisa-rasa-rūva-gaṃdhāiṃ avahariṃsu. amaṇuṇṇāiṃ me sadda-pharisa-rasa-rūva-

gaṃdhāiṃ uva-hariṃsu. (3-4) maṇuṇṇāiṃ me sadda-pharisa-rasa-rūva-gaṃdhāiṃ avaharai. amaṇuṇṇāim me sadda-pharisa-(rasa-rūva)-gaṃdhāiṃ uvaharati. (5-6) maṇuṇṇāiṃ me saddha-(pharisa-rasa-rūva-gaṃdhaiṃ) avaharis-sati. amaṇuṇṇāim me sadda-(pharisa-rasa-rūva-gaṃdhāiṃ) uvaharissati. (7-8) maṇuṇṇāiṃ me sadda-(pharisa-rasa-rūva)-gaṃdhāiṃ avahariṃ-su vā avaharai vā avaharissati vā. amaṇaṇṇāiṃ me sadda-(pharisa-rasa-rūva-gaṃdhāiṃ) uvahariṃsu vā uvaharati va uvaharissati va. (9) maṇaṇṇāmaṇuṇṇaiṃ me sadda-(pharisa-rasa-rūva-gaṃdhāiṃ) avahariṃsu vā avahariti vā avaharissati va, uvahariṃsu vā uvaharati vā uvaharissati vā. (10) ahaṃ va ṇaṃ āyariṃya-uvajjhāyāṇaṃ sammaṃ vaṭṭāmi, mamaṃ va ṇaṃ āyariya-uvajjhāyā micchaṃ vaṇṇadivaṇṇā. Maharaj(2004), Vol. 2, p. 470.

6) St. 4. krodha-pada 354. : cattāri rāīo paṇṇattāo, taṃ jahā — pavvayarāī, puḍhavirāī, vāluyarāī, udagarāī. evāmeva cauvvihe kohe paṇṇatte, taṃ jahā — pavvayarāisamāṇe, puḍhavirāisamāṇe, vāluyarāisamāṇe, udagarāisamāṇe. ① pavvayarāisamāṇaṃ kohamaṇupaviṭṭhe jīve kālaṃ karei, ṇeraiesu uvavajjati. ② puḍhavirāisamāṇaṃ kohamaṇupaviṭṭhe jīve kālaṃ karei, tirikkhajoṇiesu uvvajjati. ③ vāluyarāisamāṇaṃ kohamaṇupaviṭṭhe jīve kālaṃ karei, maṇussesu uvavajjati. ④ udagarāisamāṇaṃ kohamaṇupaviṭṭhe jīve kālaṃ karei, devesu uvavajjati. Maharaj(2004), Vol. 1, p. 487.

7) Maharaj(2004), Vol. 1, p. 488, 참조.

8) Tatia(2000), p. 15, 참조.

9) St. 8. madasthāna-pada 21. : aṭṭha mayaṭṭhāṇā paṇṇattā, taṃ jahā — jātimae, kulamae, balamae, rūvamae, tavamae, sutamae, lābhamae, issariyamae. Maharaj(2004), Vol. 2, p. 369.

10) Tatia(2000), p. 15, 참조.

11) St. 5. muṃḍa-pada 177. : paṃca muṃḍā paṇṇattā, taṃ jahā — sotiṃdiyamuṃḍe, cakkhiṃdiyamuṃḍe, ghāṇiṃdiyamuṃḍe,

jibbhiṃdiya-muṃḍe, phāsiṃdiyamuṃḍe. / ahavā — paṃca muṃḍā paṇṇattā, taṃ jahā — kohamuṃḍe, māṇamuṃḍe, māyāmuṃḍe, lobhamuṃḍe, siramuṃḍe. Maharaj(2004), Vol. 2, p. 185.

12) 사미티(samiti)란 '행동할 때 조심하는 것'을 뜻한다.

13) St. 5. samiti-pada 203. : paṃca samitīo paṇṇattāo, taṃ jahā — iriyāsamitī, bhāsāsamiti, esaṇāsamitī, āyāṇabhaṃḍa-matta-ṇikkhevaṇāsamitī, uccāra-pāsavaṇa-khela-siṃghāṇa-jalla-pāriṭāvaṇayasamitī. Maharaj(2004), Vol. 2, p. 200.

14) pratiṣṭhāpana-samiti라고도 한다.

15) St. 3. 13. : tivihe joge paṇṇtte, taṃ jahā — maṇajoge, vaijoge, kāyajoge. Maharaj(2004), Vol. 1, p. 177.

16) 자이나교의 초기 문헌에서 'joga'가 나오는 경우는 다음과 같다. IS. 22, 4 b ; IS. 9, 28 b ; IS. 33, 3 c ; IS. 9, 26 b ; IS. 17, 3 d ; US. 7, 24 d ; US. 19, 19 b ; US. 19, 21 b ; US. 11, 14 b ; US. 34, 27 d ; US. 34, 29 d ; US. 12, 44 b ; US. 27, 2 c ; DS. 8, 17 b ; DS. 8, 84 a 등등. Yamazaki & Ousaka(1995), pp. 94~95, 참조.

17) Kundakunda의 *Niyamasāra*에 있는 용례는 다음과 같다. "vivarīyābhiṇivesaṃ paricattā jeṇhakahiyataccesu. jo juṃ jadi appāṇaṃ ṇiyabhāvo so have jogo."(ni. sā. 139) Mehta(2000), p. 118.

18) Jain, N. L.(1995), p. 153.

19) 영혼의 정화 단계 중 제13 단계는 '활동 있는 전지자(全知者)'(sayoga kevalin)라고 불린다.

20) Handiqui(1949), p. 264.

21) St. 6. tapaḥ-pada 65. : chavvihe bāhirae tave paṇṇatte, taṃ jahā — aṇesaṇaṃ, omodariyā, bhikkhāyariyā, rasapariccāe, kāyakileso, paḍisaṃ-līṇatā. Maharaj(2004), Vol. 2, p. 248.

22) St. 6. 66. : chavvihe abbhaṃtarie tave paṇṇatte, taṃ jahā — pāyacchittaṃ, viṇao, veyāvaccaṃ, sajjhāo, jhāṇaṃ, viussaggo. Maharaj(2004), Vol. 2, p. 248.

23) Maharaj(2004), Vol. 2, p. 143, 참조.

24) Jacobi(1968), p. 173. Mahaprajna(2000), p. 485.

25) St. 5. nirgrantha-pada 184. : paṃca ṇiyaṃṭā paṇṇattā, taṃ jahā — pulāe, bause, kusīle, ṇiyaṃṭe, siṇāte. Maharaj(2004), Vol. 2, p. 188.

26) Sādhanā(2005), pp. 326~327, 참조.

27) St. 7. bhayasthāna-pada 27. : satta bhayaṭṭhāṇā paṇṇattā, taṃ jahā — ihalogabhae, paralogabhae, ādāṇabhae, akamhābhae, veyaṇabhae, maraṇabhae, asilogabhae. Maharaj(2004), Vol. 2, p. 291.

28) St. 5. śauca-pada 194. : paṃcavihe soe paṇṇatte, taṃ jahā — puḍhavisoe, āusoe, teusoe, maṃtasoe, baṃbhasoe. Maharaj(2004), Vol. 2, p. 195.

29) 영혼의 정화 단계에 대한 구체적인 설명은 부록으로 첨부하였다.

제6장 바른 수행법과 불살생의 이념

1) Tulsi(1995), p. 39.

2) Prasada(1974), pp. 37~38, 참조.

3) St. 5. upadhi-pada 190. : kappati ṇiggaṃthāṇa vā niggaṃthīṇa vā paṃca vatthāiṃ dhārittae vā pariharettae vā, taṃ jahā — jaṃgie, bhaṃgie, sāṇae, pottie, tirīḍapaṭṭae ṇāmaṃ paṃcamae. Maharaj(2004), Vol. 2, p. 193.

4) Macdonell & Keith(1982), p. 14, 'Ajina' 항목 참조.

5) Singh, Nagendra Kr.(2001), Vol. 22, p. 5970, 참조.

6) Kumar, Anang Pradyumna(2004), p. 140.

7) Jain, Kailash Chand(1991), p. 101, 참조.

8) Jain, Hiralal(2004), p. 25, 참조.

9) US. 23. 13. : acelago ya jo dhammo / jo imo saṃtaruttaro. / egakajjapavannāṇaṃ / visese kiṃ nu kāraṇaṃ? Mahaprajna(2000), p. 373.

10) Santideva(2000), p. 174, 참조.

11) Handiqui(1949), p. 253.

12) 프라나바난다 자쉬는 '고샬라의 제자들 또는 나체행자(acelaka)들의 엄격한 나체 수행'의 영향을 받았다고 말한다. Jash(1989), p. 34, 참조.

13) Gopalan(1975), p. 8, 참조.

14) Singh, Nagendra Kr.(2001), Vol. 2, p. 531.

15) 예로부터 바가바나(bhagavāna), 나타(nātha), 스와미(svāmī) 등은 경칭어미로서 존경하는 사람의 이름 뒤에 붙여서 쓰거나 부를 때의 호칭으로 널리 쓰이는 말이다.

16) St. 6. āhāra-pada 41. : chahiṃ ṭāṇehiṃ samaṇe ṇiggaṃthe āhāramāhāremāṇe ṇātikkamati, taṃ jahā — / veyaṇa-veyāvacce, īriyaṭṭhāe ya saṃjamaṭṭhāe. / taha pāṇavattiyāe, cchaṭṭhaṃ puṇa dhammaciṃtāe. Maharaj(2004), Vol. 2, p. 241.

17) St. 6. bhojana pariṇama-pada 109. : chavvihe bhoyaṇayariṇāme paṇṇatte, taṃ jahā — maṇuṇṇe, rasie, pāṇaṇijje, biṃhaṇijje, mayaṇijje, dappaṇjje. Maharaj(2004), Vol. 2, p. 264.

18) St. 9. bhikṣāśuddhi-pada 30. : samaṇeṇaṃ bhagavatā mahāvīreṇaṃ samaṇāṇaṃ ṇiggaṃthāṇaṃ ṇavakoḍiparisuddhe bhkkhe paṇṇatte, taṃ jahā — ṇa haṇai, ṇa haṇāvai, haṇaṃtaṃ ṇāṇujāṇai, ṇa payai, ṇa payāveti, payaṃtaṃ ṇāṇujāṇati, ṇa kiṇati, ṇa kiṇāveti, kiṇaṃtaṃ ṇāṇujāṇati. Maharaj(2004), Vol. 2, p. 430.

19) Maharaj(2004), Vol. 2, p. 285, 참조.

20) St. 5. anudghātya-pada 101. : paṃca aṇugghātiyā paṇṇattā, taṃ jahā — hatthakammaṃ karemāṇe, mehuṇaṃ paḍisevemāṇe, rātībhoyaṇaṃ bhuṃjemāṇe, sāgāriyapiṃḍaṃ bhuṃjemāṇe, rāyapiṃḍaṃ bhuṃjemāṇe. Maharaj(2004), Vol. 2, p. 142.

21) 뭄바이의 채식주의 협회의 줏사왈라에 따르면 '채식주의자'(vegetarian)라는 말은 1842년에 처음 사용되기 시작한 말이며 음식으로 고기·생선·닭 등을 피하는 사람들을 뜻하고, 달걀이나 낙농 제품 등을 포함하는지의 여부와는 상관없다고 한다. Jussawala, J. M., "Vegetarianism : A Way of Life", Jain & Lodha(1990), p. 113, 참조. 따라서 '자이나교에서는 채식주의를 기본적인 식단으로 하여 그 식생활을 영위한다.'라고 말할 때에는 광의의 채식주의를 가리킨다.

22) Upadhye, A. N., "Jainism and Vegetarianism". Jain & Lodha(1990), pp.

109~112, 참조.

23) Handiqui(1949), p. 263, 참조.

24) Sangave(1980), pp. 260~261, 참조.

25) 콩의 섭취를 허용하는 입장에서는 육식의 제한으로 인한 단백질 결핍을 콩 종류를 통해서 보충할 수 있다는 이점(利點)도 크다고 말한다.

26) 현대 인도에서 님(neem) 나무라고 불린다. 학명은 *Azadirachta indica* 이다.

27) Handiqui(1949), p. 263.

28) 여수낭(濾水囊) 또는 녹수낭(漉水囊)의 사용은 초기 불교 율장에도 나오는 사항이기도 하다. 하지만 전통적인 계승의 측면으로 볼 때 자이나교의 사례와는 그 정도를 비교할 수 없을 만큼 차이가 난다.

29) Maharaj(2004), Vol. 1, p. 485, 참조. Bhattacharyya(1998), p. 23, 참조.

30) St. 4. saṃjñā-pada 579. : cauhiṃ ṭhāṇehiṃ āhārasaṇṇā samuppajjati, taṃ jahā — omakoṭṭhatāe, chuhāveyaṇijjassa kammassa udaeṇaṃ, matīe, tadaṭṭhovaogeṇaṃ. Maharaj(2004), Vol. 2, p. 46.

31) St. 6. 42. : chahiṃ ṭaṇehiṃ samaṇe ṇiggaṃthe āhāraṃ vocchiṃdamāṇe ṇātikkamati, taṃ jahā — / ātaṃke uvasagge, titikkhaṇe baṃbhacerguttīe. / pāṇidayā-tavaheuṃ, sarīravuccheyaṇaṭṭhāe. Maharaj(2004), Vol. 2, p. 241.

32) 파라나(pāraṇā)의 의미는 '단식의 종결, 완성, 조식(朝食), 구조하다' 등이다.

33) Muni, Śrī Amar(1999b), pp. 35~37, 참조.

34) 영웅 자세의 구체적인 형태에 대해서는 논란이 있으나 여기서는 연꽃 자세(padmāsana)와 동일하게 간주했다.

35) Maharaj, Ratanchandraji(1988), Vol. 2, p. 104의 그림에서는 '욱쿠두야 자세(ukkuḍuya āsana)'라고 하는 반면에, 그 내용에 대해서는 p. 173, 'ukkuḍuyā' 항목에서 설명하고 있다. 일반적으로 'ukkuḍuya'라고 하여 단음 처리하여 사용한다.

36) 'utkaṭikāsana'라고도 하고, utkaṭikā 대신에 utkuṭaka 또는 utkuṭuka를 쓰기도 한다. Monier-Williams(1982), p. 175 c, 176 b, 참조.

37) Muni, Śrī Amar(1999b), p. 360, 참조.

38) 인도력(印度曆)으로 한 달(māsa)은 흑분과 백분으로 구분된다. 흑분(kṛṣṇapakṣa)이란 달이 이지러지기 시작하는 음력 16일부터 말일까지로서 달의 전반부이며, 흑월(黑月)이라고도 한다. 백분(śuklapakṣa)이란 달이 차기 시작하는 음력 1일부터 15일까지의 후반부로서 백월(白月)이라고도 한다. 인도력에 대한 보다 상세한 설명은 부록에 있다.

39) Sangave(1997), p. 189, 참조.

40) Sangave(1997), p. 189.

41) 바드라파다 달의 백분이란 그레고리(Gregory)력으로는 9월 상반기의 보름 동안에 해당한다. 2013년에는 9월 2일부터 공의파 교단의 단식 축제가 시작되었다. 2013년 9월 9일은 공의파가 단식을 끝내고, 백의파 교도들이 단식을 시작하는 날로서 이후 9월 18일까지 열흘 동안 계속된다.

42) Sharma, C. L., "Principle of Aparigraha(Non-Possession) and Vinoba's Bhoodan Movement". Das(2000), p. 52, 참조.

43) 高木 訷元(1983), pp. 335~338, 참조.

44) Chakraborty(1993), p. 430, 참조.

45) Shashi(1998a), p. 1043, 참조.

46) Jain, Bhagchandra, "Contribution Of Jainism To The Development Of Buddhism". Dwivedi(1975), p. 163.

47) 아샤다(āṣāḍha), 므리가쉬라(mṛgaśira) 등 인도력에 대해서는 부록에서 보다 상세하게 설명하였다.

48) Muni, Śrī Amar(1999a), Vol. 2, pp. 161~208, 참조.

49) 특히 롱카 갓차(loṅkā gaccha)의 분파인 스타나카바시(sthānakavāsī) 파의 사원 건물들을 가리키는 용례로 쓰인다. 스타나카바시 파는 어떠한 형태의 성상 숭배도 금지할 것을 주장한다.

50) 『아그니 푸라나』(CCXV, 10~15)에서는 "1년 동안 판차므리타(pañcāmṛta)로 목욕을 하고 브라만에게 암소를 바치면 다음 세상에서 왕이 된다."라고 한다. 스펠만(2000), p. 46.

51) St. 5. tīrthaṃkara-pada 234. : paṃca titthagarā kumāravāsamajjhe vasittā muṃḍā (bhavittā agārāo aṇagāriyaṃ) pavvaiyā, taṃ jahā —

vāsupūjje, mallī, ariṭṭhaṇemī, pāse, vīre. Maharaj(2004), Vol. 2, p. 212.

52) Sekhar(2003), p. 38.

53) 머리, 콧수염, 턱수염 등을 뽑는 것을 무슈틸로차(muṣṭiloca) 또는 로야(loya), 룬차나(luñcana)라고도 한다.

54) Dahiya(2000), p. 74.

55) 입 가리개는 무팟티(muhpattī ; mouth-cloth)라고도 한다. 털채는 차마라(cāmara), 차마라 카르나(cāmara-karṇa), 오가(oghā) 등 다양한 이름으로 불린다. 특히 현대 공의파의 털채는 공작의 꼬리털로 만든 것이 주종을 이루며, 특별히 핀치(piñchī)라고 한다. 그와 달리 백의파의 털채는 주로 라조하라나(rajoharaṇa)라고 불린다.

56) St. 5. kriyā-pada 123. : paṃcavihā pariṇṇā paṇṇattā, taṃ jahā — uvahipariṇṇā, uvassayapariṇṇā, kasāyapariṇṇā, jogapariṇṇā, bhattapāṇapariṇṇā. Maharaj(2004), Vol. 2, p. 155.

57) St. 5. upadhi-pada 191 : kappani ṇiggaṃthāna vā ṇiggaṃthīṇa vā paṃca rayaharaṇāiṃ dhārittae vā pariharettae vā, taṃ jahā — uṇṇie, uṭṭie, sāṇae, paccāpiccie, muṃjāpiccie ṇāmaṃ paṃcamae. Maharaj(2004), Vol. 2, p. 193.

58) Singh, Ram Bhusha Prasad, Jainism in early Medieval Karnataka, p. 127 : Singh, Nagendra Kr.(2001), Vol. 8, p. 2271에서 재인용. 그런데 거기서는 '쿠마라센드'(Kumarasend)라고 표기하고 있다. 필자는 그 표기를 '쿠마라세나'(Kumārasena)라고 바로잡았다. Joseph(1997), pp. 96, 419, 참조.

59) Mehta(2000), p. 223, 참조.

60) 순사(殉死, satī)란 남편의 시신을 화장하기 위한 장작더미 위에 올라가서 남편을 따라 죽는 것을 말한다. 제의사(祭儀死)의 일종이다. 현재 인도에는 순사 금지법이 시행되고 있으나, 1987년 9월 4일에도 루프 쿤와르(Roop Kunwar)의 순사 사건이 일어나 세간의 주목을 받은 적이 있다. Chanchreek & Jain(2005), Vol. 3, pp. 144~145, 참조.

61) 야코비는 아카마 마라나(akāma-maraṇa)와 사카마 마라나(sakāma-maraṇa)를 각각 '의지에 반하는 죽음'과 '의지에 따른 죽음'이라고 번역하고 있다. Jacobi(1968), p. 20, 참조.

62) US. 5. 2. : "죽음에 이르는 데는 이 두 종류가 있는데, 그것은 바로 무욕사와 유욕사이다." ; sta ime ca dve sthāne, / ākhyāte māraṇāntike / akāmamaraṇaṃ caiva, / sakāmamaraṇaṃ thatā. Muni, Śrī Subhadra(1999), p. 72.

63) US. 5. 4. : "마하비라는 〔그래서〕 첫째 경우에는 쾌락들에 집착해 있고, 매우 잔인한 행위들을 하는 무지한 사람이 해당한다고 말하였다." Jacobi(1968), p. 21.

64) 사카마 마라나(sakāma-maraṇa)에 대해서 오쿠다 키요아키는 '자발적인 죽음'이라고 번역하지만, 이 또한 자살과 같은 용례로 오해될 가능성이 있다. 奥田 淸明(1976), p. 1153.

65) Jacobi(1968), p. 20.

66) Muni, Śrī Suyaśa(1999), p. 383, 참조.

67) 다른 언덕의 이름은 인드라기리(Indragiri)이다. 유명한 곰마테슈와라 상이 서 있는 언덕이 인드라기리이다. 그리고 고대 인도 마우리야 왕조의 찬드라굽타의 재위 연도는 기원전 320~293년경으로 알려져 있으나, 기원전 322~298년이라는 설을 비롯한 여러 가지 학설이 있다. 또한 찬드라굽타가 마가다국의 마지막 왕이었던 다나 난다(Dhana Nanda)와 슈드라 출신인 무라(Mura) 사이에서 태어났다는 설도 있다.

68) Jaini, Padmanabh S.(1990), p. 1. 이 책의 p. 261에는 1934년경에 촬영한 샨티사가라의 사진이 실려 있다.

69) 라다크리슈난(1996), p. 113.

70) Tukol(1976), 참조.

71) 프라야가(Prāyaga)는 지금의 알라하바드(Allahabad)이며 강가(Ganga)와 야무나(Yamuna), 두 강의 합류점이다. 힌두 전통에서 가장 성스러운 곳으로 유명하다.

72) Muni, Śrī Suyaśa(1999), p. 380, 참조.

73) 펙(2001), p. 185. 또한 펙은 "1938년에 창설된 미국 안락사 협회가 안락사를 '심한 육체적 고통을 종식시키기 위한 목적으로 통증 없는 수단을 동원한 생명의 종지(終止)'라고" 정의했던 것은 부적절하다고 비판하고 있다. 펙(2001), p. 184.

제7장 불살생론의 실천적 의의

1) Jaini, Padmanabha S.(1987), p. 122.

2) Ac. 4. 1. 4. : taccaṃ ceyaṃ tahā ceyaṃ, assiṃ ceyaṃ pavuccai. Kumar, Muni Mahendra(1981), p. 184.

3) Muni, Śrī Amar(1999a), Vol. 1, p. 210, 참조.

4) Singh, Nagendra Kr.(2001), Vol. 24, p. 6280, 참조.

5) Kumar, Anang Pradyumna(2004), p. 174.

6) Sekhar(2003), p. 173.

7) Singh, Ramjee(1998), p. 45.

8) Ghosh(2002), pp. 114~115, 참조.

9) 생태학은 힌디(Hindi)로 '지바 바시키'(jīva-vāsīki)라고 하는데, 이때 지바란 '생물, 생명' 등을 통칭하는 말로 쓰인다.

10) 베르크(2001), p. 234, 참조.

11) Skolimowski(1994), 참조.

제8장 불살생론과 수행법의 조화

1) 아네칸타바다는 실재의 복합적인 측면에 대한 이론으로서 다면론(多面論)이라고 번역되며 이 세계가 실체, 성질, 양상들의 다양한 결합으로 이루어져 있다는 자이나의 존재론을 재언(再言)한 것이다. 부정론(不定論)이라고도 하며, 자이나 인식론을 대표하는 핵심적 이론이다.

2) 자이나 상징 도상은 마하비라의 열반 2,500주년이었던 1975년에 공식적으로 채택되었다. Jaini, Padmanabh S.(1990), p. 316, 참조.

3) "parasparopagraho jīvānām." Tatia(1994), p. 131.

부록

1) Tatia(1994), pp. 279~285, 참조.

2) 아발리카(āvalikā)란 '헤아릴 수 없는 극소의 시간' 단위이다. 1아발리카

는 45÷262,144초 = 약 0.00017166137…… 초를 헤아린다.

3) Sewell & Dikshit(1995), p. ciii, 참조.

4) 현대 인도에서는 1957년 3월 22일부터 그레고리력과 함께 샤카(śaka)력, 즉 인도력을 공식력으로 사용하고 있다. 인도력의 평년은 총 365일이고 윤날을 더한 윤년은 366일이다. 1월, 즉 차이트라 달은 평년에는 30일이고 윤년에는 31일이다. 그리고 2월부터 6월은 31일, 7월부터 12월은 30일이다. 따라서 모든 달이 30일인 것은 아니다.

5) Jacobi(1909), pp. 276~277.

6) 1. 6. 5. : tatra laghvakṣaroccāraṇamātro'kṣinimeṣaḥ, pañcadaśākṣinim-eṣāḥ kāṣṭhā, triṃśatkāṣṭhāḥ kalā, viṃśatikalo muhūrtaḥ kalādaśabhā-gaśca, triṃśanmuhūrtamahorātraṃ, pañcadaśāhorātrāṇi pakṣaḥ, sa ca dvividhaḥśuklaḥ kṛṣṇaśca, tau māsaḥ. Murthy(2004), p. 37.

7) Jacobi(1968), pp. 112~119.

참고 문헌

• 원전류

이재숙 역(1996).『우파니샤드 Ⅰ』, 초판, 서울 : 한길사.

정태혁 편역(1991).『법구경 에피소드』, 초판, 서울 : 민족사.

大正新脩大藏經刊行會 編(1962).『大正新脩大藏經 阿含部 上』, 第一卷, 初刊 : 1924, 再刊, 東京 : 大藏出版株式會社.

鈴木 重信(すずき しげのぶ) 譯(1930).『耆那教聖典』, 초판, 東京 : 改造社.

Andersen, Dines & Smith, Helmer trans.(1984). *Sutta-nipāta*, 1st ed. : 1913, rep., London : The Pali Text Society.

Barua, Benimadhab & Mitra, Sailendranath ed.(1988). *Prakrit Dhammapada*, 1st ed. : 1921, rep., Delhi : Sri Satguru Publications.

Bhaskar, Bhagchandra Jain ed.(1990). *Prakrit Dhammapada*, 1st ed., Jaipur : Prakrit Bharati Academy.

Carpenter, J. Estlin ed.(1976). *The Dīgha Nikāya*, Vol. 3, 1st ed. : 1911, London : The Pali Text Society.

Davids, T. W. Rhys & Carpenter, J. Estlin ed.(1975). *The Dīgha Nikāya*, Vol. 1, 1st ed. : 1890, London : The Pali Text Society.

Fausböll, V. trans.(1881). *The Sutta-nipata*, Vol. X of *The Sacred Books of the East*, Oxford : the Clarendon Press.

Handiqui, Krishna Kanta(1949). *Yaśastilaka and Indian Culture*, 1st ed., Sholapur : Jaina Saṃskṛti Saṃrakshaka Sangha.

Jacobi, Hermann trans..

1909. *Jaina Sutras*, Part Ⅰ, 1st ed. : Oxford University Press, 1884, rep., Oxford : The Clarendon Press.

1968. *Jaina Sutras*, Part Ⅱ, 1st ed. : 1895, rep., New York : Dover Publications Inc..

Kumar, Muni Mahendra trans.(1981). *Āyāro(Ācārāṅga Sūtra)*, 1st ed., New York : Today And Tomorrow's Printers And Publishers.

Lalwani, Kastur Chand trans.(1973). *Daśavaikālika Sūtra*, 1st ed., Delhi : Motilal Banarsidass.

Mahaprajna, Acharya.

2000. ed. *Uttarajjhayaṇaṇi*, Tulasi, Acarya vācanā-pramukha, 1st ed. : 1967, 3rd ed., Rajasthan, Ladnun : Jain Vishva Bharati.

2001. commentate. *Acharanga-bhasyam : English Translation Of The Original Text Of Ayaro Together With Its Roman Transliteration And Bhasyam(Sanskrit Commentary)*, Tatia, Nathmal & Dulaharaj, Muni & Kumar, Muni Mahendra, trans., 1st ed., India : Jain Vishwa Bharati.

Maharaj, Shri Amar Muni Ji ed.(2004). *Sacitra Srī Sthānāṃgasūtra*, Vol 1 & 2, 1st ed., Delhi : Padma Prakashan.

Müller, F. Max trans.(1980). *The Dhammapada*, 1st ed. : The Oxford University Press, 1881, rep., Delhi : Motilal Banarsidass.

Muni, Amar ed.(1997). *Sacitra Daśavaikālika Sūtra*, Bothara, Surendra English trans., 1st ed., Delhi : Padma Prakashan.

Muni, Śrī Amar ed..

1999a. *Sacitra Ācārāṃga Sūtra*, Vol. 1 & 2, 1st ed., Delhi : Padma Prakashan.

1999b. *Sacitra Śrī Antakṛddaśā Sūtra*, 1st ed. : 1993, Delhi : Padma Prakashan.

Muni, Śrī Subhadra, anuvāda-prastuti(1999). *Śrī Uttarādhyayana Sūtra*, 1st ed., Naīdillī : Yūnivarsiṭi Pablikeśana.

Murthy, K. R. Srikantha trans.(2004). *Illustrated Suśruta Saṃhitā*, Vol. 1, 2nd ed., Varanasi : Chaukhambha Orientalia.

Nooten, Barend A. Van & Holland, Gary B.(1994). *Rig Veda A Metrically Restored Text With An Introduction And Notes*., 1st ed., Harvard University : The Department of Sanskrit and Indian Studies.

Prasada, Pandit Ajita ed.(1974). *Puruṣārthasiddhyupāya*, 1st ed. : India, Lucknow : The Central Jaina Publishing House, 1933, 1st rep., New

York : AMS Press.

Radhakrishnan, S.(1968). *The Principal Upanishads*, 1st ed. : 1953, 2nd ed., London : George Allen & Unwin LTD..

Tatia, Nathmal(1994). *Tattvārtha Sūtra : That Which Is*, 1st ed., San Francisco : Harper Collins Publishers.

Vinaysagar, Mahopadhyay ed. & Hindi trans.(1988). *Isibhāsiyāiṃ Suttāiṃ —Riṣibhāṣita Sūtra*, 1st ed., Jaipur : Prakrit Bharati Academy.

Wilson, Horace Hayman trans.(2002). *The Ṛg-Veda*, 1st ed. : 1888, rep., Delhi : Sri Satguru Publications.

• 사전류

Bhattacharyya, N. N. ed.(1998). *Encyclopaedia of Ancient Indian Culture*, 1st ed., New Delhi : Manohar Publishers & Distributors.

Jain, N. L. ed.(1995). *Glossary of Jaina Terms*, 1st ed., Ahmedabad : Jain International.

Kapoor, A. N. & Gupta, V. P. & Gupta, Mohini(2003). *An Encyclopaedic Dictionary of Ancient Indian History*, 1st ed., New Delhi : Radha Publications

Macdonell, Arthur Anthony & Keith, Arthur Berriedale(1982). *Vedic Index Of Names And Subjects*, Vol. 2, 1st ed. : 1912, Delhi : Motilal Banarsidass.

Maharaj, Ratanchandraji ed.(1988). *An Illustrated Ardha-Magadhi Dictionary*, Vol. 2, Vol. 3, 1st : 1923, rep., Delhi : Motilal Banarsidass.

Mehta, Mukul Raj(2000). *Dictionary of Jaina Terms-Prakrit to English / Hindi*, 1st ed., Varanasi : Kala Prakashan.

Monier-Williams, Monier(1982). *A Sanskrit-English Dictionary*, 1st ed. : 1899, rep., Oxford University Press, 1982.

Rengarajan, Thiruamali.
2003. *Dictionary of Indian Religions*, Vol. 2, Delhi : Eastern Book Linkers.

2004. *Dictionary of Vedas*, 1st ed., Delhi : Eastern Book Linkers.
Wiley, Kristi L.(2004). *Historical Dictionary of Jainism*, 1st ed., Lanham, Maryland : The Scarecrow Press Inc..

• 도서류

김성철(2012). 『김성철 교수의 불교 하는 사람은』, 초판, 서울 : 불교시대사.
라다크리슈난, 사르베팔리(Radhakrishnan, S., 1996). 『인도 철학사 Ⅱ』, 이거룡 역, 원서 : *Indian Philosophy* Ⅰ, 1923, 초판, 서울 : 한길사.
바르마, 비슈와나스 프라사드(Varma, Vishwanath Prasad, 1996). 『불교와 인도 사상』, 김형준 역, 원서 : *Early Buddhism and Its Origins*, 1973, 초판, 서울 : 예문서원.
베르크, 오귀스탱(Berque, Augustin, 2001). 『대지에서 인간으로 산다는 것 : 에쿠멘(인간적 거처)의 윤리적 원리』, 김주경 역, 원서 : *Être humains sur la terre*, 1996, 초판, 서울 : 미다스북스.
스펠만, 존(Spellman, John W., 2000). 『고대 인도의 정치 이론』, 이광수 역, 원서 : *The Political Theory of Ancient India*, 1964, 초판, 서울 : 아카넷.
자, 드위젠드라 나라야나(Jha, Dvijendra Narayana, 2004). 『인도 민족주의의 역사 만들기 : 성스러운 암소 신화』, 이광수 역, 원서 : *The Myth of the Holy Cow*, 2002, 초판, 서울 : 푸른 역사.
차크라바르티, 우마(Chakravarti, Uma, 2004). 『고대 인도 사회와 초기 불교』, 박제선 역, 원서 : *The Social Dimension of Early Buddhism*, 1996, 초판, 서울 : 민족사.
펙, 엠 스캇(Peck, M. Scott, 2001). 『영혼의 부정 — 혼돈에 빠진 안락사, 그 참된 의미에 대하여』, 민윤기 역, 원서 : *Denial of the Soul*, 1997, 초판, 서울 : 김영사.
휴즈, 도날드(Hughes, J. Donald, 1998). 『고대 문명의 환경사』, 표정훈 역, 원서 : *Ecology In Ancient Civilizations* : 1975, 서울 : 사이언스북스.
中村 元(なかむら はじめ).
1969. 『慈悲』, 초판 : 1955, 6刷, 京都 : 平樂寺書店.

1991.『思想の自由とジャイナ教』, 초판, 東京：春秋社.

松濤 誠廉(まつなみ せいれん, 1967).「ジャイナ教の倫理と佛教」,『松濤教授退官記念論文集』, 초판, 京都：平樂寺書店.

Bakshi, S. R. & Mittra, Sangh(2002). *Lord Mahavira*, 1st ed., New Delhi : Criterion Publications.

Barua, Benimadhab(1981). *A History of Pre-Buddhistic Indian Philosophy*, rep., Delhi : Motilal Banarsidass.

Bhattacharyya, N. N.(1999). *History Of The Tantric Religion*, 1st ed. : 1982, 2nd rev. ed., Manohar Publishers & Distributions.

Chakraborty, Haripada(1993). *Asceticism in Ancient India : In Brahmanical, Buddhist, Jaina and Ajivika Societies : from the earliest times to the period of Sankaracharya*, 1st ed. : 1973, 2nd. ed., Calcutta : Punthi Pustak.

Chanchreek, K. L. & Jain, Mahesh K.(2005). *Encyclopedia of Jain Religion*, Vol. 1 & Vol. 3, 1st ed., New Delhi : Shree Publishers & Distributors.

Chand, Bool(1987). *Lord Mahavira*, 1st ed. : 1948, 2nd ed., New Delhi : Bharatiya Book Corporation.

Chapple, Christopher Key & Tucker, Mary Evelyn ed.(2000). *Jainism and Ecology : Nonviolence in the Web of life*, 1st ed., U. S. A. : Harvard University press.

Chapple, Christopher Key(1993). *Nonviolence To Animals, Earth, And Self In Asian Traditions*, 1st ed., Albany, NY : State University of New York Press.

Crawford, S. Cromwell(1982). *The Evolution Of Hindu Ethical Ideals*, 1st ed. : 1974, 2nd rev., Honolulu : University Press of Hawaii.

Dahiya, Yajanveer(2000). *A Critical Appreciation of Austerity in Ancient Indian Literature*, 1st ed., Delhi : Eastern Book Linkers.

Das, R. M. ed.(2000). *Jainism : A Study*, 1st ed., New Delhi : Kaveri Books.

Dasgupta, Surendranath(1975). *A History of Indian Philosophy*, Vol. 1, 1st ed. : 1955, rep., Cambridge : At The University Press.

Dinshah, H. Jay(1987). *Health Can Be Harmless*, 1st ed. : 1968, 2nd ed.,

New Jersey : The American Vegan Society.

Dutt, Manmatha Nath(2002). *Vrata : Sacred Vows and Traditional Fasts*, 1st ed., New Delhi, India : Indigo Books.

Dwivedi, R. C. ed.(1975). *Contribution Of Jainism To Indian Culture*, 1st ed., Delhi : Motilal Banarsidass.

Ghosh, Indu Mala(2002). *Ahiṃsā — Buddhist And Gandhian*, 2nd ed., Delhi : Indian Bibliographies Bureau Co-Publisher.

Gopalan, S.(1975). *Outlines of Jainism*, 1st ed. : 1973, New Delhi : Wiley Eastern Limited.

Goyal, S. R.(1995). *A Religious History of Ancient India*, Vol. 2, 1st ed., Jodhpur : Kusumanjali Prakashan.

Gupta, Virendra Kumar(1992). *Ahimsa In India's Destiny*, 1st ed., Delhi : Penman Publishers.

Hercus, L. A. et al. ed.(1984). *Indological and Buddhist Studies : Volume in Honour of Professor J. W. de Jong on His Sixtieth Birthday*, 1st ed. : 1982, 2nd ed., Delhi : Sri Satguru Publications.

Jain, Hiralal & Jain, Dharam Chand ed.(2002). *Jaina Tradition in Indian Thought*, 1st ed., Delhi : Sharada Publishing House.

Jain, Hiralal(2004). *Contribution of Jaina Religion to Indian Culture*, 1st ed., Ahmedabad : Sharadaben Chimanbhai Educational Research Centre.

Jain, Jagdishchandra(1984). *Life in Ancient India as Depicted in Jaina Canon and Commentaries — 6th Century B. C. to 17th Century* A. D., 1st ed. : 1947, 2nd rev. and enl. ed., New Delhi : Munshiram Manoharlal Publishers Pvt. Ltd..

Jain, Jyoti Prasad.

1964. *The Jaina Sources Of The History Of Ancient India*, 1st ed., Delhi : Munshi Ram Manohar Lal.

1999. *Religion and Culture of the Jains*, 1st ed. : 1975, 4th ed., New Delhi : Bharatiya Jnanpith.

Jain, Kailash Chand(1991). *Lord Mahāvīra and His Times*, 1st ed. : 1974,

rev. ed., Delhi : Motilal Banarsidass Publishers PVT. LTD..
Jain, Kamla(1983). *The Concept of Pancasila in Indian Thought*, 1st ed., Varanasi : Parshvanath Vidyashram Research Institute.
Jain, Prem Suman & Lodha, Raj Mal ed.(1990). *Medieval Jainism : Culture and Environment*, 1st ed., New Delhi : Ashish Pub. House.
Jain, Ram Chandra(2003). *Ancient Republic of Bharat*, 1st ed., Delhi : Research Books.
Jain, S. C.(2006). *Introducing Jainism*, 1st ed., Delhi : B. R. Publishing Corporation.
Jaini, Padmanabh S.(1990). *The Jaina Path of Purification*, 1st ed. : 1979, rep., Delhi : Motilal Banarsidass Publishers Pvt. Ltd..
Jash, Pranabananda(1989). *Some Aspects Of Jainism In Eastern India*, 1st ed., New Delhi : Munshiram Manoharlal Publishers.
Jindal, K. B(1988). *An Epitome of Jainism*, 1st ed., New Delhi : Munshiram Manoharlal Publishers Pvt. Ltd..
Joseph, P. M.(1997). *Jainism in South India*, 1st ed., Thiruvananthapuram : The International School of Dravidian Linguistics.
Joshi, Lal Mani(1970). *Brahmanism Buddhism and Hinduism*, Kandy : Buddhist Publication Society.
Keown, Damien ed.(2000). *Contemporary Buddhist Ethics*, 1st ed., Richmond : Curzon Press.
Kesari, H. S. Madana(1999). *Human Religion Ahimsa Canon Or Jaina Thought Ahimsa Path*, Bangalore : Jina Jyothi Prakashana.
Kumar, Anang Pradyumna(2004). *The Jaina Way Of Life*, 1st ed., Delhi : Research Books.
Muni, Acharya Devendra(1995). *Jaina Ācāra : Siddhānta Aura Svarūpa : The Jaina Conduct*, 1st ed., Udaipur : Shri Tarak Guru Jain Granthalaya.
Muni, Śrī Suyaśa(1999). *Antakṛddaśā Mahimā*, 'Sarasa', Sricanda Surama ed., 1st ed. : 1993, Delhi : Padma Prakashan.
Pande, G. C.(1978). *Śramaṇa Tradition : Its History and Contribution to In-*

dian Culture, 1st ed., Ahmedabad.

Peter, Rohan & Manihara, Utsav(2001). *Panorama of Indian Culture*, Vol. 1, 1st ed., Delhi : Dominant Publishers & Distributors.

Pruthi, Raj & Sharma, Bela Rani(1995). *Buddhism, Jainism and Women*, 1st ed., New Delhi : Anmol Publications Pvt Ltd..

Reyna, Ruth(1971). *Introduction to Indian Philosophy*, 1st ed., New Delhi : Tata McGraw-Hill Publishing Co. Ltd..

Sādhanā, Ācāryā Dr. Sādhvī(2005). *The Universe of Acharya Sushil Muni*, 1st ed., New Delhi : Munshiram Manoharlal Publishers Pvt. Ltd..

Samtani, N. H. ed.(1987). *Śramaṇa Vidyā*, Vol. 1, 1st ed., Varanasi : Central Institute of Higher Tibetan Studies.

Sangave, Vilas Adinath.

1980. *Jaina Community A Social Survey*, 1st ed. : 1959, 2nd ed., Bombay : Popular Prakashan.

1997. *Jaina Religion and Community*, 1st ed., California : Long Beach Publication.

Santideva, Sadhu ed.(2000). *Mysticism In Jainism & Buddhism*, 1st ed., India : Cosmo Publications.

Sekhar, S. J. Vincent(2003). *Dharma In Early Brahmanic, Buddhist And Jain Traditions*, 1st ed., Delhi : Sri Satguru Publications.

Sewell, Robert & Dikshit, Sankara Balkrishna(1995). *The Indian Calendar — With Tables for the Conversion of Hindu and Muhammadan into A.D. Dates, and Vice Versa*, 1st ed., Delhi : Motilal Banarsidass Publications.

Shah, Natubhai(2004). Jainism : *The World of Conquerors*, Vol. 1, 1st : 1998, rep., Delhi : Motilal Banarsidass Publichers.

Shashi, S. S. ed..

1998a. *Encyclopaedia Indica : India · Pakistan · Bangladesh*, Volume 31, 1st ed., New Delhi : Anmol Publications Pvt. Ltd..

1998b. "Vedic Religion and Rituals", *Encyclopaedia Indica*, Vol. 10, 1st ed., New Delhi : Anmol Publications Pvt. Ltd..

Singh, Dharmdeo N.(1999). *A Study of Hinduism*, 1st ed., New Delhi : Vikas Publishing House PVT LTD..

Singh, Nagendra Kr. ed.(2001). *Encyclopaedia of Jainism*, Vol. 2, Vol. 8, Vol. 18, Vol. 22, Vol. 24, 1st ed., New Delhi : Anmol Publications PVT. LTD..

Singh, Ramjee(1998). *Dimensions of Indian Thought And Culture*, 1st ed., New Delhi : Manak Publications.

Singh, Rana P. B.(2003). *Where The Buddha Walked*, 1st ed., India : Indica Books.

Skolimowski, Henryk(1994). *EcoYoga*, 1st ed., London : Gaia Books Limited.

Sogani, Kamal Chand(1967). *Ethical Doctrines in Jainism*, 1st ed., Sholapur : Lalchand Hirachand Doshi.

Stevenson, Sinclair(1984). *The Heart of Jainism*, 1st ed. : 1915, 2nd ed., New Delhi : Munshiram Manoharlal Publishers Private Limited.

Thomas, Edward(1995). *Jainism or the Early Faith of Asoka : With Illustrations of the Ancient Religions of the East : From the Pantheon of the Indo-Scythians : With a Notice on Bactrian Coins and Indian Dates*, 1st ed. : 1877, 1st rep., New Delhi : Asian Educational Services.

Thomas, Edward J.(1992). *The Life of Buddha as Legend and History*, 3nd ed. : 1949, 1st Indian ed., New Delhi : Munshiram Manoharlal Publishers Pvt. Ltd..

Tukol, T. K.(1976). *Sallekhana Is Not Suicide*, 1st ed., Ahmedabad : L. D. Institute of Indology.

Tulsi, Ganadhipati(1995). *Bhagawan Mahavira*, 1st ed., Ladnun : Jain Vishva Bharati.

Yamazaki, Moriichi & Ousaka, Yumi(1995). *A Pāda Index and Reverse Pāda Index to Early Jain Canons : The Āyāraṅga, Sūyagaḍa, Uttarajjhāyā, Dasaveyāliya and Isibhāsiyāiṃ*, 1st ed., Tokyo : Kosei Publishing Co..

• 논문류

남궁 선(2004).「불교 불살생관의 생태적 적용」,『한국불교학』, 제39집, 한국불교학회.

유성민(1990).「고대 이스라엘 희생 제의의 사회 윤리적 의미」,『종교학 연구』, Vol. 9, 서울대학교 종교학연구회.

이지관(1975).『南北傳 六部 律藏 비교 연구』, 동국대학교 대학원 박사 학위 논문, 동국대학교 대학원.

奥田 清明(おくだ きよあき, 1976).「ジャイナ教におけるmaraṇaの分類」, 奥田慈應先生喜壽記念論文集刊行會 편,『佛教思想論集』, 京都：平樂寺書店.

高木 訷元(たかぎ しんげん, 1983).「第一章 沙門の解脫道：『聖仙の語錄』を中心として」, 楠 正弘 編著,『解脫と救濟』, 京都：平樂寺書店.

長崎 法潤(ながさき ほうじゅん, 1981).「佛教とジャイナ教：五戒, 八齋戒を中心にして」,『佛教學セミナー』, Vol. 34, 日本：大谷大學 佛教學會.

Barlingay, S. S.(1987). "The Concepts Of Duḥkha, Tṛṣṇā And Vaira As Found In Dhammapada", Samtani, N. H. ed., *Śramaṇa Vidyā*, Vol. 1, 1st ed., Varanasi：Central Institute of Higher Tibetan Studies.

Basham, A. L.(1987). "Emperor Aśoka", Maity, S. K. & Thakur, Upendra ed., *Indological Studies：Prof D. C. Sircar Commemoration Volume*, 1st ed., New Delhi：Abhinav Publications.

Bhattacharya, Kamaleswar(1987), "The Criterion of Orthodoxy in India and the Case of Jainism and Buddhism", Samtani, N. H. ed., *Śramaṇa Vidyā*, Vol. 1, 1st ed., Varanasi：Central Institute of Higher Tibetan Studies.

Chakravarti, Appaswami.

1982. "Jainism：Its Philosophy and Ethics", Chatterji, Suniti Kumar ed., *The Cultural Heritage of India*, Vol. I, 1st ed.：1937, Calcutta：Ramakrishna Mission, Institute of Culture.

1989. "Jainism and Modern Science", Vijaya, Muni Ratna-Prabha ed., *Sramana Bhagavan Mahavira：His Life And Teaching*, Vol. Ⅱ-1, 1st ed. : 1948~1950, rep., Delhi : Parimal Pub..

Jain, Sagarmal(1988). "Rishibhashit : A Study", Vinaysagar, Mahopadhyay ed. & Hindi trans., *Isibhāsiyāiṃ Suttāiṃ : Riṣibhāṣita Sūtra*, 1st ed., Jaipur : Prakrit Bharati Academy.

Jaini, Padmanabha S.(1987), "Values in Comparative Perspective : Svadharma versus Ahiṃsā", Samtani, N. H. ed., *Śramaṇa Vidyā*, Vol. 1, 1st ed., Varanasi : Central Institute of Higher Tibetan Studies.

Misra, Prabhat(1998). "Reflections on Ahimsā : A Practical Approach", *Indian Philosophical Quarterly*, Vol. 25, No. 2, Poona : University of Poona.

Norman, K. R.(1983). "The Pratyeka-Buddha in Buddhism and Jainism", Denwood, Philip & Piatigorsky, Alexander, *Buddhist Studie*s : *Ancient and Modern*, 1st ed., London & Dublin : Curzon Press Ltd..

Tatia, Nathmal(2000). "The Jain Worldview and Ecology", Chapple, C. Key & Tucker, Mary Evelyn ed., *Jainism and Ecology* : *Nonviolence in the Web of life*, 1st ed., U. S. A. : Harvard University press.

찾아보기

ㅅ

ㅇ